高校思想政治理论课教学辅导系列丛书

SIXIANGDAODE YU FAZHI ZHUANTI JIEDU

思想道德与法治
专题解读

主　编　刘登攀
副主编　于慧丽

西北大学出版社
·西安·

图书在版编目（CIP）数据

思想道德与法治专题解读 / 刘登攀主编 . —西安：西北大学出版社，2022.12
ISBN 978-7-5604-5083-4

Ⅰ.①思… Ⅱ.①刘… Ⅲ.①思想修养—高等学校—教学参考资料 ②法律—中国—高等学校—教学参考资料 Ⅳ.①G641.6 ②D920.4

中国版本图书馆 CIP 数据核字（2023）第 014618 号

思想道德与法治专题解读
SIXIANGDAODE YU FAZHI ZHUANTI JIEDU

刘登攀　主编

出版发行　西北大学出版社
（西北大学校内　邮编：710069　电话：029-88303059）
http://nwupress.nwu.edu.cn　E-mail: xdpress@nwu.edu.cn

经　销	全国新华书店	
印　刷	西安日报社印务中心	
开　本	787 毫米×1092 毫米　1/16	
印　张	16.5	
版　次	2022 年 12 月第 1 版	
印　次	2022 年 12 月第 1 次印刷	
字　数	310 千字	
书　号	ISBN 978-7-5604-5083-4	
定　价	48.00 元	

本版图书如有印装质量问题，请拨打 029-88302966 予以调换。

高校思想政治理论课教学辅导系列丛书

编委会

主　任　姚文柱　和新盈

副主任　耿潇潇　苏兴利

总主编　桑利娥　刘登攀

委　员　李亚芳　王　进　王　红　胡晓霞
　　　　张明霞　刘　晨　刘　欣　于慧丽

序 言

2020年第17期《求是》杂志刊发了习近平总书记的重要文章《思政课是落实立德树人根本任务的关键课程》。文章强调，思政课是落实立德树人根本任务的关键课程，思政课作用不可替代，思政课教师队伍责任重大。

党的二十大报告明确指出，教育是国之大计、党之大计。为谁培养人、培养什么人、怎样培养人是教育的根本问题。育人的根本在于立德。坚持为党育人、为国育才，全面贯彻党的教育方针，落实立德树人根本任务，培养德智体美劳全面发展的社会主义建设者和接班人。

近年来，西安医学院思政课建设成效是显著的，教学方法不断创新，教师乐教善教、潜心育人，教师队伍规模和素质稳步提升。同时，我们也要看到，思政课建设中的一些问题亟待解决。譬如：课堂教学效果还需要提升，教学研究力度需要加大、思路需要拓展；教材内容还不够鲜活，针对性、可读性、实效性有待增强；比较典型的是教材的理论性很强而内容鲜活性不够、生动性不足，致使教材体系向教学体系的转化不太顺畅，教师教学重点不够突出，学生学习的主动性、积极性不高，从而使得教学和学习效果不佳，育人实效不显著。

鉴此，为落实新时代思政课改革创新要求，不断增强思政课教学的亲和力、针对性，有效帮助学生学习理解思政课教学的重难点，西安医学院马克思主义学院组织精干力量编撰了"高校思想政治理论课教学辅导系列丛书"。丛书主要由《思想道德与法治专题解读》《马克思主义基本原理专题解读》《中国近现代史纲要专题解读》《毛泽东思想与中国特色社会主义思想概论专题解读》《习近平新时代中国特色社会主义思想概论专题解读》《新时代医学院校思想政治理论课综合实践教程》六本辅导用书组成。丛书力求紧贴国家思政课专用教材，从学习目的、重难点解析、经典案例分析、拓展阅读及习题练习等五个方面对章节内容进行系统凝练、分析阐释与拓展巩固，希冀为广大教师提供教学参考，帮助广大学生厘清学习目标、理顺思路、抓住学习重点难点，针对性地掌握理解教学内容，为推动高质量完成思政课教学任务做出积极的贡献。

是为序。

2022 年 12 月于西安医学院

前 言

思想政治理论课是落实立德树人根本任务关键课程。"思想道德与法治"作为高校开设的思想政治理论课之一，担负着培育堪当民族复兴大任时代新人的重要使命。为配合高等院校开展"思想道德与法治"课程教学工作，指导大学生更好地学习理解课程内容，做好大学生思想道德素质与法治素养培育，本书对应教材体例从学习目的、重难点解析、经典案例分析、拓展阅读及习题练习等五个方面对课程章节内容进行系统梳理、分析阐释与拓展巩固，帮助大学生厘清学习目标思路，抓住学习重点难点，有针对性地掌握课程内容，从而高质量完成课程学习任务。

本书由西安医学院刘登攀担任主编，于慧丽担任副主编。各专题编写分工如下：专题一，刘登攀；专题二、专题三，周雨柔；专题四，李亚芳；专题五、专题六，赵红；专题七、专题八，闫英丽；专题九、专题十，罗梦菲；专题十一、专题十二，于慧丽。刘登攀对全书统稿定稿。

在本书编写过程中，得到了有关专家的指导、建议和支持以及西安医学院领导的帮助和关心，我们受益颇多。书中参考了众多同行大量的著作和文献资料，在此，向他们表示衷心的感谢。

由于编者水平有限，再加上时间仓促，书中错误和缺点在所难免，恳切希望各位同仁和使用者批评指正，我们将悉心修改、补充和完善。

编　者

2022 年 12 月

目 录

专题一
做堪当民族复兴大任的时代新人 …………………… 1

专题二
确立高尚的人生追求 …………………………………… 30

专题三
创造有意义的人生 ……………………………………… 55

专题四
树立崇高坚定的理想信念 ……………………………… 75

专题五
培育和弘扬中国精神 …………………………………… 104

专题六
坚定社会主义核心价值观自信 ………………………… 125

专题七
社会主义道德的核心与原则 …………………………… 147

专题八
社会主义道德规范与践行 ……………………………… 163

专题九
社会主义法律的本质特征和运行 ……………………… 181

专题十
中国特色社会主义法律体系 …………………………… 200

专题十一
坚持全面依法治国 ……………………………………… 217

专题十二
尊法学法守法用法 ……………………………………… 239

专题一　做堪当民族复兴大任的时代新人

一、学习目的

通过学习本专题，引导大学生深刻理解中国特色社会主义新时代的科学内涵，深入把握中国梦与青春梦、中国梦与个人梦之间的辩证关系，进而真正明确中国特色社会主义新时代与大学生成长发展的内在关系，激励大学生做堪当民族复兴大任的时代新人。

通过学习本专题，进一步理解担当民族复兴大任对大学生成长发展的具体要求，深刻理解担当民族复兴大任时代新人必须提升思想道德素质和法治素养的应有之义，激励大学生为中华民族伟大复兴努力奋斗。

二、重难点解析

（一）我们处在一个什么样的时代

党的十九大报告指出"经过长期努力，中国特色社会主义进入了新时代，这是我国发展新的历史方位"，这一重大政治判断的提出对我们准确认识和把握中国特色社会主义发展阶段、发展现状、发展方向、发展要求具有十分重要的意义，也为我们党制定大政方针和行动纲领提供了根本依据。中国特色社会主义进入了新时代，这是我国发展新的历史方位，这句话是理解我们处在一个什么样的时代的关键。事实上，它里面隐含着两个重要问题需要我们去认真思考：一是中国特色社会主义进入新时代的深刻含义和重大意义是什么？二是为什么说中国特色社会主义新时代是我国发展新的历史方位？

1. 中国特色社会主义进入新时代的深刻内涵和重大意义

理解中国特色社会主义进入新时代的深刻内涵和重大意义，要抓住四个方面。

第一，什么是新时代。"时代"这个词含义很丰富，有广义和狭义之分，有长期和短期之别。从社会制度来划分，比如原始时代、奴隶时代、封建时代、资本主义时代、社会主义时代；从生产力发展水平来划分，比如石器时代、农耕时代、工业时代、信息化时代、全球化时代等；从对一个时期社会运动主题的认识来划分，比如大革命时代、大建设时代、改革开放时代等。时代发展有一个从量变到质变的过程，在量变中蕴含和孕育着质变，质变是量变积累的结果，同时又开启新的量变。回顾党领导人民的奋斗历程，革命也好，建设也好，改革也好，都经历了从量的积累到质的飞跃的不同发展阶段。党的十九大报告作出"经过长期努力，中国特色社会主义进入了新时代，这是我国发展新的历史方位"这一重大政治判断，主要是从党和国家事业发展的角度来判断的，不是历史学上时代划分的概念。

第二，进入新时代的依据是什么。一是党的十八大以来党和国家事业发生了历史性变革，我国发展站到了新的历史起点上，中国特色社会主义进入了新时代。这个阶段既同改革开放40多年来的发展一脉相承，又有很大的不同，党的执政方式和方略有重大创新，发展理念和发展方式有重大转变，发展环境和发展条件发生深刻变化，发展水平和要求更高。二是党的理论创新实现了新飞跃，创立形成了习近平新时代中国特色社会主义思想，在马克思主义中国化进程中具有开创性意义和鲜明时代特色，开辟了马克思主义中国化新境界。三是从党的十九大到二十大，是"两个一百年"奋斗目标的历史交汇期，中国特色社会主义要从第一个百年迈向第二个百年。四是我国社会主要矛盾发生了变化，已经转化为人民日益增长的美好生活需要和不平衡不充分的发展之间的矛盾，经济建设依然是党和国家的中心工作，但要更加注重抓全面协调可持续发展，着力解决发展不平衡不充分问题。

第三，新时代的本质内涵是什么。习近平总书记在党的十九大报告中对中国特色社会主义新时代的本质内涵作了高度凝练和科学概括："这个新时代，是承前启后、继往开来、在新的历史条件下继续夺取中国特色社会主义伟大胜利的时代，是决胜全面建成小康社会、进而全面建设社会主义现代化强国的时代，是全国各族人民团结奋斗、不断创造美好生活、逐步实现全体人民共同富裕的时代，是全体中华儿女勠力同心、奋力实现中华民族伟大复兴中国梦的时代，是我国日益走近世界舞台中央、不断为人类作出更大贡献的时代。"这一科学概括，从几个维度上揭示了中国特色社会主义新时代的本质内涵："承前启后、继往开来、在新的历史条件下继续夺取中国特色社会主义伟大胜利"，讲的是新时代的历史脉络；"决胜全面建成小康社会、进而全面建设社会主义现代化强国"，讲的是新时代的实践主题；"全国各族人民团结奋斗、不断创造美好生活、逐步实现全体人民共同富裕"，讲的是新时代的人民性；"全体中华儿女勠力同心、奋力实现中华民族伟大复兴中国梦"，讲的是新时代的民族性;"我国日益走近世界舞台中央、不断为人类作出更大贡献",讲的是新时代的世界性。简言之,中国特色社会主义新时代,本质上就是中华民族实现强起来的时代,我们要在全面建成小康社会基础上,分两步走,在本世纪中叶把我国建成富强民主文明和谐美丽的社会主义现代化强国,实现中华民族伟大复兴的中国梦。

第四,进入新时代的意义是什么。这就是党的十九大报告阐述的"三个意味着",这"三个意味着"深刻阐明了中国特色社会主义进入新时代的历史意义、政治意义、世界意义。一是意味着近代以来久经磨难的中华民族迎来了从站起来、富起来到强起来的伟大飞跃,迎来了实现中华民族伟大复兴的光明前景,这是我们进入新时代的历史意义;二是意味着科学社会主义在21世纪的中国焕发出强大生机活力,在世界上高高举起了中国特色社会主义伟大旗帜,这是我们进入新时代的政治意义;三是意味着中国特色社会主义道路、理论、制度、文化不断发展,拓展了发展中国家走向现代化的途径,给世界上那些既希望加快发展又希望保持自身独立性的国家和民族提供了全新选择,为解决人类问题贡献了中国智慧和中国方案,这是我们进入新时代的世界意义。

2. 中国特色社会主义新时代是我国发展新的历史方位的含义

为什么说中国特色社会主义新时代是我国发展新的历史方位?党的十九届六中全会审议通过了《中共中央关于党的百年奋斗重大成就和历史经验的决议》(以下简称《决议》)。《决议》明确指出,中国特色社会主义新时代是我国发展新的历史方位。新的历史方位的战略判断是中国共产党领导中国特色社会主义事业发展进步的遵循依据。中国共产党成立一百年以来,在新民主主义革命时期、社会主义革命和建设时期、改革开放和社会主义现代化建设新时期等各个重要时期,党的历次重要会议、党的主要领导人在众多重大场合都对当时经济社会发展所处的发展阶段、主要任务、奋斗目标等历史方位作了重大判断。正确判断和明确定位新的历史方位,既是我们党明确阶段性中心任务和目标的主要依据,也是制定战略规划和方针政策的根本遵循。《决议》明确提出,中国特色社会主义进入新时代。中国特色社会主义新时代是我国发展新的历史方位。在新时代,党面临的主要任务是,实现第一个百年奋斗目标,开启实现第二个百年奋斗目标新征程,朝着实现中华民族伟大复兴的宏伟目标继续前进。

中国特色社会主义进入新时代以来,有了习近平新时代中国特色社会主义思想的理论武装,以及更为完善的制度保证、更为坚实的物质基础和更为主动的精神力量。《决议》指出,以习近平同志为主要代表的中国共产党人,坚持把马克思主义基本原理同中国具体实际相结合、同中华优秀传统文化相结合,坚持毛泽东思想、邓小平理论、"三个代表"重要思想、科学发展观，深刻总结并充分运用党成立以来的历史经验，从新的实际出发，创立了习近平新时代中国特色社会主义思想。习近平新时代中国特色社会主义思想具体明确了在新时代坚持和发展什么样的中国特色社会主义、怎样坚持和发展中国特色社会主义，建设什么样的社会主义现代化强国、怎样建设社会主义现代化强国等重大时代课题，是中国共产党对中国特色社会主义建设规律认识深化和理论创新的重大成果。

方位决定方略。在中国特色社会主义新时代的新征程上，中国共产党进行了系统的战略谋划和布署。《决议》指明了在新的历史方位中两个阶段的战略步骤：从2020年到2035年基本实现社会主义现代化，从2035年到本世纪中叶把我国建成社会主义现代化强国。《决议》明确了推进战略安排的实施方案：统筹推进"五位一体"总体布局，协调推进"四个全面"战略布局，立足新发展阶段、贯彻新发展理念、构建新发展格局、推动高质量发展，全面深化改革开放，促进共同富裕，推进科技自立自强，发展全过程人民民主，保证人民当家作主，坚持全面依法治国，坚持社会主义核心价值体系，坚持在发展中保障和改善民生，坚持人与自然和谐共生，统筹发展和安全，加快国防和军队现代化，协同推进人民富裕、国家强盛、中国美丽。《决议》强调中国共产党在新时代新征程上要做好政治保障：永远保持同人民群众的血肉联系，站稳人民立场，坚持人民主体地位，尊重人民首创精神，践行以人民为中心的发展思想，不断实现好、维护好、发展好最广大人民根本利益；要继续推进新时代党的建设新的伟大工程，坚持全面从严治党，坚定不移推进党风廉政建设和反腐败斗争；要抓好后继有人这个根本大计，把各方面优秀人才集聚到党和人民的伟大奋斗中来。

（二）新时代呼唤什么样的时代新人[①]

1. 深刻理解时代新人的概念

习近平总书记在同中国人民大学师生代表座谈时强调："立足新时代新征程，中国青年的奋斗目标和前行方向归结到一点，就是坚定不移听党话、跟党走，努力成长为堪当民族复兴重任的时代新人。"时代新人是中华民族的圆梦者、社会主义现代化强国的建设者、人类文明新形态的创造者。时代新人这一概念有着深厚的哲学底蕴、理论意涵和现实指向。

时代新人是一个历史性、生成性范畴，既是对"人是什么"的哲学表达，也是对社会主义"新人"的理论塑造，更是对马克思恩格斯关于"现实的人""总体的人""真实的人"

[①] 黄建军. 培养堪当民族复兴重任的时代新人［N］. 光明日报，2022-07-27.

"自由的人"等重要概念的当代拓展和现实话语表达。

时代新人是从事劳动生产的"现实的人"。任何一个人都处于特定社会关系之中，都是具体的现实的人。"新"表达的是历史序列中不断生成的人，是基于历史和时间而标定的人的相对存在状态。"人"表达的是历史序列中具体的人，是由特定时代的生产方式决定的。马克思认为，人的本质"是一切社会关系的总和"。恩格斯指出，西方工业化改变了人的生活方式，使人"成为完全不同的人"，而"生产的新发展，也需要完全不同的人，并将创造出这种人来"。所谓"完全不同的人"，就是一种"新人"，即处在新的生产方式之中的全新的人。

时代新人是追求全面发展的"总体的人"。资本主义使人成为畸形发展的人，在能力素质上是片面的人，即"单向度的人"。而在未来，"人以一种全面的方式，就是说，作为一个总体的人，占有自己的全面的本质"。时代新人是不断追求全面发展的人，是超越了资本主义生产关系的"总体的人"，是社会主义条件下的"全面发展的一代生产者"。时代新人之所以是"新人"，就在于其按照社会主义新的生产关系建构自己的生活、创造新的历史，因为生活于新社会中的"新人"，消除了人的片面性，他们是"社会化的生产者"，是全面发展的完整的人。

时代新人是占有自己本质的"真实的人"。不同时代的人具有不同的特质。马克思认为，在近代历史上，市民社会造成了人的二重化，人过着双重的生活。一方面人是"社会存在物"，具有真实性；另一方面，人沦为了"虚幻的人"。恩格斯指出，在未来共产主义社会，人类第一次摆脱了外在条件的约束，"第一次成为自然界的自觉的和真正的主人"。在此意义上，社会主义时代的"新人"就是"真实的人"，是力争摆脱人的异化状态的自由的人。

2. 新时代呼唤具有时代特质的时代新人

在当代中国，时代新人与马克思恩格斯建构的社会主义新人是内在一致的，是对社会主义新人在新时代的话语塑造和现实表达，具有鲜明的时代特质。

新时代呼唤具备坚定的共产主义理想时代新人。坚定的共产主义理想是时代新人的信仰标识。理想信念是否牢固，是检验时代新人的首要标尺。时代新人在本质上是社会主义新人，其首要特质在于对共产主义的信仰、对中国特色社会主义的信念。心中有信仰，脚下才有力量。时代新人只有将理想信念根植于心，一辈子为之持续奋斗，方能成为有作为的社会主义新人。

新时代呼唤德智体美劳全面发展的时代新人。德智体美劳全面发展是时代新人的素质要求。马克思指出："工人阶级中比较先进的那部分人则完全懂得，他们阶级的未来，因而也是人类的未来，完全取决于新一代工人的成长。"时代新人是代表社会主义未来的主体力量。从"全面发展的人"到"'四有'新人"，再到"德智体美劳全面发展的社会主义建设者和接班人"，社会主义新人的素质要求在不断提升和升华。在当代中国，时代新人应当是德智体美劳全面发展的人。

新时代呼唤具有中国人的志气、骨气、底气的时代新人。习近平总书记指出："新时代的中国青年要以实现中华民族伟大复兴为己任，增强做中国人的志气、骨气、底气，不负时代，不负韶华，不负党和人民的殷切期望！"中国人的志气、骨气和底气是中华民族的精神风貌，也是时代新人的精神气质。在当代中国，时代新人所要展现的精气神就是有志气、有骨气、有底气，力争在爱国爱民中立大志、在苦干实干中担大任，努力成长为有大爱、有大德和有大情怀的人。

新时代呼唤具有全球视野和世界眼光的时代新人。社会主义新人并不是孤立的、封闭的人，而是处在世界历史中的人。习近平总书记指出："一体化的世界就在那儿，谁拒绝这个世界，这个世界也会拒绝他。"时代新人不仅是中国梦的托举者，而且是顺应世界历史潮流、追求历史进步的先锋者。时代新人不仅要弘扬历史主动精神，更要弘扬全人类共同价值，站在历史正确的一边，以世界历史的高度审视世界发展，以世界眼光和人类关怀为共产主义事业奋斗终生。全球视野和世界眼光是时代新人的人类情怀。

（三）时代新人的历史使命是什么①

新时代呼唤担当民族复兴重任的时代新人。时代新人作为马克思主义的践行者、中国特色社会主义的建设者，其历史重任就是在社会前进的逻辑中把社会主义伟大事业推向前进。在当代中国语境中，时代新人就是坚定的爱国者，就是社会主义现代化强国的建构者。从这个层面来说，中华民族伟大复兴的历史重任正是要由时代新人来担负，共产主义伟大事业正是要由时代新人来接续奋斗和开创。

在2022年五四青年节即将到来之际，习近平总书记来到中国人民大学考察调研，对全国广大青年提出殷切希望："牢记党的教诲，立志民族复兴，不负韶华，不负时代，不负人民，在青春的赛道上奋力奔跑，争取跑出当代青年的最好成绩！"

青年是整个社会力量中最积极、最有生气的力量，国家的希望在青年，民族的未来在

---

① 人民日报评论员. 争做堪当民族复兴重任的时代新人［N］. 人民日报, 2022-04-26.

青年。2022年是中国共产主义青年团成立100周年。回首百年，无论风云变幻、沧海桑田，中国青年爱党、爱国、爱人民的赤诚追求始终未改，坚定不移听党话、跟党走的忠贞初心始终未变。一代代中国青年在中国共产党的旗帜下，满怀对祖国和人民的赤子之心，把青春奋斗融入党和人民事业，为人民战斗、为祖国献身、为幸福生活奋斗，谱写了一曲又一曲壮丽的青春之歌。历史和实践充分表明：中国青年始终是实现中华民族伟大复兴的先锋力量。

1. 时代呼唤担当，民族振兴是广大青年的使命责任

当前，世界百年未有之大变局加速演进，中华民族伟大复兴进入关键时期。在新的伟大征程上，我们比历史上任何时期都更接近、更有信心和能力实现中华民族伟大复兴的目标，同时也必须准备付出更为艰巨、更为艰苦的努力。当代中国青年是与新时代同向同行、共同前进的一代，生逢盛世，肩负重任。处在中华民族发展的最好时期，既面临着难得的建功立业的人生际遇，也面临着"天将降大任于斯人"的时代使命。广大青年要珍惜这个时代、担负时代使命，在担当中历练，在尽责中成长，在实现中国梦的生动实践中放飞青春梦想，努力成为德智体美劳全面发展的社会主义建设者和接班人。

2. 新时代是追梦者的时代，成就梦想是广大青年的奋斗方向

习近平总书记强调："广大青年要争做堪当民族复兴重任的时代新人，在实现中华民族伟大复兴的时代洪流中踔厉奋发、勇毅前进。"广大青年要按照习近平总书记提出的明确要求，以实现中华民族伟大复兴为己任，立大志、明大德、成大才、担大任，不断增强做中国人的志气、骨气、底气。要坚定中国特色社会主义道路自信、理论自信、制度自信、文化自信，在全面建设社会主义现代化国家新征程中勇当开路先锋、争当事业闯将。要把听党话、跟党走的信念变成自觉追求，赓续红色血脉、传承红色基因，用脚步丈量祖国大地，用眼睛发现中国精神，用耳朵倾听人民呼声，用内心感应时代脉搏，把对祖国血浓于水、与人民同呼吸共命运的情感贯穿学业全过程、融汇在事业追求中。

青年梦和中国梦的关系。青年梦筑就中国梦，中国梦成就青年梦。实现中华民族伟大复兴是中华民族近代以来最伟大的梦想。今天是高校大学生的人生黄金时期，同中华民族伟大复兴中国梦的实现完全吻合。亲自参与这个伟大历史进程，实现几代中国人的夙愿，实乃人生之大幸。中国梦是国家的梦、民族的梦，也是包括广大青年在内的每个中国人的梦。一方面，新时代无数中国青年的梦想汇聚起来，就能形成实现中国梦的磅礴力量。青年梦要在党和人民最需要的地方绽放绚丽之花，党和人民哪里有需要，哪里就是青年实践中国梦的广阔舞台。只有将自我奋进之心和中国共产党的初心紧密贴合，使自我成长之路和中国共产党的使命道路同向同行,将个人命运同祖国命运、民族命运紧密相连,广大青年才能在筑就中国梦的伟大征程中交出完美的青春答卷。另一方面,实现中国梦是感召新时代中国青年同心奋进的深沉力量,中国梦的实现也会为青年实现个人梦想、书写人生华章提供强大的支持力量。中国梦的实践舞台空前广阔,梦想成真的前景无限光明。"得其大者可以兼其小。"只有以中国梦激扬青春梦,才能找到青春奋斗的方向,才能在实现中国梦的生动实践中放飞青春梦想。总之,青年梦和中国梦紧密相连、彼此呼应、相得益彰、同频共振,新时代中国青年只有把个人五彩斑斓的梦想融入宏阔博大的中国梦之中,才能在激扬梦想的进程中书写无愧于青春和国家的壮丽篇章。

3. 广大青年应成为建成社会主义现代化强国、实现中华民族伟大复兴的主力军

建成社会主义现代化强国,实现中华民族伟大复兴,是一场接力跑,每一代人都要跑出好成绩。奋进新征程、建功新时代,广大青年要更加紧密地团结在以习近平同志为核心的党中央周围,以青春之我、奋斗之我,为民族复兴铺路架桥,为祖国建设添砖加瓦,让青春在为祖国、为人民、为民族、为人类的奉献中焕发出更加绚丽的光彩,广大青年定能用青春和汗水创造出让世界刮目相看的新奇迹,不辜负党的期望、人民期待、民族重托,不辜负我们这个伟大时代!

青年是整个社会力量中最积极、最有生气的力量,国家的希望在青年,民族的未来在青年。100多年前,在那个风雨如晦的年代,正是中国青年的觉醒,点燃了中华民族伟大复兴的希望之光。进入新时代,在党和国家事业取得历史性成就、发生历史性变革进程中,总是能看见青春足迹和青春奉献。打赢脱贫攻坚战,多少大学毕业生担任第一书记;疫情防控第一线,多少青年医务工作者无畏逆行;航天事业勇攀高峰,多少年轻工程师辛勤耕耘、默默守护……把青春梦融入中国梦,把青春奋斗融入党和国家事业,新时代的中国青年以"请党放心、强国有我"的豪情阔步向前,以"可以平视这个世界"的自信与时代共同成长,为党和国家事业发展贡献智慧力量、展现青春担当。

2022年年初举办的北京冬奥盛会,让世界看见新时代的中国青年。赛场上,"90后""00后"运动员奋斗拼搏、超越自我,展示着朝气蓬勃的青春活力;赛场外,年轻志愿者用热情和奉献提供暖心服务,让八方来客感到宾至如归。中国青年的自信从容、阳光向上、开放包容,向世界递出了一张闪亮的青春名片。

青春由磨砺而出彩,人生因奋斗而升华。生逢盛世,青年既面临着难得的建功立业的人生际遇,也肩负着"天将降大任于斯人"的时代使命。人的一生只有一次青春,青春是用来奋斗的。只有进行了激情奋斗的青春,只有进行了顽强拼搏的青春,只有为人民作出了奉献的青春，才会留下充实、温暖、持久、无悔的青春回忆。既然生逢这个伟大时代，何不奔跑逐梦、活出精彩？既然时代打开了更广阔的发展空间，何不抓住机会、乘势而上？"得其大者可以兼其小。"以实现中华民族伟大复兴为己任，中国青年不负时代，不负韶华，不负党和人民的殷切期望，在新时代谱写更加精彩的青春之歌，既实现自己的青春梦、人生梦，更用青春奋斗汇聚起推动时代前行的磅礴力量。

对中国青年来说，今天，以生逢这个伟大时代为荣；明天，应该通过奋斗让时代以自己为荣。在奋斗中释放青春激情、追逐青春理想，让青春在为祖国、为民族、为人民、为人类的不懈奋斗中绽放绚丽之花，中国青年将以青春之我、奋斗之我，为民族复兴铺路架桥，为祖国建设添砖加瓦。

4. 广大青年应成为"有理想、有本领、有担当"的时代新人①

2017年10月，习近平总书记在党的十九大报告中谈到培育和践行社会主义核心价值观时指出，要以培养担当民族复兴大任的时代新人为着眼点。青年一代有理想、有本领、有担当，中华民族伟大复兴的中国梦终会在一代代青年的接力奋斗中变为现实。"有理想、有本领、有担当"成为担当民族复兴大任的时代新人的核心要求。2019年3月，习近平总书记在学校思想政治理论课教师座谈会上明确指出，教育要"努力培养担当民族复兴大任的时代新人"。同年6月，中共中央、国务院颁布《关于深化教育教学改革全面提高义务教育质量的意见》，重申教育要"坚持立德树人，着力培养担当民族复兴大任的时代新人"。2021年4月19日，习近平总书记在清华大学考察时指出，广大青年要肩负历史使命，坚定前进信心，立大志、明大德、成大才、担大任，努力成为堪当民族复兴重任的时代新人。习近平总书记在庆祝中国共产党成立100周年大会上强调，新时代的中国青年要以实现中华民族伟大复兴为己任，增强做中国人的志气、骨气、底气，不负时代，不负韶华，不负党和人民的殷切期望！这是新的历史起点上党和国家赋予青少年的使命担当。"请党放心，强国有我。"青少年不辜负党和国家的期望，必须成为"有理想、有本领、有担当"的时代新人。②

有理想，才能增强志气。志气就是意志力，就是高远的志向和目标。古人言："三军可夺帅也，匹夫不可夺志也。"有理想的人，往往奋斗目标明确，意志坚定，不怕各种困

---

① 冯建军. 培育"三有"时代新人 增强做中国人的志气骨气底气[N]. 光明日报，2021-11-17.
② 仲音. 时代造就青年 盛世成就青年——努力成长为堪当民族复兴重任的时代新人[N]. 人民日报，2022-04-28.

难。没有理想的人，缺少志气，也就没有前进的动力。成大事者必然立大志。共产党人的志向从来都不是局限于个人利益，而是为了人民、为了国家和民族，为了人类的解放。新时代的青少年应该树立共产主义远大理想和社会主义共同理想，胸怀祖国，把自己的梦想融入国家富强、民族振兴和人民幸福的伟大梦想之中，立志为中华民族的伟大复兴奉献力量，在为人民利益的不懈奋斗中书写人生华章。

有担当，才能增强骨气。艺术家徐悲鸿说："人不可有傲气，但不可无傲骨。"骨气是一种刚强不屈的人格和操守。一个人有骨气，面对困难，就会不轻易屈服，不惧怕也不退缩。骨气是来自于信念。有信念，有追求，才会有担当，才不会被困难所吓倒，表现出一个人的骨气。共产党人的骨气写在革命战争年代"头可断、血可流，革命意志不能丢"的不屈里，写在科学家"外国人能搞的，难道中国人不能搞"的自信里。新时代中国人的骨气写在对中国特色社会主义的自信和民族自尊自豪中，体现在做一个堂堂正正中国人的行动中。全球化时代构建人类命运共同体，中国人不仅要担当民族复兴大任，还要具有大国的责任担当，承担起为世界、为人类作贡献的责任。

有本领，才能增强底气。成大事者，志气是定力，骨气是动力，底气是实力。没有实力，底气不足，即便有志气和骨气，也难成大事。当今，面对美西方国家的各种危险和挑战，尤其是面对"卡脖子"技术问题，我们有志气、有骨气，但更需要有底气。底气来自综合国力的提升，来自技术的创新，但在根本上来自劳动者素质的提高。习近平总书记指出，当代工人不仅要有力量，还要有智慧、有技术，能发明、会创新，以实际行动奏响时代主旋律。这也是对所有劳动者的要求。高素质的劳动者，有技术、有本领、有创新精神和能力，才能真正引领中国的发展、技术的创新，使中国勇立世界潮头。

（四）如何提升思想道德素质和法治素养

习近平总书记给中国石油大学（北京）克拉玛依校区毕业生的回信中指出："前进的道路从不会一帆风顺，实现中华民族伟大复兴的中国梦需要一代一代青年矢志奋斗。同学们生逢其时、肩负重任。希望全国广大高校毕业生志存高远、脚踏实地，不畏艰难险阻，勇担时代使命，把个人的理想追求融入党和国家事业之中，为党、为祖国、为人民多作贡献。"广大青年生逢盛世，肩负重任，要树立对马克思主义的信仰、对中国特色社会主义的信念、对中华民族伟大复兴中国梦的信心，立大志、明大德、成大才、担大任，努力成为堪当民族复兴重任的时代新人。可见，在全面建设社会主义现代化国家的新征程上，作为担负实现中华民族伟大复兴的时代新人，必须提升思想道德素质和法治素养。

1. 以新时代党的创新理论武装头脑

"理论一经群众掌握，也会变成物质力量。"思想理论是一种精神力量，可以在实践中转化为物质力量，成为推动历史前进的动力。时代新人作为新时代的奋斗者、搏击者，要真正成为推动历史前进的主体力量，在中国特色社会主义实践中有所作为，必须学习党的创新理论，坚持不懈用习近平新时代中国特色社会主义思想武装头脑，并将之转化为实践中的物质力量；自觉用新时代党的创新理论观察新形势、研究新情况、解决新问题，更加自觉地为实现中华民族伟大复兴不懈奋斗。

2. 以坚定的理想信念筑牢精神之基

习近平总书记指出，革命理想高于天。中国共产党之所以能够经受一次次挫折而又一次次奋起，归根到底是因为我们党有远大理想和崇高追求。时代新人是马克思主义的信仰者、中国特色社会主义的实践者。时代新人要担当民族复兴重任，必须把个人理想融入共产主义远大理想和中国特色社会主义共同理想之中，把为人民幸福而奋斗作为自己最大的幸福。时代新人有理想、有担当，国家就有前途，民族就有希望，实现中华民族伟大复兴就有源源不断的强大力量。因此，培养堪当民族复兴重任的时代新人必须以坚定的理想信念筑牢精神之基，矢志不渝为中国特色社会主义伟大事业而奋斗。

3. 以社会主义核心价值观启智润心

培养什么样的人是社会主义核心价值观建设的重大问题。践行社会主义核心价值观归根到底是建设人的思想、塑造人的灵魂。从本质上讲，"培养什么样的价值观"与"培养什么样的人"是内在统一的。培养时代新人就是要塑造具有正确价值观的社会主义建设者，抓住社会主义核心价值观这个根本。时代新人作为先锋力量，要"自觉树立和践行社会主义核心价值观，自觉用中华优秀传统文化、革命文化、社会主义先进文化培根铸魂、启智润心，加强道德修养，明辨是非曲直，增强自我定力，矢志追求更有高度、更有境界、更有品位的人生"[1]。

4. 以提高法治素养践行依法治国[2]

习近平总书记在党的十九大报告中提出要"提高全民族法治素养"，将其作为坚持全面依法治国的重要内容。2021年4月，中共中央办公厅、国务院办公厅印发《关于加强社会主义法治文化建设的意见》提出，"在法治实践中持续提升公民法治素养"。以习近平法

---

[1] 黄建军. 培养堪当民族复兴重任的时代新人[N]. 光明日报, 2022-07-27.
[2] 宋玲. 持续提升公民法治素养[J]. 红旗, 2021（20）: 22-24.

治思想为指导，不断提升公民法治素养，才能为建设法治中国提供长久坚实的思想基础和群众基础。公民法治素养是公民素养的重要组成部分，是中国特色社会主义制度不断完善的基础性工程。实现全面依法治国，公民具有较高的法治素养是一个重要前提和条件。只有持续提升公民法治素养，使人人尊崇法律、信仰法律，将公民守法护法的积极性和主动性充分调动起来，法治力量才能深入人心，法治才能成为现实。习近平法治思想是顺应实现中华民族伟大复兴时代要求应运而生的重大理论创新成果，是马克思主义法治理论中国化的最新成果，是习近平新时代中国特色社会主义思想的重要组成部分，是全面依法治国的根本遵循和行动指南。青年大学生必须以习近平法治思想为指引不断提升公民法治素养，在法治实践中提升个体法治素养。

三、经典案例分析

案例一　坚持党的领导传承红色基因

习近平强调，"为谁培养人、培养什么人、怎样培养人"始终是教育的根本问题。要坚持党的领导，坚持马克思主义指导地位，坚持为党和人民事业服务，落实立德树人根本任务，传承红色基因，扎根中国大地办大学，走出一条建设中国特色、世界一流大学的新路。广大青年要做社会主义核心价值观的坚定信仰者、积极传播者、模范践行者，向英雄学习、向前辈学习、向榜样学习，争做堪当民族复兴重任的时代新人，在实现中华民族伟大复兴的时代洪流中踔厉奋发、勇毅前进。

习近平指出，立足新时代新征程，中国青年的奋斗目标和前行方向归结到一点，就是坚定不移听党话、跟党走，努力成长为堪当民族复兴重任的时代新人。希望广大青年用脚步丈量祖国大地，用眼睛发现中国精神，用耳朵倾听人民呼声，用内心感应时代脉搏，把对祖国血浓于水、与人民同呼吸共命运的情感贯穿学业全过程、融汇在事业追求中。

——节选自习近平总书记在中国人民大学考察时讲话："坚持党的领导传承红色基因扎根中国大地　走出一条建设中国特色世界一流大学新路"[N].光明日报，2022-04-02.

【案例分析】

在五四青年节来临之际，习近平总书记专门来到中国人民大学考察调研并发表重要讲话，总书记的讲话始终充满着对新时代青年的殷切期望，这个期望就是希望青年大学生要争做堪当民族复兴重任的时代新人，这个主题始终贯穿在讲话过程中，从总书记讲话中提到的以下三点要求和期望我们可以感受到。

一是在讲话中，总书记希望全国广大青年牢记党的教诲，立志民族复兴，不负时代，不负韶华，不负人民，在青春的赛道上奋力奔跑，争取跑出当代青年的最好成绩。这是从立大志的角度对青年大学生的期望和要求，希望青年大学生志存高远，坚决听党话、跟党走，全心全意为人民服务，为实现中华民族伟大复兴贡献自己应有力量，不负时代、不负青春。

二是在讲话中，总书记希望广大青年要做社会主义核心价值观的坚定信仰者、积极传播者、模范践行者，向英雄学习、向前辈学习、向榜样学习，争做堪当民族复兴重任的时代新人，在实现中华民族伟大复兴的时代洪流中踔厉奋发、勇毅前进。这是重点从明大德、成大才、担大任角度对青年大学生的期望和要求，希望青年大学生不断增强做中国人的志气、骨气、底气。

三是在讲话中，总书记希望广大青年用脚步丈量祖国大地，用眼睛发现中国精神，用耳朵倾听人民呼声，用内心感应时代脉搏，把对祖国血浓于水、与人民同呼吸共命运的情感贯穿学业全过程、融汇在事业追求中。这是从实践角度对青年大学生的期望和要求，希望青年大学生不仅要提高理论素养，而且要积极参加社会实践，使其对理论指导实践，实践促进理论的理解深化。

案例二 伟大抗疫精神[①]

青年是国家和民族的希望。在这次抗疫斗争中，青年一代的突出表现令人欣慰、令人感动。参加抗疫的医务人员中有近一半是"90后""00后"，他们有一句话感动了中国：2003年非典的时候你们保护了我们，今天轮到我们来保护你们了。长辈们说："哪里有什么白衣天使，不过是一群孩子换了一身衣服。"世上没有从天而降的英雄，只有挺身而出的凡人。青年一代不怕苦、不畏难、不惧牺牲，用臂膀扛起如山的责任，展现出青春激昂的风采，展现出中华民族的希望！让我们一起为他们点赞！

抗击新冠肺炎疫情斗争取得重大战略成果，充分展现了中国共产党领导和我国社会主义制度的显著优势，充分展现了中国人民和中华民族的伟大力量，充分展现了中华文明的深厚底蕴，充分展现了中国负责任大国的自觉担当，极大增强了全党全国各族人民的自信心和自豪感、凝聚力和向心力，必将激励我们在新时代新征程上披荆斩棘、奋勇前进。在

[①] 习近平. 在全国抗击新冠肺炎疫情表彰大会上的讲话[N]. 人民日报，2020-09-09.

这场同严重疫情的殊死较量中，中国人民和中华民族以敢于斗争、敢于胜利的大无畏气概，铸就了生命至上、举国同心、舍生忘死、尊重科学、命运与共的伟大抗疫精神。

——生命至上，集中体现了中国人民深厚的仁爱传统和中国共产党人以人民为中心的价值追求。"爱人利物之谓仁。"疫情无情人有情。人的生命是最宝贵的，生命只有一次，失去不会再来。在保护人民生命安全面前，我们必须不惜一切代价，我们也能够做到不惜一切代价，因为中国共产党的根本宗旨是全心全意为人民服务，我们的国家是人民当家作主的社会主义国家。我们果断关闭离汉离鄂通道，实施史无前例的严格管控。作出这一决策，需要巨大的政治勇气，需要果敢的历史担当。为了保护人民生命安全，我们什么都可以豁得出来！从出生仅30多个小时的婴儿到100多岁的老人，从在华外国留学生到来华外国人员，每一个生命都得到全力护佑，人的生命、人的价值、人的尊严得到悉心呵护。这是中国共产党执政为民理念的最好诠释！这是中华文明人命关天的道德观念的最好体现！这也是中国人民敬仰生命的人文精神的最好印证！

——举国同心，集中体现了中国人民万众一心、同甘共苦的团结伟力。面对生死考验，面对长时间隔离带来的巨大身心压力，广大人民群众生死较量不畏惧、千难万险不退缩，或向险而行，或默默坚守，以各种方式为疫情防控操心出力。长城内外、大江南北，全国人民心往一处想、劲往一处使，把个人冷暖、集体荣辱、国家安危融为一体，"天使白""橄榄绿""守护蓝""志愿红"迅速集结，"我是党员我先上""疫情不退我不退"，誓言铿锵，丹心闪耀。14亿中国人民同呼吸、共命运，肩并肩、心连心，绘就了团结就是力量的时代画卷！

——舍生忘死，集中体现了中国人民敢于压倒一切困难而不被任何困难所压倒的顽强意志。危急时刻，又见遍地英雄。各条战线的抗疫勇士临危不惧、视死如归，困难面前豁得出、关键时刻冲得上，以生命赴使命，用大爱护众生。他们中间，有把生的希望留给他人而自己错过救治的医院院长，有永远无法向妻子兑现婚礼承诺的丈夫，也有牺牲在救治岗位留下幼小孩子的妈妈……面对疫情，中国人民没有被吓倒，而是用明知山有虎、偏向虎山行的壮举，书写下可歌可泣、荡气回肠的壮丽篇章！中华民族能够经历无数灾厄仍不断发展壮大，从来都不是因为有救世主，而是因为在大灾大难前有千千万万个普通人挺身而出、慷慨前行！

——尊重科学，集中体现了中国人民求真务实、开拓创新的实践品格。面对前所未知的新型传染性疾病，我们秉持科学精神、科学态度，把遵循科学规律贯穿到决策指挥、病患治疗、技术攻关、社会治理各方面全过程。在没有特效药的情况下，实行中西医结合，先后推出八版全国新冠肺炎诊疗方案，筛选出"三药三方"等临床有效的中药西药和治疗办法，被多个国家借鉴和使用。无论是抢建方舱医院，还是多条技术路线研发疫苗；无论是开展大规模核酸检测、大数据追踪溯源和健康码识别，还是分区分级差异化防控、有序推进复工复产，都是对科学精神的尊崇和弘扬，都为战胜疫情提供了强大科技支撑！

——命运与共，集中体现了中国人民和衷共济、爱好和平的道义担当。大道不孤，大爱无疆。我们秉承"天下一家"的理念，不仅对中国人民生命安全和身体健康负责，也对全球公共卫生事业尽责。我们发起了新中国成立以来援助时间最集中、涉及范围最广的紧急人道主义行动，为全球疫情防控注入源源不断的动力，充分展示了讲信义、重情义、扬正义、守道义的大国形象，生动诠释了为世界谋大同、推动构建人类命运共同体的大国担当！

人无精神则不立，国无精神则不强。唯有精神上站得住、站得稳，一个民族才能在历史洪流中屹立不倒、挺立潮头。同困难作斗争，是物质的角力，也是精神的对垒。伟大抗疫精神，同中华民族长期形成的特质禀赋和文化基因一脉相承，是爱国主义、集体主义、社会主义精神的传承和发展，是中国精神的生动诠释，丰富了民族精神和时代精神的内涵。我们要在全社会大力弘扬伟大抗疫精神，使之转化为全面建设社会主义现代化国家、实现中华民族伟大复兴的强大力量。

"物有甘苦，尝之者识；道有夷险，履之者知。"在这场波澜壮阔的抗疫斗争中，我们积累了重要经验，收获了深刻启示。

——抗疫斗争伟大实践再次证明，中国共产党所具有的无比坚强的领导力，是风雨来袭时中国人民最可靠的主心骨。中国共产党来自人民、植根人民，始终坚持一切为了人民、一切依靠人民，得到了最广大人民衷心拥护和坚定支持，这是中国共产党领导力和执政力的广大而深厚的基础。这次抗疫斗争伊始，党中央就号召全党，让党旗在防控疫情斗争第一线高高飘扬，充分体现了中国共产党人的担当和风骨！在抗疫斗争中，广大共产党员不忘初心、牢记使命，充分发挥先锋模范作用，2.5万多名优秀分子在火线上宣誓入党。正是因为有中国共产党领导、有全国各族人民对中国共产党的拥护和支持，中国才能创造出世所罕见的经济快速发展奇迹和社会长期稳定奇迹，我们才能成功战洪水、防非典、抗地震、化危机、应变局，才能打赢这次抗疫斗争。历史和现实都告诉我们，只要毫不动摇坚持和加强党的全面领导，不断增强党的政治领导力、思想引领力、群众组织力、社会号召力，永远保持党同人民群众的血肉联系，我们就一定能够形成强大合力，从容应对各种复杂局面和风险挑战。

——抗疫斗争伟大实践再次证明，中国人民所具有的不屈不挠的意志力，是战胜前进道路上一切艰难险阻的力量源泉。苦难考验了中国人民，也锻炼了中国人民。正是因为中国人民经千难而前仆后继，历万险而锲而不舍，我们才能在列强侵略时顽强抗争，在山河破碎时浴血奋战，在一穷二白时发愤图强，在时代发展时与时俱进，中华民族才能始终屹立于世界民族之林。千百年来，中国人民就以生命力的顽强、凝聚力的深厚、忍耐力的坚韧、创造力的巨大而闻名于世，我们都为自己是中国人感到骄傲和自豪！历史和现实都告诉我们，只要紧紧依靠人民、一切为了人民，充分激发广大人民顽强不屈的意志和坚韧不拔的毅力，我们就一定能够使最广大人民紧密团结在一起，不断创造中华民族新的历史辉煌。

——抗疫斗争伟大实践再次证明，中国特色社会主义制度所具有的显著优势，是抵御风险挑战、提高国家治理效能的根本保证。衡量一个国家的制度是否成功、是否优越，一个重要方面就是看其在重大风险挑战面前，能不能号令四面、组织八方共同应对。我国社会主义制度具有非凡的组织动员能力、统筹协调能力、贯彻执行能力，能够充分发挥集中力量办大事、办难事、办急事的独特优势，这次抗疫斗争有力彰显了我国国家制度和国家治理体系的优越性。历史和现实都告诉我们，只要坚持和完善中国特色社会主义制度、推进国家治理体系和治理能力现代化，善于运用制度力量应对风险挑战冲击，我们就一定能够经受住一次次压力测试，不断化危为机、浴火重生。

——抗疫斗争伟大实践再次证明，新中国成立以来所积累的坚实国力，是从容应对惊涛骇浪的深厚底气。我们长期积累的雄厚物质基础、建立的完整产业体系、形成的强大科技实力、储备的丰富医疗资源为疫情防控提供了坚强支撑。我们在疫情发生后迅速开展全方位的人力组织战、物资保障战、科技突击战、资源运动战。在抗疫形势最严峻的时候，经济社会发展不少方面一度按下"暂停键"，但群众生活没有受到太大影响，社会秩序总体正常，这从根本上得益于新中国成立以来特别是改革开放以来长期积累的综合国力，得益于危急时刻能够最大限度运用我们的综合国力。历史和现实都告诉我们，只要不断解放和发展社会生产力，不断增强经济实力、科技实力、综合国力，不断让广大人民的获得感、幸福感、安全感日益充实起来，不断让坚持和发展中国特色社会主义、实现中华民族伟大复兴的物质基础日益坚实起来，我们就一定能够使中国特色社会主义航船乘风破浪、行稳致远。

——抗疫斗争伟大实践再次证明，社会主义核心价值观、中华优秀传统文化所具有的强大精神动力，是凝聚人心、汇聚民力的强大力量。文化自信是一个国家、一个民族发展中最基本、最深沉、最持久的力量。向上向善的文化是一个国家、一个民族休戚与共、血脉相连的重要纽带。中国人历来抱有家国情怀，崇尚天下为公、克己奉公，信奉天下兴亡、匹夫有责,强调和衷共济、风雨同舟,倡导守望相助、尊老爱幼,讲求自由和自律统一、权利和责任统一。在这次抗疫斗争中,14亿中国人民显示出高度的责任意识、自律观念、奉献精神、友爱情怀,铸就起团结一心、众志成城的强大精神防线。历史和现实都告诉我们,只要不断培育和践行社会主义核心价值观,始终继承和弘扬中华优秀传统文化,我们就一定能够建设好全国各族人民的精神家园,筑牢中华儿女团结奋进、一往无前的思想基础。

——抗疫斗争伟大实践再次证明,构建人类命运共同体所具有的广泛感召力,是应对人类共同挑战、建设更加繁荣美好世界的人间正道。新冠肺炎疫情以一种特殊形式告诫世人,人类是荣辱与共的命运共同体,重大危机面前没有任何一个国家可以独善其身,团结合作才是人间正道。任何自私自利、嫁祸他人、颠倒是非、混淆黑白的做法,不仅会对本国和本国人民造成伤害,而且会给世界各国人民带来伤害。历史和现实都告诉我们,只要国际社会秉持人类命运共同体理念,坚持多边主义、走团结合作之路,世界各国人民就一定能够携手应对各种全球性问题,共建美好地球家园。

【案例分析】

习近平总书记在全国抗击新冠肺炎疫情表彰大会上的讲话中深刻表达着对青年的重视,他指出青年是整个社会力量中最积极、最有生气的力量,国家的希望在青年,民族的未来在青年。在疫情防控中的突出表现充分彰显青年一代的闯劲、锐气和担当,充分反映了新时代的中国青年已经稳稳接住民族精神的熊熊火炬,展现出不同的精神面貌,书写着不一般的青春故事。

北斗卫星团队核心成员平均年龄36岁,量子科学团队平均年龄35岁,中国天眼FAST研发团队平均年龄仅30岁……这是《新时代的中国青年》白皮书中公布的一组数据。而在出征驰援武汉疫情防控的医务人员4.2万人中青年占到三分之一,可见在新时代中国青年身逢中华民族发展的最好时期,青年人既面临着难得的建功立业的人生际遇,也肩负着"天将降大任于斯人"的时代使命。敢于在危难之中显精神,新时代青年有闯劲。在体现综合国力、振奋民族志气的重大工程中,在抗击重大自然灾害、应对突发公共危急时刻之际,青年的身影始终挺立在最前线。特别在这次抗疫中,新时代青年挺身而出、一往无前,书写了可歌可泣的青春诗篇。善于在关键时刻见真章,新时代青年有锐气。新时代的中国繁荣发展,充满希望,新时代的中国青年享有更优越的发展环境、更广阔的成长空间。他们不仅理想信念更为坚定,身心素质向好向强,而且知识素养不断提升,社会参与积极主动。青年强,则国家强。同样,青年有锐气,则国家能进取。新时代青年将个人追求与国家发展紧密结合，尽情释放他们的想象力和创造力，勇于参与日益激烈的国际竞争，争当创新创业的有生力量，有力提升了中国的发展活力和国际竞争力。

"我还是从前那个少年，没有一丝丝改变。时间只不过是考验，种在心中信念丝毫未减……"这首唱响全国的歌，唱出了很多青年的心声。固然，每一代青年都有自己的际遇和机缘，这也意味着，每一代青年都要在自己所处的时代条件下，尽最大努力谋划人生、实现使命、创造历史。我们的社会和国家，正因新时代中国青年的奋斗而展现出更多的变化和可能性，让我们拭目以待。①

案例三　加强思政引领　培育时代新人

2022年4月南京大学马克思主义学院硕士研究生孔柳淋、李阳作为微党课青春讲述人，专程拜访了真理标准大讨论的代表人物、86岁的胡福明先生，听他讲述《实践是检验真理的唯一标准》的时代背景和产生过程。这次拜访，让两名青春讲述人深有感触，"我们感受到了前辈们对真理的执着追求，更感受到一种奋进创新的力量。"孔柳淋说。

习近平总书记在庆祝中国共产党成立100周年大会上强调，我们要继续弘扬光荣传统、赓续红色血脉，永远把伟大建党精神继承下去、发扬光大！南京大学紧紧围绕习近平总书记重要讲话精神，围绕"学党史、悟思想、办实事、开新局"要求，以课程领学，以活动促学，加强思政引领，将党史学习教育成果转化为激励全校师生奋勇向前的精神力量。

——节选自苏雁，齐琦，高雅. 加强思政引领　培育时代新人［N］. 光明日报，2021-08-26.

【案例分析】

南京大学紧紧围绕习近平总书记重要讲话精神，围绕"学党史、悟思想、办实事、开新局"要求，加强思政引领，培育时代新人的案例深刻蕴含着三方面启示。

1. 打造鲜活"微党课"，引领师生共述百年荣光

"刚进大学时，我一心一意想读好书。五二〇运动让我感受到，读书不忘救国，救国不误读书。"在南京大学"百年初心·党史微课"的课堂上，94岁高龄的中国科学院院士、南京大学地球科学与工程学院教授王德滋把历史娓娓道来。

面对军警和宪兵的重重封锁，师生紧挽双臂、无畏向前……这一幕幕画面在王德滋的脑海中依旧清晰。1947年5月20日，南京大学师生联合京沪苏杭四个地区的学生，用赤

---

① 章清. 彰显青年一代的闯劲、锐气和担当［N］. 光明日报，2022-04-25.

诚之心发起五二〇运动。为了纪念这场伟大的运动，这一天被定为南京大学校庆日。

"自此以后，我更加关心国家大事。1949年年初，经过层层考察，我加入了共产党的地下党组织。"王德滋希望新时代青年学子能够珍惜来之不易的和平生活，发扬拼搏精神，为祖国建设作出更大贡献。

党史学习教育开展以来，南京大学充分发挥课程导学功效，依托新媒体短视频等平台，推出了"百年初心·党史微课"系列。名师大家、青年学子、基层工作者等不同群体担任主讲人，从"一唱雄鸡天下白"的开国大典，到"愿做一颗螺丝钉"的雷锋故事，再到"春风第一枝"的思想解放序幕……党史微课串联起百年党史的鲜活记忆，展现共产党人在科技创新、基层医疗、文化教育、脱贫攻坚等战线不懈拼搏的画卷。

"祖国和人民需要这方面的人才，所以我选择海洋科学。"拥有67年党龄的中国科学院院士、南京大学地理与海洋科学学院教授王颖在微党课上分享了她与海洋的不解之缘。在加拿大访学期间，为了填补中国在鼓丘冰川地貌研究领域的空白，王颖选择了加拿大一段典型的鼓丘海岸为研究对象。该地区人烟稀少，条件艰苦，时常面临风暴天气。王颖克服一次又一次的身体不适，终于取得重要突破，成功地为海岸研究开拓了新领域。

"什么样的党史课程能够打动青年人、引领青年人？"早在两年前，南京大学围绕这一问题，提出了打造党史微课程的理念。2020年5月，第一季"新青年·习党史——青年纽扣课堂"正式上线，吸引了超1000万次点击量。第二季、第三季也陆续推出，通过教师主讲、青年演讲、师生研讨等形式，引导青年共述百年荣光。

截至目前，"百年初心·党史微课"已推出60余期，"悟思想·悟核心""悟初心·悟信心""新青年·习党史""新时代·新南大"四大板块持续增力。此外，南京大学以"日课、月讲、季评"为工作抓手，充分发挥课程导学、理论研学、专家讲学、评点促学功效，广大师生既是讲述人，也是学习者，人人讲、日日学的浓厚氛围逐步形成，推动党史学习教育持续融入日常生活。

2. 多彩活动五育并举，润物无声促全面成长

2020年6月16日，12首经典红色曲目在南京大学方肇周体育馆奏响。由南京大学各院系学生组成的500人合唱团、100人学生交响乐团，用歌声和乐声共同奏响红色经典、传递向党心声。近2000名南京大学师生共同参与了这堂形式新颖、氛围热烈的音乐党史课。

12位曲目推介人结合自身经历，现场诠释演出曲目的精神内涵。他们中既有潜心科研攻关的中科院院士，也有年逾耄耋依然热心公益事业的离休党员；既有奋斗在科研前沿的青年学者，也有扎根抗疫一线的白衣天使；既有立德树人的劳模教授，也有投身军旅的青

年党员。

爱党爱国爱人民是艺术创作永恒的主题。南京大学积极创新党史学习教育形式，通过形式多样的文艺创作和红色经典的青春演绎，充分发挥艺术教育陶冶情操、浸润心灵的功能，激励青年学子勇担强国使命、赓续百年辉煌。

党建主题文化作品创作大赛吸引了广大师生积极参与，微视频、书画作品、原创歌曲等文创作品竞相涌现；青年学生党员自编自导自演党史情景剧，重温峥嵘岁月；"唱支山歌给党听"民族音乐会、"青歌百年 舞颂中华"歌舞专场晚会、"百年礼赞·诗心长歌"诗歌朗诵文艺演出等活动精彩纷呈……

为增强党史学习教育的针对性与实效性，南京大学积极融入德、智、体、美、劳各项育人举措，帮助学生建立并完善价值取向、学术旨趣、人格养成，促进全面发展。

"要让学生在实践中增长知识，真正成为走在时代前列的奋进者、奉献者。"2021年5月，南京大学行知书院院长、人文社科资深教授赵曙明带领大一新生走进农村，参加实践活动，体验躬耕劳作的辛苦与光荣。

山西籍学子组成的博士团将"把科研成果写在祖国大地上"作为实践活动的主题。他们来到阳泉，走进中共创建第一城旧址等地，在实践中了解国情、认识社会，在学思践悟中体验民生、增长才干。

南京大学党史学习教育以活动促学，通过润物细无声的方式引导学生创新走心学党史，深度浸润悟思想、坚定理想信念、厚植爱国主义情怀、加强品德修养、增长知识见识、培养奋斗精神、增强综合素质，在五育并举中明理增信，在知行合一中崇德力行，努力成长为"立大志、明大德、成大才、担大任"的时代新人。

3. 加强课程思政引领，厚植科学精神培根铸魂

如何加强思政教育引领，着力培育科学精神？在"地球科学探索与实践创新之路"的课堂上，中国科学院院士、南京大学地球科学与工程学院教授沈树忠用"金钉子"的故事给出了答案。"报国是科研工作者的价值所在。"沈树忠说，"'金钉子'的成功获取标志着国家在这一领域的地质学研究成果达到世界领先水平。殷鸿福、金玉玕、陈旭、戎嘉余等科学家坚守'把知识献给祖国'的赤诚初心，生动谱写了为祖国奉献毕生精力的乐曲"。

2000年年底，怀着科研报国的信念，沈树忠放弃国外优厚待遇回国工作。2019年，作为二叠系两个"金钉子"落户中国的主要贡献者之一，沈树忠获得了国际地层学最高金奖，成为第一位获此奖项的亚洲科学家。醉心科研的同时，沈树忠也时刻关注青年学子的成长，在课程教学中以报国精神浸润学生心灵，希望他们从中汲取奋进力量。

"科技报国是我们的使命,立德树人是我们的担当。"南京大学电子科学与工程学院教授王欣然说。近年来,他在国际前沿的下一代电子信息材料领域取得了一系列国际领先的原创成果。同时,他倾力投入教学一线,指导学生在顶尖学术期刊上发表论文。王欣然说,教师要通过言传身教,培养学生们科学报国的使命感和责任感。

在南京大学,一大批心怀赤诚的教师始终以科技报国践行初心使命。科研创新捷报频传:"全球尺度植被 CO_2 施肥效应变化趋势""沙丘双稳态的发现及其形成机制"研究入选2020年度"中国地理科学十大研究进展"、领衔组建智慧水务领域首个国际标准化平台、波导阵列中拓扑光子态调控取得重要进展、"注射用纳米抗肿瘤药物"获批上市……南京大学教师始终将科技报国的责任扛在肩头,把科研成果写在祖国大地上。

为进一步推动科学精神培育融入日常,南京大学课程思政建设也将党史学习教育融入专业人才培养:天文与空间科学学院教授李向东主持的《宇宙简史》课程注重培养学生对自然规律的态度和对社会的责任感;"自然科学的任务和使命是倾听自然的声音,我的切入点是引导学生求真求实。"化学化工学院副教授赵斌在课程教学中梳理了科学探索的过程;生命科学学院副教授黄成在课堂融入生命教育,着力在专业课程中实现知识传授、能力培养与价值引领同频共振……

百年弦歌不辍,初心使命如磐。时任南京大学党委书记胡金波指出,南京大学充分发挥高校科研育人优势,深化课程思政改革,践行为党育人、为国育才的崇高使命,引领青年学子将个人的追求融入建设社会主义现代化强国的伟大事业中去。南京大学要在学习党的光辉历史中把握现在,在继承党的优良传统中创造未来,在建设"第一个南大"的新篇章中接续奋进。

四、拓展阅读

(一)《中共中央关于党的百年奋斗重大成就和历史经验的决议》(节选)

党的十八大以来,中国特色社会主义进入新时代。党面临的主要任务是,实现第一个百年奋斗目标,开启实现第二个百年奋斗目标新征程,朝着实现中华民族伟大复兴的宏伟目标继续前进。以习近平同志为核心的党中央统筹把握中华民族伟大复兴战略全局和世界百年未有之大变局,强调中国特色社会主义新时代是承前启后、继往开来、在新的历史条件下继续夺取中国特色社会主义伟大胜利的时代,是决胜全面建成小康社会、进而全面建设社会主义现代化强国的时代,是全国各族人民团结奋斗、不断创造美好生活、逐步实现全体人民共同富裕的时代,是全体中华儿女勠力同心、奋力实现中华民族伟大复兴中国梦的时代,是我国不断为人类作出更大贡献的时代。中国特色社会主义新时代是我国发展新的历史方位。

以习近平同志为主要代表的中国共产党人,坚持把马克思主义基本原理同中国具体实际相结合、同中华优秀传统文化相结合,坚持毛泽东思想、邓小平理论、"三个代表"重要思想、科学发展观,深刻总结并充分运用党成立以来的历史经验,从新的实际出发,创立了习近平新时代中国特色社会主义思想,明确中国特色社会主义最本质的特征是中国共产党领导,中国特色社会主义制度的最大优势是中国共产党领导,中国共产党是最高政治领导力量,全党必须增强"四个意识"、坚定"四个自信"、做到"两个维护";明确坚持和发展中国特色社会主义,总任务是实现社会主义现代化和中华民族伟大复兴,在全面建成小康社会的基础上,分两步走在本世纪中叶建成富强民主文明和谐美丽的社会主义现代化强国,以中国式现代化推进中华民族伟大复兴;明确新时代我国社会主要矛盾是人民日益增长的美好生活需要和不平衡不充分的发展之间的矛盾,必须坚持以人民为中心的发展思想,发展全过程人民民主,推动人的全面发展、全体人民共同富裕取得更为明显的实质性进展;明确中国特色社会主义事业总体布局是经济建设、政治建设、文化建设、社会建设、生态文明建设五位一体,战略布局是全面建设社会主义现代化国家、全面深化改革、全面依法治国、全面从严治党四个全面;明确全面深化改革总目标是完善和发展中国特色社会主义制度、推进国家治理体系和治理能力现代化;明确全面推进依法治国总目标是建设中国特色社会主义法治体系、建设社会主义法治国家;明确必须坚持和完善社会主义基本经济制度,使市场在资源配置中起决定性作用,更好发挥政府作用,把握新发展阶段,贯彻创新、协调、绿色、开放、共享的新发展理念,加快构建以国内大循环为主体、国内国际双循环相互促进的新发展格局,推动高质量发展,统筹发展和安全;明确党在新时代的强军目标是建设一支听党指挥、能打胜仗、作风优良的人民军队,把人民军队建设成为世界一流军队;明确中国特色大国外交要服务民族复兴、促进人类进步,推动建设新型国际关系,推动构建人类命运共同体;明确全面从严治党的战略方针,提出新时代党的建设总要求,全面推进党的政治建设、思想建设、组织建设、作风建设、纪律建设,把制度建设贯穿其中,深入推进反腐败斗争,落实管党治党政治责任,以伟大自我革命引领伟大社会革命。这些战略思想和创新理念,是党对中国特色社会主义建设规律认识深化和理论创新的重大成果。

习近平同志对关系新时代党和国家事业发展的一系列重大理论和实践问题进行了深邃思考和科学判断，就新时代坚持和发展什么样的中国特色社会主义、怎样坚持和发展中国特色社会主义，建设什么样的社会主义现代化强国、怎样建设社会主义现代化强国，建设什么样的长期执政的马克思主义政党、怎样建设长期执政的马克思主义政党等重大时代课题，提出一系列原创性的治国理政新理念新思想新战略，是习近平新时代中国特色社会主义思想的主要创立者。习近平新时代中国特色社会主义思想是当代中国马克思主义、二十一世纪马克思主义，是中华文化和中国精神的时代精华，实现了马克思主义中国化新的飞跃。党确立习近平同志党中央的核心、全党的核心地位，确立习近平新时代中国特色社会主义思想的指导地位，反映了全党全军全国各族人民共同心愿，对新时代党和国家事业发展、对推进中华民族伟大复兴历史进程具有决定性意义。

改革开放以后，党和国家事业取得重大成就，为新时代发展中国特色社会主义事业奠定了坚实基础、创造了有利条件。同时，党清醒认识到，外部环境变化带来许多新的风险挑战，国内改革发展稳定面临不少长期没有解决的深层次矛盾和问题以及新出现的一些矛盾和问题，管党治党一度宽松软带来党内消极腐败现象蔓延、政治生态出现严重问题，党群干群关系受到损害，党的创造力、凝聚力、战斗力受到削弱，党治国理政面临重大考验。以习近平同志为核心的党中央，以伟大的历史主动精神、巨大的政治勇气、强烈的责任担当，统筹国内国际两个大局，贯彻党的基本理论、基本路线、基本方略，统揽伟大斗争、伟大工程、伟大事业、伟大梦想，坚持稳中求进工作总基调，出台一系列重大方针政策，推出一系列重大举措，推进一系列重大工作，战胜一系列重大风险挑战，解决了许多长期想解决而没有解决的难题，办成了许多过去想办而没有办成的大事，推动党和国家事业取得历史性成就、发生历史性变革。

一百年来，党始终践行初心使命，团结带领全国各族人民绘就了人类发展史上的壮美画卷，中华民族伟大复兴展现出前所未有的光明前景。党的百年奋斗从根本上改变了中国人民的前途命运。党的百年奋斗开辟了实现中华民族伟大复兴的正确道路。党的百年奋斗展示了马克思主义的强大生命力。党的百年奋斗深刻影响了世界历史进程。党的百年奋斗锻造了走在时代前列的中国共产党。

党和人民事业发展需要一代代中国共产党人接续奋斗，必须抓好后继有人这个根本大计。要坚持用习近平新时代中国特色社会主义思想教育人，用党的理想信念凝聚人，用社会主义核心价值观培育人，用中华民族伟大复兴历史使命激励人，培养造就大批堪当时代重任的接班人。要源源不断培养选拔德才兼备、忠诚干净担当的高素质专业化干部特别是优秀年轻干部,教育引导广大党员、干部自觉做习近平新时代中国特色社会主义思想的坚定信仰者和忠实实践者,牢记空谈误国、实干兴邦的道理,树立不负人民的家国情怀、追求崇高的思想境界、增强过硬的担当本领。要源源不断把各方面先进分子特别是优秀青年吸收到党内来,教育引导青年党员永远以党的旗帜为旗帜、以党的方向为方向、以党的意志为意志,赓续党的红色血脉,弘扬党的优良传统,在斗争中经风雨、见世面、壮筋骨、长才干。要源源不断培养造就爱国奉献、勇于创新的优秀人才,真心爱才、悉心育才、精心用才,把各方面优秀人才集聚到党和人民的伟大奋斗中来。

——节选自中共中央关于党的百年奋斗重大成就和历史经验的决议. 新华社,2021-11-16.

(二)习近平总书记在庆祝中国共产党成立 100 周年大会上的讲话

未来属于青年,希望寄予青年。一百年前,一群新青年高举马克思主义思想火炬,在风雨如晦的中国苦苦探寻民族复兴的前途。一百年来,在中国共产党的旗帜下,一代代中国青年把青春奋斗融入党和人民事业,成为实现中华民族伟大复兴的先锋力量。新时代的中国青年要以实现中华民族伟大复兴为己任,增强做中国人的志气、骨气、底气,不负时代,不负韶华,不负党和人民的殷切期望!

——节选自习近平总书记在庆祝中国共产党成立 100 周年大会的话. 新华社,2021-07-01.

(三)习近平总书记在庆祝中国共产主义青年团成立 100 周年大会上的讲话(节选)

中华民族是历史悠久、饱经沧桑的古老民族,更是自强不息、朝气蓬勃的青春民族。在 5000 多年源远流长的文明历史中,中华民族始终有着"自古英雄出少年"的传统,始终有着"长江后浪推前浪"的情怀,始终有着"少年强则国强,少年进步则国进步"的信念,始终有着"希望寄托在你们身上"的期待。千百年来,青春的力量,青春的涌动,青春的创造,始终是推动中华民族勇毅前行、屹立于世界民族之林的磅礴力量!

青年的命运,从来都同时代紧密相连。1840 年鸦片战争以后,中国逐步成为半殖民地半封建社会,国家蒙辱、人民蒙难、文明蒙尘,中华民族遭受了前所未有的劫难。一批又一批仁人志士为救国救民而苦苦追寻,一大批先进青年在"觉醒年代"纷纷觉醒。伟大的五四运动促进了马克思主义在中国的传播,拉开了新民主主义革命的序幕,也标志着中国青年成为推动中国社会变革的急先锋。

青春力量一经觉醒,先进思想一经传播,中华大地便迅速呈现出轰轰烈烈的革命新气象。在马克思列宁主义同中国工人运动的紧密结合中，中国共产党应运而生。中国共产党一经诞生，就把关注的目光投向青年，把革命的希望寄予青年。党的一大专门研究了建立和发展青年团作为党的预备学校的问题。1922年5月5日，在中国共产党直接关怀和领导下，中国共产主义青年团宣告成立。这在中国革命史和青年运动史上具有里程碑意义！

坚定不移跟党走，为党和人民奋斗，是共青团的初心使命。一百年来，在党的坚强领导下，共青团不忘初心、牢记使命，走在青年前列，组织引导一代又一代青年坚定信念、紧跟党走，为争取民族独立、人民解放和实现国家富强、人民幸福而贡献力量，谱写了中华民族伟大复兴进程中激昂的青春乐章。

新民主主义革命时期，共青团广泛传播马克思主义，用先进思想启迪青年觉醒、凝聚青春力量，团结带领广大团员青年踊跃投身反帝反封建的工人运动、农民运动、学生运动，积极参加党领导的革命武装，在打倒军阀、抗日救亡、推翻国民党反动统治的伟大斗争中冲锋陷阵，展现出不怕牺牲、浴血斗争的精神风貌。刀光剑影，枪林弹雨，广大团员青年对党忠贞不渝，经受住了生与死的考验，为中国革命胜利贡献了青春、建立了重要功勋！

社会主义革命和建设时期，共青团积极参与中华民族有史以来最为广泛而深刻的社会变革，组建青年突击队、青年垦荒队、青年扫盲队，开展学雷锋活动，团结带领广大团员青年激发"敢教日月换新天"的豪情，喊出"把青春献给祖国"的响亮口号，向科学进军，向困难进军，向荒原进军，展现出敢于拼搏、辛勤劳动的精神风貌。艰难困苦，千难万险，广大团员青年主动作为、勇挑重担，哪里最困难、哪里就有团的旗帜，哪里有需要、哪里就有团员青年的身影，为祖国建设贡献了青春、建立了重要功勋！

改革开放和社会主义现代化建设新时期，共青团适应党和国家工作中心战略转移，解放思想，锐意进取，广泛开展争当新长征突击手、"五讲四美三热爱"、希望工程、青年志愿者、青年文明号、保护母亲河等一大批青春气息浓烈的创造性活动，团结带领广大团员青年发出"团结起来、振兴中华"的时代强音，在现代化建设各条战线上勇立潮头，展现出敢闯敢干、引领风尚的精神风貌。革故鼎新，建设四化，广大团员青年勇作改革闯将，开风气之先，为改革开放和社会主义现代化建设贡献了青春、建立了重要功勋！

中国特色社会主义新时代，共青团积极投身伟大斗争、伟大工程、伟大事业、伟大梦想波澜壮阔的实践，坚持守正创新、踔厉奋发，全面深化自身改革，团结带领广大团员青年在脱贫攻坚战场摸爬滚打，在科技攻关岗位奋力攀登，在抢险救灾前线冲锋陷阵，在疫情防控一线披甲出征，在奥运竞技赛场奋勇争先，在保卫祖国哨位威武守护，在党和人民最需要的时刻冲得出来、顶得上去，展现出自信自强、刚健有为的精神风貌。"清澈的爱，只为中国",成为当代中国青年发自内心的最强音。伟大梦想,伟大使命,广大团员青年自觉担当重任,深入基层一线,让青春在实现中华民族伟大复兴的中国梦中绽放异彩,为党和国家事业取得历史性成就、发生历史性变革贡献了青春、建立了重要功勋!

时代各有不同,青春一脉相承。一百年来,中国共青团始终与党同心、跟党奋斗,团结带领广大团员青年把忠诚书写在党和人民事业中,把青春播撒在民族复兴的征程上,把光荣镌刻在历史行进的史册里。

历史和实践充分证明,中国共青团不愧为中国青年运动的先锋队,不愧为党的忠实助手和可靠后备军!

越是往前走、向上攀,越是要善于从走过的路中汲取智慧、提振信心、增添力量。一百年来,共青团坚定理想、矢志不渝,形成了宝贵经验。这是共青团面向未来、再立新功的重要遵循。

百年征程,塑造了共青团坚持党的领导的立身之本,塑造了共青团坚守理想信念的政治之魂,塑造了共青团投身民族复兴的奋进之力,塑造了共青团扎根广大青年的活力之源。在新的征程上,如何更好把青年团结起来、组织起来、动员起来,为实现第二个百年奋斗目标、实现中华民族伟大复兴的中国梦而奋斗,是新时代中国青年运动和青年工作必须回答的重大课题。共青团要增强引领力、组织力、服务力,团结带领广大团员青年成长为有理想、敢担当、能吃苦、肯奋斗的新时代好青年,用青春的能动力和创造力激荡起民族复兴的澎湃春潮,用青春的智慧和汗水打拼出一个更加美好的中国!

——节选自习近平总书记在庆祝中国共产主义青年团成立 100 周年大会上的讲话. 光明网, 2022-05-10.

(四)习近平总书记在纪念五四运动 100 周年大会上的讲话(节选)

五四运动,爆发于民族危难之际,是一场以先进青年知识分子为先锋、广大人民群众参加的彻底反帝反封建的伟大爱国革命运动,是一场中国人民为拯救民族危亡、捍卫民族尊严、凝聚民族力量而掀起的伟大社会革命运动,是一场传播新思想新文化新知识的伟大思想启蒙运动和新文化运动,以磅礴之力鼓动了中国人民和中华民族实现民族复兴的志向和信心。

五四运动时,面对国家和民族生死存亡,一批爱国青年挺身而出,全国民众奋起抗争,誓言"国土不可断送、人民不可低头",奏响了浩气长存的爱国主义壮歌。

五四运动以全民族的行动激发了追求真理、追求进步的伟大觉醒。五四运动前后,我国一批先进知识分子和革命青年，在追求真理中传播新思想新文化，勇于打破封建思想的桎梏，猛烈冲击了几千年来的封建旧礼教、旧道德、旧思想、旧文化。五四运动改变了以往只有觉悟的革命者而缺少觉醒的人民大众的斗争状况，实现了中国人民和中华民族自鸦片战争以来第一次全面觉醒。经过五四运动洗礼，越来越多中国先进分子集合在马克思主义旗帜下，1921年中国共产党宣告正式成立，中国历史掀开了崭新一页。

五四运动以全民族的搏击培育了永久奋斗的伟大传统。早在80年前，毛泽东同志就指出："中国的青年运动有很好的革命传统，这个传统就是'永久奋斗'。"通过五四运动，中国青年发现了自己的力量，中国人民和中华民族发现了自己的力量。中国人民和中华民族从斗争实践中懂得，中国社会发展，中华民族振兴，中国人民幸福，必须依靠自己的英勇奋斗来实现，没有人会恩赐给我们一个光明的中国。

五四运动以来的100年，是中国青年一代又一代接续奋斗、凯歌前行的100年，是中国青年用青春之我创造青春之中国、青春之民族的100年。

实践充分证明，中国青年是有远大理想抱负的青年！中国青年是有深厚家国情怀的青年！中国青年是有伟大创造力的青年！无论过去、现在还是未来，中国青年始终是实现中华民族伟大复兴的先锋力量！

新时代中国青年运动的主题，新时代中国青年运动的方向，新时代中国青年的使命，就是坚持中国共产党领导，同人民一道，为实现"两个一百年"奋斗目标、实现中华民族伟大复兴的中国梦而奋斗。青年是整个社会力量中最积极、最有生气的力量，国家的希望在青年，民族的未来在青年。今天，新时代中国青年处在中华民族发展的最好时期，既面临着难得的建功立业的人生际遇，也面临着"天将降大任于斯人"的时代使命。新时代中国青年要继续发扬五四精神，以实现中华民族伟大复兴为己任，不辜负党的期望、人民期待、民族重托，不辜负我们这个伟大时代。

第一，新时代中国青年要树立远大理想。第二，新时代中国青年要热爱伟大祖国。第三，新时代中国青年要担当时代责任。第四，新时代中国青年要勇于砥砺奋斗。第五，新时代中国青年要练就过硬本领。第六，新时代中国青年要锤炼品德修为。

新时代中国青年要自觉树立和践行社会主义核心价值观，善于从中华民族传统美德中汲取道德滋养，从英雄人物和时代楷模的身上感受道德风范，从自身内省中提升道德修为，明大德、守公德、严私德，自觉抵制拜金主义、享乐主义、极端个人主义、历史虚无主义等错误思想，追求更有高度、更有境界、更有品位的人生，让清风正气、蓬勃朝气遍布全社会。把青年一代培养造就成德智体美劳全面发展的社会主义建设者和接班人，是事关党和国家前途命运的重大战略任务，是全党的共同政治责任。各级党委和政府、各级领导干部以及全社会都要充分信任青年、热情关心青年、严格要求青年，关注青年愿望、帮助青年发展、支持青年创业，做青年朋友的知心人、青年工作的热心人、青年群众的引路人。

——节选自习近平总书记在纪念五四运动100周年大会上的讲话［N］.人民日报，2019-05-04.

五、习题练习

1.（单选）中国特色社会主义进入新时代，这是我国发展新的（　　）。

A. 历史方位　　　B. 历史阶段　　　C. 历史时期　　　D. 历史时代

【答案】A

2.（单选）我国的社会主义主要矛盾是人民日益增长的美好生活需要和发展的（　　）之间的矛盾。

A. 不充分　　　B. 不平衡　　　C. 不平衡不充分　　　D. 不充分不平衡

【答案】C

3.（单选）（　　）是落实立德树人根本任务的关键课程。

A. 思想政治理论课　B. 人文社会课　　　C. 哲学社会课　　　D. 自然科学课

【答案】A

4.（多选）思想道德素质是人们的（　　）、（　　）、（　　）、（　　）和行为习惯等方面品质和能力的综合体现，反映着一个人的思想境界和道德风貌。

A. 思想观念　　　B. 政治立场　　　C. 价值取向　　　D. 道德情操

E. 精神风貌

【答案】ABCD

5.（多选）我们处在中国特色社会主义新时代，这个新时代：（　　）。

A. 是承前启后、继往开来、在新的历史条件下继续夺取中国特色社会主义伟大胜利的时代。

B. 是决胜全面建成小康社会、进而全面建成社会主义现代化强国的时代。

C. 是全国各族人民团结奋斗、不断创造美好生活、逐步实现全体人民共同富裕的时代。

D. 是全体中华儿女勠力同心、奋力实现中华民族伟大复兴的中国梦的时代。

E. 是我国日益走近世界舞台中央、不断为人类作出更大贡献的时代。

【答案】ABCDE

6.（多选）经过长期奋斗，中国特色社会主义进入新时代，这（　　）。

A. 意味着近代以来久经磨难的中华民族迎来了从站起来、富起来到强起来的伟大飞跃，迎来了实现中华民族伟大复兴的光明前景。

B. 意味着科学社会主义在21世纪的中国焕发出强大生机活力，在世界上高高举起了中国特色社会主义伟大旗帜。

C. 意味着中国特色社会主义道路、理论、制度、文化不断发展，拓展了发展中国家走向现代化的途径，给世界上那些既希望加快发展又希望保持自身独立性的国家和民族提供了全新选择，为解决人类问题贡献了中国智慧和中国方案。

D. 意味着中华民族伟大复兴进入了不可逆转的进程，中华民族很快就会实现社会主义现代化。

【答案】ABC

7.（多选）新时代的大学生朝气蓬勃、好学上进、视野宽广、开放自信，是（　　）、（　　）、（　　）的一代。

A. 可爱　　　B. 可信　　　C. 可亲　　　D. 可为

【答案】ABD

8.（多选）我们要肩负历史使命，坚定前进信心，（　　）、（　　）、（　　）、（　　），努力成为堪当民族复兴重任的时代新人。

A. 立大志　　B. 明大德　　C. 成大才　　D. 担大任

E. 成大事

【答案】ABCD

9.（多选）思想道德与法律的作用主要包括（　　）。

A. 调节人们思想行为　　　　B. 协调人际关系

C. 维护社会秩序　　　　　　D. 树立正确价值观念

【答案】ABC

10.（多选）思想道德与法治课程的主要内容是对大学生开展马克思主义的（　　）。

A. 人生观教育　B. 价值观教育　C. 道德观教育　D. 法治观教育

【答案】ABCD

专题二 确立高尚的人生追求

一、学习目的

通过学习本专题，帮助学生掌握系统的人生观理论，理解马克思主义理论关于人生问题的基本立场和主要观点，学会运用马克思主义人生观相关知识思考和规划自己的人生之路，科学看待人生的根本问题。由此，进一步引导大学生深刻理解"服务人民、奉献社会"是高尚的人生追求，激励大学生把小我融入祖国的大我、人民的大我之中，愿意为人民利益和幸福奋斗，创造有意义的人生。

二、重难点解析

（一）如何理解马克思关于人的本质理论

在马克思主义产生以前，尤其在宗教哲学和德国古典哲学中，不乏有关于人的本质的各种表述：宗教神学把人的本质推向神，认为上帝创造了人，也就最终地赋予和决定了人的本质是"彰显神的形象和样式"；黑格尔推崇理性，认为人是绝对精神认识自身的工具和手段，因此，神圣的理性就是人的本质和目的。无论是宗教神学或黑格尔哲学都有一个共同点，就是将人的本质外在化，在超人的神和超人的绝对理性中去寻求人的本质。

费尔巴哈既不求助于神，也不理会黑格尔的绝对精神或理念，提出了"人的本质是人自身"的观点。费尔巴哈断言："人所认为绝对的本质，就是人自己"[①] "人的绝对本质、上帝，其实就是他自己的本质。"[②] 费尔巴哈在宗教批判中抛却幻想，给人的本质注入现实

---

① 路德维希·费尔巴哈. 费尔巴哈哲学著作选集：下册[M]. 荣震华，王太庆，刘磊，译. 北京：商务印书馆，1984：555.
② 路德维希·费尔巴哈. 费尔巴哈哲学著作选集：下册[M]. 荣震华，王太庆，刘磊，译. 北京：商务印书馆，1984：30.

性，与宗教神学和黑格尔的绝对理念划清了界限，迈出了在人本身中探求人的本质的关键性的一步。费尔巴哈进一步提出人的类本质思想，把人的本质首先定位于"类"。他提道："人自己意识到的本质究竟是什么呢？或者，在人里面形成类、即形成本来的人性的东西究竟是什么呢？就是理性、意志、爱。……理性、爱、意志力这就是完善性，这就是最高的力，这就是作为人的人的绝对本质，就是人生存的目的。"①由此，费尔巴哈在否定人的本质的外在化、提出人是人的本质之后，又一次以类本质思想为深化人的本质作了科学的奠基，在具体理解人的本质道路上迈出了一大步。

马克思在批判费尔巴哈关于人的本质思想的过程中，阐述了自己对人的本质的看法。他指出："人的本质并不是单个人所固有的抽象物，它在现实性上，是一切社会关系的总和。"②

第一，人的本质是社会性的。从人的存在来看，人既有自然属性，又有社会属性，但人是"社会的存在物"。马克思说："任何人类历史的第一个前提无疑是有生命的个人的存在。因此第一个需要确定的具体事实就是这些个人的肉体组织，以及受肉体组织制约的他们与自然界的关系。"③由此可见，马克思在考察人的时候，肯定了人的自然属性。虽然这些因素是构成人的必不可少的要素，但只有社会性才能纳入人的本质范畴。对此，马克思作了深刻的论述与说明："人们用以生产自己必需的生活资料的方式，首先取决于他们得到的现成的和需要再生产本身的特性""个人是什么样的，这取决于他们进行生产的物质条件。"④而在物质生产活动中，"以一定的方式进行生产活动的一定的个人，发生一定的社会关系和政治关系"⑤。即，我们每一个人从他降临人世的那天起，就从属于一定的社会群体，俗话说"物以类聚、人以群分"，会同周围的人发生着这样那样的社会关系，如家庭关系、地缘关系、业缘关系、经济关系、政治关系、法律关系、道德关系等，所谓

---

① 路德维希·费尔巴哈. 费尔巴哈哲学著作选集：下册［M］. 荣震华，王太庆，刘磊，译. 北京：商务印书馆，1984：27-28.
② 中共中央马克思恩格斯列宁斯大林著作编译局. 马克思恩格斯选集：第1卷［M］. 北京：人民出版社，1995：35.
③ 中共中央马克思恩格斯列宁斯大林著作编译局. 马克思恩格斯选集：第1卷［M］. 北京：人民出版社，1995：24.
④ 中共中央马克思恩格斯列宁斯大林著作编译局. 马克思恩格斯选集：第1卷［M］. 北京：人民出版社，1995：25.
⑤ 中共中央马克思恩格斯列宁斯大林著作编译局. 马克思恩格斯选集：第1卷［M］. 北京：人民出版社，1995：29.

"父子有亲,君臣有义,夫妇有别,长幼有序,朋友有信"。正是这些社会关系的总和决定了人的本质。如果一个人从生下来就脱离各种社会关系,尽管他先天具有发达的大脑和健全的躯体,但他决不会具备人的本质。

第二,人的本质是综合性的。从整体上来讲,社会关系包括物质性关系与精神性关系两大类。其中,物质性关系又包括经济关系(决定性的)、职业关系等;精神性关系又包括政治关系、法律关系、道德关系、文化关系等。所以说,人的本质是综合性的,而不是单一的、孤立的。即,决定人本质的,并不是其中某一种社会关系,而是各种社会关系的总和。所谓社会关系的总和,并不是各种社会关系的简单相加,而是各种社会关系相互作用、相互影响所形成的社会关系"网"。例如,打开手机通讯录,我们会发现几十个甚至上百个联系人,这些联系人与我们有着这样那样的关系,而且随着时间和阅历的增长,我们在这个社会上的联系人会变得越来越多,这就是我们每个人的社会关系网,决定着我们每一个人的本质。

第三,人的本质是具体的、实践的,不是抽象的。马克思指出:"人的本质并不是单个人所固有的抽象物。"马克思主义人的本质理论的重要特色之一也在于它的实践性。马克思指出:"我们不是从人们所说的、所想象的、所设想的东西出发,也不是从只存在于口头上所说的、思考出来的、想象出来的、设想出来的人出发,去理解真正的人。我们的出发点是从事实际活动的人。"①正是人们的活生生的现实生活形成了人的本质。人的本质绝不是抽象的"爱""善""恶""理性""绝对精神"等。马克思把人的本质理论置根于实践的基础之上,揭示了人的本质的实践性,从而超越了唯心主义的人的本质观。

第四,人的本质是发展的,不是静止的、永恒不变的。马克思强调人的本质"在其现实性上,它是一切社会关系的总和"。实际上就是用一种发展的眼光来看待人的本质的内涵,因为社会会变,社会关系会变,由社会关系综合决定的人的本质同样会变。马克思指出:"各个人借以进行生产的社会关系,即社会生产关系,是随着物质生产资料、生产力的变化和发展而变化和改变的,生产关系总合起来就构成为所谓社会关系,构成为所谓社会,并且是构成为一个处于一定历史发展阶段上的社会,具有独特的特征的社会。"②所以说,马克思主义者是把人的本质和一定社会历史条件具体地联系起来,强调人的本质的阶

---

① 中共中央马克思恩格斯列宁斯大林著作编译局. 马克思恩格斯选集:第1卷[M].北京:人民出版社,1995:30.
② 中共中央马克思恩格斯列宁斯大林著作编译局. 马克思恩格斯选集:第1卷[M].北京:人民出版社,1995:363.

段性、变动性。

(二) 如何理解个人与社会的辩证关系

人是社会的人，每一个人都存在和活动于具体的、基于特定历史的现实社会当中。人生的内容与复杂多样的社会关系和社会活动密不可分。个人与社会的关系问题是认识和处理人生问题的重要着眼点和出发点。

在个人与社会的关系这一问题上，一直存在着社会整体主义和个体原子主义两种不同的本体论立场和方法论立场。

社会整体主义立场的代表有柏拉图、亚里士多德、黑格尔等。社会整体主义认为，只有社会才是真实的存在，社会对个人具有优先性，社会共同体就其本性来说是先于个人的，这是不证自明的公理，社会的整体所具有的性质不是个体成员特性的简单相加，社会作为一个有机体决定和支配着任何个人的行为和动机。①

个体原子主义立场的代表有霍布斯、洛克、卢梭、费尔巴哈等。个体原子主义认为只有个人才是实际存在的，社会不过是抽象的个人集合体，是个人的相加。社会群体依赖于它的个体，个体的属性先于和高于整体的属性，只有从个体出发才能对社会进行最根本性的说明。②

社会整体主义和个体原子主义是两种对立的立场，但它们都有其局限性。社会整体主义看到了社会对人的制约作用，但忽视了个人的独特性、差异性、创造性，以及个人对社会的能动作用。个体原子主义强调了个人对社会的制约作用，但忽视了个人对社会、历史的依赖性，在每一特定历史条件下社会对个人的先在性和制约性。同时，社会整体也并不是个体的机械相加，社会历史并不能全部还原为个人和个人的行为。正如马克思所说："一个骑兵连的进攻力量或一个步兵团的抵抗力量，与单个骑兵分散展开的进攻力量的总和或单个步兵分散展开的抵抗力量的总和有本质的差别，同样，单个劳动者的力量的机械总和，与许多人手同时共同完成同一不可分割的操作所发挥的社会力量有本质的差别。……通过协作提高了个人生产力，而且是创造了一种生产力，这种生产力本身必然是集体力。"③

马克思对个体原子主义和社会整体主义的立场进行了深入的批判，并对二者进行了超

---

① 吴向东. 价值观的核心问题及其解答的前提批判 [J]. 马克思主义与现实, 2010 (1): 161-165.
② 吴向东. 价值观的核心问题及其解答的前提批判 [J]. 马克思主义与现实, 2010 (1): 161-165.
③ 中共中央马克思恩格斯列宁斯大林著作编译局. 马克思恩格斯选集: 第23卷 [M]. 北京: 人民出版社, 1995: 362.

越。在马克思看来,个人和社会都不是既成的,而是历史地生成和发展的,而且他们之间存在着双向生产或双向创造的关系。"正像社会本身生产作为人的人一样,社会也是由人生产的。"①一方面,社会生产作为人的人,个人是怎样的、个人行为是怎样的,只能从每个人所处的社会关系中去寻找答案。现实的个人总是一定社会历史的产物,人的活动都要受一定的社会历史条件的制约,人只能存在于社会历史中,并在一定的社会历史中成为他自身。另一方面,人也通过自己的活动生产社会,实现社会关系的生产和再生产。"以一定的方式进行生产活动的一定的个人,发生一定的社会关系和政治关系。……社会结构和国家总是从一定的个人的生活过程中产生的。"②离开了个体能动的实践活动,离开了个体在实践活动中相互作用(交往)而形成的社会关系就根本不存在社会,更谈不上社会的发展。人和社会的这种相互作用、相互生成是在实践基础上的统一。

由此,我们可以看到,个人与社会是对立统一的关系,两者相互依存、相互制约、相互促进。社会是由一个个具体的人组成的,离开了人就没有社会。同时,人是社会的人,离开了社会,人也无法生活,社会是人的存在形式。社会犹如一个有生命、有活力的有机体,个人犹如这个有机体中的细胞。只有有机体的所有细胞都充满活力,这个有机体才能是生机勃勃的;细胞如果脱离了有机体,也将失去赖以存在的必要条件。社会成员素质的不断提高是社会发展的重要基础,推动和实现人的全面发展是社会发展的根本目标。

个人与社会的关系,最根本的是个人利益与社会利益的关系。社会需要是个人需要的集中体现,是社会全体成员带有根本性、全局性、长远性需要的反映。个人利益的满足只能在一定的社会条件下、通过一定的社会方式来实现。在社会主义社会中,个人利益与社会利益在根本上是一致的。社会利益离不开个人利益,个人利益也离不开社会利益。社会利益不是个人利益的简单相加,而是所有人利益的有机统一。社会利益体现了作为社会成员的个人的根本利益和长远利益,是个人利益得以实现的前提和基础,同时它也保障着个人利益的实现。个人应自觉地维护社会的整体利益。当个人利益与社会利益发生矛盾时,个人利益要自觉服从社会利益。

人的社会性决定了人只有在推动社会进步的过程中,才能实现自我的发展。如果人人都只关心自己的利益,甚至以损害他人利益、社会利益的方式满足一己之私,人赖以生存

---

① 中共中央马克思恩格斯列宁斯大林著作编译局. 马克思恩格斯选集:第1卷[M]. 北京:人民出版社,1995:67.

② 中共中央马克思恩格斯列宁斯大林著作编译局. 马克思恩格斯全集:第46卷[M]. 北京:人民出版社,2006:67.

的社会不仅难以发展进步，最终还将因个人私欲的膨胀而走向崩溃。大学生思考人生问题，应该正确认识和处理个人与社会的关系，把自己的人生追求同社会的发展进步紧密结合起来，在为社会作贡献的过程中成长进步，实现自己的人生价值。

（三）为什么人生目的是人生观的核心

在一定的社会历史条件下，人们实践人生、感悟人生，形成相应的人生观。人生观决定着人生道路的方向，也决定着人们行为选择的价值取向和用什么样的方式对待实际生活。每个人都会对"做什么人"和"怎样做人"的问题形成一定的认识，无论自觉与否，都会在这种认识的影响下实践自己的人生。因此，有什么样的人生观就会有什么样的人生。

人生观的主要内容包括对人生目的、人生态度和人生价值等问题的根本看法。人生目的回答人为什么活着，人生态度回答人应当如何活着，人生价值回答什么样的人生才有价值。这三个方面相互联系、相辅相成，是一个有机整体。

人生目的是对人为什么活着这一人生根本问题的认识和回答，是人生观的核心，在人生实践中具有重要的作用。人生需要目的，其一，是由人类活动的目的性决定的，是人之为人的本性使然。"蜜蜂建筑蜂房的本领使人间的许多建筑师感到惭愧。但是，最蹩脚的建筑师从一开始就比最灵巧的蜜蜂高明的地方，是他在用蜂蜡建筑蜂房以前，已经在自己的头脑中把它建成了……他还在自然物中实现自己的目的。"①马克思的这样一段论述其实给了我们很好的认识，马克思在比较了动物的劳动和人的劳动之后，他指出说，最蹩脚的建筑师从一开始比最灵巧的蜜蜂的高明的地方就在于，他在用蜂蜡建造之前，已经在头脑中把它建成了。这说的其实就是人的活动都是有目的的，这种目的存在于我们的头脑当中，或自觉或自发，但不管怎么样，我们的活动都是有目的的，回过头来看人的具体活动都是有目的的，那么有无数的具体活动组织起来的我们的人生必然也是有目的的。所以从理论上来讲，人生需要目的，这是由人之为人的目的性决定的是由人的本性使然。其二，人生目的是思考人生问题的基本依据，迷失人生目的将带来人生的极度困惑。人生目的是对人为什么活着这一人生根本问题的认识和回答，是人生观的核心，在人生实践中具有重要的作用。首先，人生目的决定人生道路，它将决定我们人生到底选择一种什么样的价值标准去过，对人们所从事的具体活动起着定向的作用。正确的人生目的能够使人在面对人生

---

① 中共中央马克思恩格斯列宁斯大林著作编译局. 马克思恩格斯文集：第 5 卷 [M]. 北京：人民出版社，2009：208.

的一系列重大课题时，作出正确的选择，始终朝着正确的人生发展方向前进。其次，人生目的决定人生态度。人生道路上有时会一帆风顺，有时会崎岖不平，面对各种各样的矛盾和斗争，不同的人生目的会使人持有不同的人生态度。正确的人生目的可以使人无所畏惧、顽强拼搏、积极进取、乐观向上；错误的人生目的则会使人或是投机钻营、违法犯罪，或是虚度人生、放纵人生，或是悲观消沉、厌世轻生。在历史上和现实生活中，许多事业有成者，无不是在正确的人生目的支配下，以昂扬乐观的人生态度正确对待人生道路上的顺逆曲直。最后，人生目的决定人生价值选择。正确的人生目的会使人懂得人生的价值首先在于奉献，从而在工作中尽心、尽力、尽责。错误的人生目的则会使人把人生价值理解为向社会或他人进行索取，从而把追逐个人私利视为有价值、有意义的人生，而漠视对国家、社会、集体和他人的义务与责任。

（四）如何理解服务人民、奉献社会是高尚的人生追求

马克思恩格斯在《德意志意识形态》一书中有这样的一段论述，一切人类生存的第一个前提也就是一切历史的第一个前提是：人们为了能够创造历史，必须能够生活，但是为了生活，首先就需要衣、食、住以及其他东西，因此第一个历史活动就是生产满足这些需要的资料，即生产物质生活本身。这是人类的第一个需要。在第一个需要得到满足之后，就会生成新的需要，在新的需要得到满足之后又会生成新的需要。所以在这个意义上，我们可以说整个人类历史就是由各种各样的需要汇聚起来的一部历史。既然有那么多的需要，人们就会在脑海里构建满足需要的方式，而在这个过程当中就会生成各种各样的人生目的，所以从理论分析来看，多样的需要，必然催生多样的人生目的。通常有以下几种常见的人生目的：

宗教来世主义的人生目的：宗教来世主义的人生目的是中西方共有的一种人生目的论，至今在现实生活中仍有某些影响。例如，基督教的"原罪论"和"赎罪论"宣扬人一出生就有罪，要人们忍受苦难向上帝赎罪，宣扬"人人为上帝，上帝为大家"，主张人生目的在"天堂"。佛教主张"因果轮回"，要人们清心寡欲，超脱世俗，冀望来世得到理想的转生，指明人生目的在来世的一片"净土"。其主要观点是：认为"谋事在人，成事在天""吉人自有天相"；宣扬生死有命，富贵在天，人生的富贵贫贱、幸与不幸等都是命中注定，无法抗拒。人生在世应该"逆来顺受"，吃苦忍辱，这样才有希望来世得到理想的转生。

悲观厌世主义的人生目的：悲观厌世主义人生目的主要观点是认为世界如同梦幻，变化无常；前途渺茫，苦海无边，没有出路；人生无目的、无意义、无乐趣，死亡是摆脱痛

苦的捷径。从而陷入悲观绝望的状态,或者精神颓废,得过且过,或者厌倦人世,轻生妄死。

享乐主义的人生目的:享乐主义人生目的主要观点是认为人的本性是自私的,人生目的就是追求个人幸福,追求个人的物质生活享受。这种人生目的完全是从人的自然本性出发,把人生看成是人的生理本能需要,认为人活着就在于追求个人的物质生活享受。

实用主义的人生目的:实用主义人生目的主要观点是认为人生目的只能服从于个人主观意志和欲望,否认客观规律和客观真理,宣扬"有用即真理"。这种人生目的把追求"有用""方便"作为最根本的人生要义。

权力意志主义的人生目的:权力至上人生目的主要观点是认为有了权力就有一切,拜官崇权,把权看得比生命还重要。宣扬对政治权力的追逐。

为人民服务的人生目的:这是无产阶级的人生目的,把全心全意为人民服务作为人生的根本目的。

从古至今涌现过形形色色的人生目的,既包含了正确的因素,也包含了错误的因素;既包含了积极的因素,也包含了消极的因素。但只有以为人民服务为核心的人生目的,才是科学高尚的人生目的。

"服务人民奉献社会"这一人生追求以马克思主义关于个人与社会关系原理、马克思主义群众观为理论基础。

第一,这一人生追求以马克思主义关于个人与社会关系原理为理论基础,是科学的人生追求。社会是由一个个具体的人组成的,离开了人就没有社会。同时,人是社会的人,离开了社会,人也无法生活,社会是人的存在形式。人的个体性与社会性是辩证统一、相辅相成的。人的个体性中蕴含着社会性。人以个体的形式存在,同时又以社会的形式存在。在生物本能上,人只有在社会中才能获得生命生存和延续的条件;在自身价值的实现上,也只有在社会关系中才能找到途径和可能。人的这种社会性,意味着人必须经过充分的社会化的洗礼,使个体性与社会性统一起来,才能获得自我发展、自我完善的基本条件。因而只有主动为他人、为社会服务,才能够推动社会进步、实现社会利益,为更好地实现个人利益提供坚实基础和可靠保障。

第二,这一人生追求以马克思主义群众观为理论基础,是高尚的人生追求。人民群众是社会历史的主体,是历史的创造者。这是马克思主义最基本的观点之一。一方面,人民群众是社会物质财富和精神财富的创造者。人类社会赖以存在和发展的基础是物质资料的生产方式,广大的劳动群众是物质资料生产活动的主体,创造了人们吃穿住行等必需的生活资料以及从事政治、科学、文化艺术等活动所必需的物质前提。包括知识分子在内的劳动群众在生产过程中不断积累和传播生产经验，不断改进和发明生产工具，促进了社会生产力的发展。物质生产活动的主体是人民群众，精神生产活动的主体也是人民群众，人民群众通过物质生产实践为创造精神财富提供了必要的物质条件和设施。人民群众的生活、实践活动是一切精神财富、精神产品形成和发展的源泉。人民群众还直接参与了社会精神财富的创造，尤其是人民群众中的知识分子在精神生产过程和社会精神财富的创造中起到了非常重要的作用，他们中产生了不少伟大的科学家、思想家和艺术家。另一方面，人民群众是社会变革的决定力量。人民群众在创造社会财富的同时，也创造并改造着社会关系。生产关系的变革、社会制度的更替，最终取决于生产力的发展，但不会随着生产力的发展自发地实现和完成，而必须借助人民群众的力量。在特定的社会环境中，人民群众通过推动生产力的发展而不断要求改进生产关系。人民群众是社会革命的主力军，他们在社会形态更替的过程中发挥了巨大作用。正如毛泽东所说"人民，只有人民，才是创造世界历史的动力"。

从马克思和恩格斯提出的"为绝大多数人谋利益"，到列宁提出的"为千千万万劳动人民服务"，再到毛泽东精辟概括的"为人民服务"，反映了为人民服务思想和命题的形成及发展的过程，反映了无产阶级人生观、道德观的形成、发展和完善的过程。在不同的历史时期，中国共产党的几代中央领导人，都结合革命、建设和改革的实践，阐述了为什么要树立为人民服务人生观的深刻道理。

1944年9月8日，中央警卫团在延安为在烧炭中牺牲的战士张思德举行追悼会，毛泽东同志出席并发表《为人民服务》的著名演讲，号召全党全军学习张思德同志为人民服务的精神。从此，为人民服务的思想被毛泽东同志和我们党不断丰富和深化，并被确立为我们党的根本宗旨。1944年10月，毛泽东同志在接见新闻工作者时明确指出，三心二意不行，半心半意也不行，一定要全心全意为人民服务。自此，为人民服务被完整表述为全心全意为人民服务。1945年中共七大把为人民服务写入了《中国共产党党章》，规定中国共产党人必须具有全心全意为人民服务的精神，必须理解党的利益与人民利益的一致性，对党负责与对人民负责的一致性，必须用心倾听人民群众的呼声和了解他们的需要，必须决心向人民群众学习……接着，中国共产党把为人民服务规定为党员必须履行的义务。至此，全心全意为人民服务成了我们党的根本规定性，成为我们党区别于其他政党的根本标志。

1985年5月，在全国教育工作会议上，邓小平对一些党员干部热衷于讲空话、发指示的官僚主义作风进行了严肃批评，并明确提出"领导就是服务"的科学论断。它一方面从党的权力来源的角度指出，中国共产党所拥有的权力不是天然赋予的，而是从其产生之日起就源于人民的支持，从人民中走来，由人民赋予；另一方面这一论断也从党的权力行使方式的层面指出，中国共产党绝不是高居人民之上的"官老爷"，而是代表人民行使管理国家和社会事务权力的"人民公仆"，其根本在于权为民所用。不仅如此，邓小平还严厉批驳了一些党员干部视人民群众为"政党工具"的错误观点，指出无产阶级政党或工人阶级政党从来都不是将人民群众视为维护自身政权稳定工具的政党。恰恰相反，无产阶级政党或工人阶级政党自始至终都将自己置于人民群众"在特定的历史时期为完成特定的历史任务的一种工具"的位置上。[1]也就是说，中国共产党自始至终都是服务于人民群众，为了人民群众的自由解放而奋斗的政党。据此，邓小平提出广大党员干部代表人民行使权力做得好不好，从来都不是看党员干部自己的评价，而是看人民群众满意不满意、拥护不拥护、答应不答应。邓小平提出的"领导就是服务"思想既是对中国共产党为人民服务价值观的创新发展，也为改革开放时期广大党员干部坚守人民立场，践行全心全意为人民服务价值观提供了正确的思想引领和行动指南。

20世纪90年代，面对日趋复杂的国际国内形势，以江泽民同志为主要代表的中国共产党人围绕"建设什么样的党、怎样建设党"的时代命题，提出了"三个代表"的重要思想，强调"我们党所以赢得人民的拥护，是因为我们党在革命、建设、改革的各个历史时期，总是代表着中国先进生产力的发展要求，代表着中国先进文化的前进方向，代表着中国最广大人民的根本利益，并通过制定正确的路线方针政策，为实现国家和人民的根本利益而不懈奋斗"[2]。"三个代表"重要思想一方面强调中国共产党只有站在人民立场，维护人民的利益，坚守为人民服务价值观，才是先进的政党、纯洁的政党，所做的工作和决策才可能是正确的，利于人民的；另一方面也向世人明确了中国共产党长期繁荣发展、经久不衰，具有强大活力、生命力的价值密码。

进入新世纪，伴随我国社会"经济体制深刻变革，社会结构深刻变动，利益格局深刻调整，思想观念深刻变化"，以胡锦涛同志为主要代表的中国共产党人围绕如何解决"为谁发展、靠谁发展、实现怎样的发展"这一重大问题，提出了以人为本、科学发展观的重要战略思想。"以人为本"的关键在"人"，强调人的重要性，主张发展过程中所有的问题都要围绕人的需要、人的发展来解决。它不仅主张科学发展的最终目的是人的发展，更强

---

[1] 邓小平文选：第1卷[M].北京：人民出版社，1994：218.
[2] 江泽民文选：第3卷[M].北京：人民出版社，2006：2.

调了科学发展的动力、源泉也在人。前者可以理解为发展"为了谁",后者可以理解为发展"依靠谁",二者有机统一、不可分割。表明中国共产党不仅关注经济社会发展程度、发展成果,而且从"人"本身的发展、需要出发,更加关注发展依靠谁、发展为了谁这一关于发展的根本性问题,体现了中国共产党发展以人民为本,事业与人民共建,成果与人民共享的全心全意为人民服务的执政价值理念,也使党的为人民服务价值观表现出鲜明的时代特色。

党的十八大以来,以习近平同志为核心的党中央始终坚持将为人民服务的价值观贯穿于治国理政的全过程,并明确提出人民群众对美好生活的向往就是党的奋斗目标。这不仅是新一届中央领导集体对人民作出的承诺,更是中国共产党人坚守为人民服务价值观的新时代体现。"人民"二字不仅在习近平新时代中国特色社会主义思想中居于极其重要而显著的地位,更生动地体现在全面建成小康社会和构建人类命运共同体的国家战略决策中,赋予党为人民服务价值观鲜明的时代特色和丰富的时代内涵。

综上,为人民服务价值观随着中国共产党领导人民的百年奋斗,其理论内涵经历了一个从新民主主义革命时期中国共产党人崇高的革命品格到社会主义革命和建设时期中国共产党和中国人民艰苦奋斗、甘于奉献的价值诉求和道德风貌,从改革开放和社会主义现代化建设新时期的中国特色社会主义现代化的价值取向到中国特色社会主义进入新时代的国家治理现代化的价值遵循的历史发展;其价值诉求在同党的决策、党的教育活动相融合的实践中,为中华民族迎来从站起来、富起来到强起来的伟大飞跃,汇集起了磅礴的精神力量。

(五)如何正确认识错误人生观及其危害

由于受国内外各种错误思潮的影响,社会上存在拜金主义、享乐主义和极端个人主义等错误人生观。这些错误的思想观念容易侵蚀大学生的纯洁心灵,不利于大学生树立科学高尚的人生观和价值观。要认清这些错误思想观念的实质,警惕和自觉抵制它们的侵蚀。

1. 反对拜金主义人生观

拜金主义认为金钱可以主宰一切,把追求金钱作为人生至高目的。反对拜金主义,需要同学们厘清正确的金钱观和拜金主义的区别。正确的金钱观是将金钱作为物质交换的媒介,只是作为一种进行正常生活的物质和精神必要的手段。但金钱不是人生目的,有了金钱并不等于一切。

拜金主义是引发自私自利、钱权交易、行贿受贿、贪赃枉法等丑恶现象的重要思想根源。同学们需要理性对待金钱与财富,我们反对的不是有钱本身,我们反对的是把钱当作生命的唯一的目的。人应当是金钱的主人，而不是金钱的奴隶；应当依靠自己的劳动创造财富，合理合法获取金钱。生活中还有许多远比金钱更有意义的东西值得我们去追寻。

2. 反对享乐主义人生观

享乐主义是一种把享乐作为人生目的，主张人生就在于满足感官的需求与快乐的思想观念。值得注意的是，要将享受生活与享乐主义区分开。人们在辛勤劳作之后享受生活，这是正当的需要，是有利于经济社会发展的。然而，如果把享乐尤其是感官的享乐变成人生的唯一目的，作为一种"主义"去诠释人生的全部意义，则是对人的需要的一种褊狭理解，由此确立的人生目的是不正确的。

关于享乐主义，对于大学生而言需要批判消费主义的思潮。例如，超前消费、被动消费、攀比消费、过度消费，这是我们要反对的。这些错误的观念和行为，不仅危害大学生的健康成长，而且危害社会风气。因此，一定要深刻认清我国的国情，摆脱享乐主义的陷阱，正确理解消费与节约的关系，在日常生活中树立正确的消费观。

3. 反对极端个人主义人生观

个人主义人生观是一切从个人出发，把个人的利益放在集体利益之上的人生观，主张个人本身就是目的，具有最高价值，社会和他人只是达到个人目的的手段。个人主义是生产资料私有制的产物，是资产阶级世界观的核心。在资产阶级革命的早期，在争取个人权利和自由、反对封建专制方面，个人主义具有积极意义，但是从19世纪开始，一些敏锐的资产阶级思想家就已经意识到它同时还具有销蚀社会的一面。个人主义作为资产阶级的人生观，与社会主义的为人民服务的人生观是根本对立的。极端个人主义是个人主义人生观的一种表现形式，它突出强调以个人为中心，否认社会和他人的价值甚至不惜采用损人利己的方式来追求自己的人生目标。极端个人主义在个人与他人、个人与社会的关系上表现为极端利己主义和狭隘功利主义。社会上这种极端利己主义表现在大学生身上，就显现出极强的功利性。如人际关系上的功利化，部分大学生在人际交往中以自我为中心，思想观念和行为方式比较自私，不注重人格培养，集体意识和责任感较弱，功利心过重，做事急功近利；学习动机上的功利化，部分大学生重视实用技能的学习，轻视与就业表面无关的知识学习，重视面试技巧的学习，轻视与职业长久发展相关的基础学习；入党动机上的功利化，有的大学生认为入党可以带来很多"实惠"，能够有更好的发展机会和资源。我们应旗帜鲜明地反对个人主义人生观特别是极端个人主义人生观。

上述种种错误的人生观尽管在形式上五花八门，内容上不尽一致，但它们却有着共同的特征。其一，它们都是剥削阶级的人生观，反映的都是狭隘的剥削阶级利益，不可能具有无产阶级的宽广胸怀和远大志向，更不能代表人民群众的利益。其二，它们都没有把握个人与社会的正确关系，忽视或否认社会性是人的存在和活动的本质属性，它们讨论人生问题的出发点和落脚点都是一己之私利。其三，它们对人的需要的理解是片面的，夸大了人生的某方面需要，而无视人的全面性和人生的整体需要。这样的人生观显然是错误的，同学们应当顺应时代潮流，坚决摒弃错误的人生观，选择并牢固树立正确的人生观。在服务人民和奉献社会的人生实践中完善自我，创造人生的美好价值。

三、经典案例分析

案例一 "狼孩"是人吗

1920年，印度一个山村，一位印度传教士欣哥在印度加尔各答的丛林中发现了两个由狼抚养大的女孩，大的8岁（取名卡玛拉），小的2岁（取名阿玛拉，因体弱死去）。狼孩自幼远离人类社会，在狼窝里长大，生活习性与狼别无二致。具体表现为：不会直立行走，只能用四肢爬行；白天睡觉，晚上活动，怕光怕火；不吃素食熟食，只吃生肉；不是用手拿着吃，而是放在地上用牙齿撕咬；不遮挡身体，不会说话，只会像狼一样引颈长嚎。卡玛拉在孤儿院用了2年才学会站立，用了9年才学会45个词和几句简单的话，17岁时的智力相当于4岁儿童。

【案例分析】

"狼孩"的事实，证明了人类的知识和才能并非天赋的、生来就有的，而是人类社会实践的产物。人不是孤立的，而是高度社会化了的人，脱离了人类的社会环境，脱离了人类的集体生活就形成不了人所固有的特点。社会性是人的本质属性，"狼孩"脱离了人类社会，尽管他先天具有发达的大脑和健全的躯体，具有人的自然属性，但没有经历社会化过程，因此不是真正的人。

案例二 "空心病"蔓延，北大学霸也中招

北京大学心理健康教育与咨询中心副主任徐凯文做过一个统计——北京大学一年级的新生，包括本科生和研究生，其中有30.4%的学生厌恶学习，或者认为学习没有意义，请注意这是高考战场上，千军万马杀出来的赢家。还有40.4%的学生认为活着人生没有意义，

现在活着只是按照别人的逻辑这样活下去而已，其中最极端的就是放弃自己。

【案例分析】

这些特别优秀的年轻人，成长过程中没有明显创伤，生活优渥、个人条件优越，却感到内心空虚，找不到自己真正想要的，就像漂泊在茫茫大海上的孤岛一样，感觉不到生命的意义和活着的动力，甚至找不到自己。这背后的根源正是在于没有真正认识自己，不知道自己要成为什么样的人；或者说他们不知道为什么要活着，他们也不知道活着的价值和意义是什么。所以，了解人为什么要活着？人生的意义是什么？对于我们来说非常重要。树立正确的人生观，明确人生目的，端正人生态度，正确对待人生矛盾，有助于帮助我们走好人生路。

案例三　返乡扶贫　奉献青春的黄文秀

黄文秀，广西百色市田阳县人，2016年从北京师范大学硕士研究生毕业后返乡工作。2018年3月，她主动申请到国家扶贫开发工作重点县乐业县担任百坭村第一书记。

百坭村村民黄仕京曾问过黄文秀："你是大城市的研究生，怎么会想要来这么偏远的农村工作呢？"黄文秀说："百色是我的家乡，更是全国脱贫攻坚的主战场之一，作为一名党员，我有什么理由不回来呢？"她曾在入党申请书中写道："一个人要活得有意义，生存得有价值，就不能光为自己而活，要用自己的力量为他人、为国家、为民族、为社会作出贡献。"

百坭村村民居住分散，为了在最短时间内掌握全村贫困户的详细情况，黄文秀翻山越岭，用近两个月时间访遍全村195户，同时建档立卡贫困户。"靠山吃山，靠水吃水。"黄文秀和村"两委"干部一起，带领群众种植砂糖橘、八角、杉木等，发展特色产业，提高村民收入。经过努力，全村种植砂糖橘面积从1000余亩发展到2000余亩，八角从600余亩发展到1800余亩。为打开市场销路，她还多次组织大家学习电商知识，建立了百坭村电商服务站。

2019年6月17日凌晨，她在返回工作岗位的途中遭遇山洪不幸牺牲，年仅30岁。黄文秀担任驻村第一书记1年又82天，带领干部群众帮助全村88户418人脱贫。2020年年底，百坭村脱贫摘帽。

黄文秀被追授"时代楷模""全国三八红旗手""全国优秀共产党员""最美奋斗者"等荣誉称号，获"全国五一劳动奖章""中国青年五四奖章"。2021年，荣获"全国脱贫攻坚楷模"称号。

习近平总书记对黄文秀同志先进事迹作出重要指示，他强调"黄文秀同志研究生毕业后，放弃大城市的工作机会，毅然回到家乡，在脱贫攻坚第一线倾情投入、奉献自我，用美好青春诠释了共产党人的初心使命，谱写了新时代的青春之歌。广大党员干部和青年同志要以黄文秀同志为榜样，不忘初心、牢记使命，勇于担当、甘于奉献，在新时代的长征路上作出新的更大贡献。"

【案例分析】

一个树立了为人民服务人生观的人，就能对人生的目的有更为深刻的理解，时时处处为人民着想，助人为乐，造福人民，成为受人民群众欢迎的人。正是因为黄文秀始终牢记全心全意为人民服务的根本宗旨，所以在其研究生毕业后，放弃大城市的工作机会，毅然回到家乡，在脱贫攻坚第一线倾情投入、奉献自我。正是因为黄文秀牢记人民对美好生活的向往就是奋斗目标，所以她以百姓心为心，自觉扎根群众服务群众，从群众关心关注的交通、饮水、教育、低保等问题入手，一点一滴做起，查实情、跑项目、做方案、抓建设，用心用情用力为基层群众办实事好事。也正是因为黄文秀树立了为人民服务的人生观，所以她能够以正确的人生态度对待人生、对待生活，用坚韧不拔的意志勇敢战胜生活、学习和工作中的种种困难和挫折，在服务人民、奉献社会中实现自己的人生价值。

案例四　麻风病防治专家李桓英的三次人生选择

李桓英，1921年8月17日出生于北京。1945年，毕业于上海同济大学医学院。1946年，前往美国约翰斯·霍普金斯大学攻读细菌学和公共卫生学硕士学位，毕业后留校任微生物学系助理研究员。1950年，世界卫生组织成立。李桓英因成绩优异，被推荐担任世卫组织首批官员。任职7年间，她被派往亚洲、美洲等许多地区，为遏制传染病蔓延作出了重要贡献。1957年，在李桓英工作期满时，世卫组织主动提出与她续签合同。然而，李桓英亲眼看到不少国家由于贫穷而导致疾病流行，深感新中国更需要自己。"当时，新中国成立不久，百废待兴，正是急缺人才之际。我曾在美国杂志上看到过钱学森的名字，当听到他毅然回国的消息时，内心有了很深的触动。作为中国人，我渴望回到祖国的怀抱，把我最好的年华奉献给祖国。"李桓英回忆说。当时，李桓英全家已移居美国，父母兄妹都希望她留在美国。但是，她瞒着家人，只身一人绕道伦敦，几经周折，于1958年从莫斯科回到了祖国。这一年，她37岁。这是李桓英对自己的人生道路作出的第一次重要选择。

麻风病在我国已有千年历史。1978年，李桓英作出了人生的第二次选择——到北京热带医学研究所任研究员，正式开启麻风病防治研究工作。麻风病患者多分布在交通不便的边远山区，做一名麻风病医生需常年出入山区，所以有人宁可被开除公职也绝不当麻风病医生。但李桓英却无所畏惧，她只想减轻麻风病患者的痛苦，尽早攻克令人闻风丧胆的麻风病。

1978年李桓英作为中国改革开放后的第一批访问学者，被选派到美、英、印等7国的麻风中心访问。时隔20年，曾毅然决然告别父母姊妹、回归祖国的李桓英第一次在美国与亲人团聚。归期越来越近，亲人的劝阻越来越深切，"大姐，您年纪大了，在国内又孤身一人，就留下来吧"。但李桓英义无反顾地作出了人生的第三次选择——坚守对麻风病患者的承诺——"我一定带着药回来，把你们的病治好"！为了探寻更好的麻风病治疗方法，李桓英将国外先进的治疗方法与中国实际相结合，率先提出非隔离的短程联合化疗。1994年，该方案被世卫组织在全球推广，数以万计的麻风病患者重获新生。1996年，李桓英又率先在国内开展消除麻风运动，首次提出了麻风病垂直防治与基层防治网相结合的模式，被称为"全球最佳的治疗行动"。

【案例分析】

李桓英在学有所成时毅然归国，并在人生的不同阶段作出的这三次人生选择，除了有"心有大我、赤诚报国"的爱国热忱外，还源于其始终坚守着"一切为了人民健康"的初心。正是因为其树立了为人民服务的人生目的，所以她时时处处为人民着想，在人生大大小小的选择面前，甘愿舍弃国外优厚条件回国，把毕生精力贡献给麻风病防治事业。这种以人民利益为重的人生目的也激励着李桓英即使在经历了两次翻车、两次坠河，两侧锁骨和肋骨都曾摔断后，仍保持乐观的心态，用坚韧不拔的意志勇敢战胜生活和工作中的种种困难和挫折，在不断开拓人生更高境界中实践其人生价值。李桓英在不断的拼搏中超越自我，拓展了生命的宽度，定义了人生的高度。一个人的一生应当怎样度过？李桓英为我们树立了榜样。

案例五　封闭管理期间学生擅自翻墙外出被处分

2022年5月1日，郑州大学学生王某在明知道新冠肺炎疫情防控期间，学校已经明令禁止学生外出，她却不顾一切地外出会男友。5月3日，郑州大学统一进行核酸筛查，王某为了和男友在校外相会，竟然让室友替她做核酸。5月5日，王某出现发热状况，再次私自前往郑州大学第五附属医院发热门诊就诊，17时30分，新冠病毒核酸初筛为阳性。王某确诊新冠被转移后，郑州大学连夜开启了核酸检测，并对南校区实行封闭式管理。南校区5000人被隔离，1000名师生连夜转运至焦作市异地隔离。北校区有同学因为去过南校区，于当日凌晨被带去体育馆隔离。郑州大学的许多学生的学习、生活均受到了极大影响。

【案例分析】

大学生恋爱是无可非议的，为了爱情敢于以身试法，不顾及公共利益的行为，表现了少数大学生的个人利己主义非常严重。恋爱是青年人的心理和生理需要，青年人的恋爱也必须服从于社会管理。恋爱虽然是个人的私事，但公共利益是涉及全社会的大事。个人的恋爱可以不受干涉，也是青年人的完全自由。但这种自由必须建立在遵守社会秩序的基础之上。郑州大学学生王某在明知道防疫需要封闭并不得外出，却为了恋爱突破社会管理秩序，以虚假理由外出，以虚假身份由好人代替核酸检测，体现了个人利己主义至上的人格。同学们应当顺应时代潮流，坚决摒弃错误的人生观，选择并牢固树立正确的人生观。在服务人民和奉献社会的人生实践中完善自我，创造人生的美好价值。

四、拓展阅读

（一）关于人类起源

古代中国人类起源论。在古代中国，关于人类起源主要有两种论说：一是天地生人论，二是精气生人论。天地生人论有的记载在神话当中，比如《风俗通义》中记载了家喻户晓的女娲造人的神话："俗说天地开辟，未有人民，女娲抟黄土做人，剧务，力不暇供，乃引绳于泥中，举以为人。故富贵者，黄土人，贫贱凡庸者，纰人也。"彝族支系阿细人的民间史诗中也有"白泥做女人，黄泥做男人"的记载。天地生人论还有的记载在古书当中，比如《易传》说："天地氤氲，万物化生""有天地，然后有万物；有万物，然后有男女""有男女，然后有夫妇；有夫妇，然后有父子；有父子，然后有君臣；有君臣，然后有上下；然后礼义有所错"。《易传》是系统论述天地生人论的代表。精气生人论最早见于《管子》一书，《管子·内业篇》说："凡人之生也，天出其精，地出其形，合此以为人。"何谓"精"，《内业篇》解释道："精也者，气之精者也。"《庄子·知北游》说："人之生，气之聚也，聚则为生，散则为死。"《论衡·论死》中说："人之所以生者，精气也，死而精气灭。"

西方人类起源说。在西方，主要有两种具有代表性的人类起源说：一是人是上帝的创造；二是人是自然的产物。持人是上帝的创造这一观点的人有很多，其中有代表性的如苏格拉底和柏拉图。苏格拉底指出，神为了某种有用的目的给了人们身体的各部分，并且神也不以只照顾人的身体为满足，而最最重要的，是在人之中安排了灵魂，这是人的最优越的部分。苏格拉底的学生柏拉图坚信神的存在，他指出："我们现在就要讨论宇宙的问题，研究一下它是怎样被创造出来的，或者不是被创造出来的，因此，如果我们不是完全糊涂的话，我们必须求助于神与女神。"而且柏拉图为了论述与捍卫统治和等级的合理性还将"金、银、铜"人的观点融入了上帝造人说，认为上帝在造人过程中加入了不同的材料以示区别，给有些人加入了"金"，于是他们成为统治者；给有些人加入了"银"，于是他们成为统治者的追随者；给有些人加入了"铜"，于是他们成为社会的底层。与上帝造人说浓厚的神话色彩、宗教色彩相比，人是自然的产物这一人类起源说则蕴含着朴素的唯物主义思想。古希腊诗人赫西俄德的《神谱》写道：宇宙之初，混沌一片，混沌之后是大地，大地产生了"天宇""高山"和"海洋"，人也就随之产生。古希腊哲学家泰勒斯说，水是万物的始基，自然的人也是由水产生的。古希腊哲学家阿那克西曼德说，人是从鱼变成的，因为人孕育的初期与鱼长得很像。类似的论说还有很多。

现代东西方统一观点。随着近代自然科学的发展，唯物主义哲学家逐步用进化论的观点来看待人的产生。19世纪进化论学说的创始人达尔文通过对动物、植物和人类状况的考察，认为人是从动物中演化而来的，创立了科学的进化论学说。从此，人是自然的产物这种唯物观点得到了科学论证。

清朝末年，严复翻译了英国生物学家赫胥黎的《天演论》，宣传了"物竞天择，适者生存"的观点，并于1897年12月在天津出版的《国闻汇编》刊出。该书问世后产生了巨大的社会反响，在人类起源问题上，越来越多的中国人接受了进化论的观点。至此可以说，在人类的起源问题上，中国与西方也在进化论上殊途同归了。

——节选自"思想道德修养与法律基础"问题链教学详案[M].北京：中国人民大学出版社，2017.

（二）《纪念白求恩》

《纪念白求恩》这篇文章，是毛泽东同志为纪念牺牲在中国抗日战场的国际主义战士——诺尔曼·白求恩而作的。诺尔曼·白求恩，加拿大共产党员，著名的胸外科专家。早在少年时代，白求恩就立志从医，1934年当选美国胸外科协会五位理事之一，跻身北美洲著名胸外科专家行列。1935年11月，他加入加拿大共产党并将之作为余生的奋斗目标。

1936年，白求恩奔赴正在抵御法西斯入侵的西班牙战场。1938年年初，白求恩受加拿大共产党和美国共产党的派遣，率领医疗队来到中国。4月，他经延安转赴晋察冀边区，来到中国共产党领导的条件最艰苦的抗日前线，在那里工作了一年多时间。1939年11月12日，白求恩在为八路军战士做手术时受伤感染，仍坚持医治伤员，直至在河北省唐县黄石口村不幸患败血症牺牲。11月17日，晋察冀军民在唐县于家寨为白求恩举行了隆重的殡殓典礼。12月1日下午，延安各界在杨家岭中央大礼堂举行公祭大会，沉痛悼念白求恩。主席台前摆放着毛泽东的挽词，"学习白求恩的国际主义精神，学习他的牺牲精神、责任心与工作热忱"。几天后，《八路军军政杂志》准备编辑出版《诺尔曼·白求恩》纪念册，请毛泽东撰写一篇纪念白求恩的文章。12月21日，毛泽东在延安杨家岭窑洞中完成了一篇鼓舞人心、影响深远的文章《学习白求恩》。1952年，这篇文章被收入《毛泽东选集》第2卷，并改名为《纪念白求恩》。白求恩的事迹和精神在这篇文章里得到了最高评价和宣扬，至今仍产生着深远影响。以下为《纪念白求恩》原文：

白求恩同志是加拿大共产党员，五十多岁了，为了帮助中国的抗日战争，受加拿大共产党和美国共产党的派遣，不远万里，来到中国。去年春上到延安，后来到五台山工作，不幸以身殉职。一个外国人，毫无利己的动机，把中国人民的解放事业当作他自己的事业，这是什么精神？这是国际主义的精神，这是共产主义的精神，每一个中国共产党员都要学习这种精神。列宁主义认为：资本主义国家的无产阶级要拥护殖民地半殖民地人民的解放斗争，殖民地半殖民地的无产阶级要拥护资本主义国家的无产阶级的解放斗争，世界革命才能胜利。白求恩同志是实践了这一条列宁主义路线的。我们中国共产党员也要实践这一条路线。我们要和一切资本主义国家的无产阶级联合起来，要和日本的、英国的、美国的、德国的、意大利的以及一切资本主义国家的无产阶级联合起来，才能打倒帝国主义，解放我们的民族和人民，解放世界的民族和人民。这就是我们的国际主义，这就是我们用以反对狭隘民族主义和狭隘爱国主义的国际主义。

白求恩同志毫不利己专门利人的精神，表现在他对工作的极端的负责任，对同志对人民的极端的热忱。每个共产党员都要学习他。不少的人对工作不负责任，拈轻怕重，把重担子推给人家，自己挑轻的。一事当前，先替自己打算，然后再替别人打算。出了一点力就觉得了不起，喜欢自吹，生怕人家不知道。对同志对人民不是满腔热忱，而是冷冷清清，漠不关心，麻木不仁。这种人其实不是共产党员，至少不能算一个纯粹的共产党员。从前线回来的人说到白求恩，没有一个不佩服，没有一个不为他的精神所感动。晋察冀边区的军民，凡亲身受过白求恩医生的治疗和亲眼看过白求恩医生的工作的，无不为之感动。每一个共产党员,一定要学习白求恩同志的这种真正共产主义者的精神。

白求恩同志是个医生,他以医疗为职业,对技术精益求精;在整个八路军医务系统中,他的医术是很高明的。这对于一般见异思迁的人,对于一般鄙薄技术工作以为不足道、以为无出路的人,也是一个极好的教训。

我和白求恩同志只见过一面。后来他给我来过许多信。可是因为忙,仅回过他一封信,还不知他收到没有。对于他的死,我是很悲痛的。现在大家纪念他,可见他的精神感人之深。我们大家要学习他毫无自私自利之心的精神。从这点出发,就可以变为大有利于人民的人。一个人能力有大小,但只要有这点精神,就是一个高尚的人,一个纯粹的人,一个有道德的人,一个脱离了低级趣味的人,一个有益于人民的人。

——节选自毛泽东选集:第2卷[M].北京:人民出版社,1991.

(三)《为人民服务》

《为人民服务》是毛泽东主席于1944年9月8日在张思德同志追悼会上的演讲稿。张思德(1915—1944),四川仪陇人。1933年12月参加红军,不久加入共青团,1937年10月加入中国共产党。他参加过长征,作战机智勇敢,先后3次负伤。1940年任中央军委警卫营通信班班长,在带领全班完成机要通信、站岗放哨、开荒生产等各项任务中成绩优异。1942年11月部队整编,他服从组织分配,调中央警备团一连当战士,在毛泽东内卫班执行警卫任务。1944年9月5日,在陕北安塞县山中烧木炭时,因炭窑坍塌而牺牲。当时,抗日战争正处在十分艰苦的阶段,有许多困难需要克服。毛泽东主席针对这一情况,讲述为人民服务的道理,号召大家学习张思德同志完全彻底为人民服务的精神,团结起来,打败日本侵略者。以下为《为人民服务》原文:

我们的共产党和共产党所领导的八路军、新四军,是革命的队伍。我们这个队伍完全是为着解放人民的,是彻底地为人民的利益工作的。张思德同志就是我们这个队伍中的一个同志。

人总是要死的,但死的意义有不同。中国古时候有个文学家叫做司马迁的说过:"人固有一死,或重于泰山,或轻于鸿毛。"为人民利益而死,就比泰山还重;替法西斯卖力,替剥削人民和压迫人民的人去死,就比鸿毛还轻。张思德同志是为人民利益而死的,他的死是比泰山还要重的。

因为我们是为人民服务的,所以,我们如果有缺点,就不怕别人批评指出。不管是什么人,谁向我们指出都行。只要你说得对,我们就改正。你说的办法对人民有好处,我们就照你的办。"精兵简政"这一条意见,就是党外人士李鼎铭先生提出来的;他提得好,对人民有好处,我们就采用了。只要我们为人民的利益坚持好的,为人民的利益改正错的,我们这个队伍就一定会兴旺起来。

我们都是来自五湖四海,为了一个共同的革命目标,走到一起来了。我们还要和全国大多数人民走这一条路。我们今天已经领导着有九千一百万人口的根据地,但是还不够,还要更大些,才能取得全民族的解放。我们的同志在困难的时候,要看到成绩,要看到光明,要看到希望,要提高我们的勇气。

中国人民正在受难,我们有责任解救他们,我们要努力奋斗。要奋斗就会有牺牲,死人的事是经常发生的。但是我们想到人民的利益,想到大多数人民的痛苦,我们为人民而死,就是死得其所。不过,我们应当尽量地减少那些不必要的牺牲。我们的干部要关心每一个战士,一切革命队伍的人都要互相关心,互相爱护,互相帮助。

今后我们的队伍里,不管死了谁,不管是炊事员,是战士,只要他是做过一些有益的工作的,我们都要给他送葬,开追悼会。这要成为一个制度。这个方法也要介绍到老百姓那里去。村上的人死了,开个追悼会。用这样的方法,寄托我们的哀思,使整个人民团结起来。

——节选自毛泽东选集:第3卷[M].北京:人民出版社,1991.

(四)关于为人民服务

1. 马克思:选举权和人民代表要"为组织在公社里的人民服务"

在马克思主义产生之前,虽然并不存在无产阶级的"为人民服务"的思想,但它在历史上的人本思想中也会有一定的思想资源。比如,古罗马的西塞罗曾提到"为同胞们服务"。他说:"如果说我在过去繁忙的时候也在为我的同胞们服务,那么我在闲暇之时也同样能为他们服务。"法国空想共产主义者卡贝提出了"真心诚意为人民谋幸福"这样的字眼。他在《伊加利亚旅行记》中写道:"凡是诚心诚意为人民谋幸福的领袖,总是会得到人民信任的,而凡是受人民拥戴的政府,是什么事情都能办成功的。"德国古典哲学家费希特在《论学者的使命》中说:"学者的使命主要是为社会服务。"这些相近的提法,一方面,说明"为人民服务"的思想具有源远流长的思想资源,另一方面,要看到它们与马克思主义经典作家所说的"为人民服务"有性质上的不同。

早在1835年8月,中学时代的马克思就在毕业作文《青年在选择职业时的考虑》中,从职业选择的角度提出并论述了"为人类工作"的思想。他写道:"如果我们的生活条件容许我们选择任何一种职业,那么我们就可以选择一种使我们获得最高尊严的职业,一种建立在我们深信其正确的思想上的职业,一种能给我们提供最广阔的场所来为人类工作,并使我们自己不断接近共同目标即臻于完美境界的职业,而对于这个共同目标来说,任何职业都只不过是一种手段。"他还说:"在选择职业时,我们应该遵循的主要指针是人类的幸福和我们自身的完善。……人只有为同时代的人的完美、为他们的幸福而工作,自己才能达到完美。如果一个人只为自己劳动,他也许能够成为著名的学者、伟大的哲人、卓越的诗人,然而他永远不能成为完美的、真正伟大的人物。""如果我们选择了最能为人类而工作的职业,那么,重担就不能把我们压倒,因为这是为大家作出的牺牲;那时我们所享受的就不是可怜的、有限的、自私的乐趣,我们的幸福将属于千百万人。"

马克思在另一篇中学作文《奥古斯都的元首政治应不应当算是罗马国家较幸福的时代?》中,提出了国家官吏应该"为人民造福"的论断。他写道:"既然国家看来治理得不错,元首愿为人民造福,并且最杰出的人们根据他的倡议担任了国家职务……那么,由于这一切,奥古斯都的元首政治应该算是最好的时代,同时应当指出,那位尽管有条件为所欲为,但在获得权力之后却一心只想拯救国家的人,是应当受到很大的尊敬的。"

在1843年10—12月的《〈黑格尔法哲学批判〉导言》中,马克思有哲学"为历史服务"的提法。他写道:"真理的彼岸世界消逝以后,历史的任务就是确立此岸世界的真理。人的自我异化的神圣形象被揭穿以后,揭露具有非神圣形象的自我异化,就成了为历史服务的哲学的迫切任务。"在这里,"为历史服务",也就是为社会服务,为大多数人服务。

在标志着马克思主义诞生的《共产党宣言》中,马克思恩格斯提出了"为绝大多数人谋利益"的论断。他们写道:"过去的一切运动都是少数人的或者为少数人谋利益的运动。无产阶级的运动是绝大多数人的、为绝大多数人谋利益的运动。"最值得注意的是,马克思在1871年5月写的《法兰西内战》中明确提出了"为组织在公社里的人民服务"这一论断,"普选权不是为了每三年或六年决定一次由统治阶级中什么人在议会里当人民的假代表,而是为了服务于组织在公社里的人民,正如个人选择权服务于任何一个为自己企业招雇工人和管理人员的雇主一样。"

2. 恩格斯:批判那些"为人民的压迫者服务"的人

马克思主义经典作家在吸取前人思想资源的同时,也从反面来批判前人的反动思想。比如,普鲁士国王威廉一世就要求人们"全心全意为君王服务"。他曾对他的官吏说:"人们必须全心全意,用全家全产、名誉和良心,为君王服务,并奉献一切,除了上帝赐给的天堂幸福以外,其他一切必须是我的。"马克思和恩格斯对普鲁士国王,从一世到四世,都做过批判，批判了他们唯我独尊的封建专制主义。恩格斯明确地揭露和批判了德国宗教改革领袖马丁·路德"为人民的压迫者服务"思想的本质。

1843年10月，恩格斯在《大陆上社会改革的进展》一文中，批判了马丁·路德在看到宗教改革即将发展为农民起义的时候，立场上走向退步和反动："如果说他在开始自己的传教士生涯时是人民的一分子，这时就完全为人民的压迫者服务了。"恩格斯还揭露和批判了"为统治阶级服务"的报纸。他在《英国工人阶级状况》中尖锐指出：在一些"报纸很少，——而报纸也是为统治阶级服务的，——政治宣传工作很不开展的地区，（煤矿区的治安法官）享有几乎无限的权力"。恩格斯批判了财富"为垄断者阶级服务"的现实，提出应该"为全社会服务"。1868年3月，他在为《民主周报》而写的关于马克思《资本论》第一卷的书评中指出："资本主义的生产才第一次创造出为达到这一点所必需的财富和生产力，但是它同时又创造出一个社会阶级，那就是被压迫的工人大众。他们越来越被迫起来要求利用这种财富和生产力来为全社会服务，以代替现在为一个垄断者阶级服务的状况。"

3. 列宁："为千千万万劳动人民服务"

列宁不仅从知识分子角度，而且从民主的角度，从无产阶级的角度论述了"为谁服务"和"为哪个阶级服务"的问题。

1905年11月13日，列宁在《党的组织和党的出版物》这篇著名文章中指出，无产阶级的写作"将是自由的写作，因为把一批又一批新生力量吸引到写作队伍中来的，不是私利贪欲，也不是名誉地位，而是社会主义思想和对劳动人民的同情。这将是自由的写作，因为它不是为饱食终日的贵妇人服务，不是为百无聊赖、胖得发愁的'一万个上层分子'服务，而是为千千万万劳动人民，为这些国家的精华、国家的力量、国家的未来服务。"

列宁论述了知识分子为谁服务的问题。他说："替资本服务的有大量的、各种各样的学者、艺术家和神父等等。""同麦克唐纳这一类人分裂是必要的，因为事实上他们是为资产阶级服务，而不是为无产阶级服务。"对于资产阶级专家，"不仅要镇压他们的反抗，不仅要使他们'中立'，而且要他们担任工作，强迫他们为无产阶级服务。"

列宁还论述了教育事业要"为无产者、为工人、为劳动农民服务"，他指出："我们要运用全部国家机构，使学校、社会教育、实际训练都在共产党领导之下为无产者、为工人、为劳动农民服务。"

——节选自刘建军."为人民服务"的命题史考察[J].马克思主义研究，2011（7）.

五、习题练习

1.（单选）个人与社会的关系最根本的是（　　）。

　　A. 个人价值与社会价值　　　　B. 个人利益与社会利益

　　C. 个人理想与社会理想　　　　D. 个人存在与社会存在

【答案】B

2.（单选）人只有为同时代人的完美，为他们的幸福而工作，自己才能达到完美，如果只为自己劳动，他也许能成为著名的学者、伟大的哲人、卓越的诗人。但永远不能成为完美的，真正伟大的人物，这表明（　　）。

　　A. 实现自我价值是创造社会价值的原因

　　B. 个人价值的实践取决于他人的认同

　　C. 人生社会价值可代替自我价值

　　D. 人生价值是自我价值和社会价值的统一

【答案】D

3.（单选）人生目的是人在人生实践中关于自身行为的根本指向和人生追求，它所认识和回答的根本问题是（　　）。

　　A. 人为什么活着　　　　　　　B. 人如何对待生活

　　C. 怎样对待人生境遇　　　　　D. 怎样选择人生道路

【答案】A

4.（单选）在现实生活中，由于人们的立场和观点不同，对人活着的意义理解也不同，存在着各种不同的人生观。人生观是（　　）。

　　A. 人们对美好未来的向往和追求

　　B. 人类社会中人们之间的相互需要关系

　　C. 人们对整个世界最根本的看法和观点的总和

　　D. 人们对人生目的和人生意义的根本看法和态度

【答案】D

5.（单选）人生观主要通过人生目的、人生态度、人生价值三个方面体现出来。人生目的回答人为什么活着，人生态度表明人应当怎样对待生活，人生价值判断什么样的人生才有意义。这三个方面互相联系、互相制约,其中居于核心地位的是( )。

A. 人生目的　　B. 人生态度　　C. 人生价值　　D. 人生价值观

【答案】A

专题三　创造有意义的人生

一、学习目的

通过学习本专题，帮助大学生科学认识实际生活中的各种问题，准确掌握解决人生问题的科学方法，树立正确的人生观。引导大学生学会以乐观向上、积极进取的人生态度处理人生矛盾；坚持科学评判人生价值、自觉抵制错误人生观念的影响，成就出彩人生。

二、重难点解析

本专题从价值、人生价值入手，引导学生正确认识自我价值与社会价值的关系，科学评判人生价值；正确处理各种人生矛盾；最终，引导大学生主动将自己的小我融入祖国的大我、人民的大我之中，在实践中实现幸福人生，在奋斗中创造人生价值。

（一）如何科学评判人生价值

"价值"是我们探讨人生价值相关问题的起点。一般对价值的理解，大都是经济学意义上的价值。从政治经济学的角度看，价值是凝结在商品中的无差别的人类劳动。商品的价值量是由生产商品的社会必要劳动时间决定，商品交换要以价值量为基础实行等价交换。在这里我们讲的"价值"，是哲学意义上的价值。它是主体与客体间的一种关系，即是客体的属性对主体需要的一种满足关系。是客体对主体的功用、意义，表现为客体满足主体需要的状态。在理解价值这个范畴的时候，应注意以下三点：

第一，价值是一个关系的范畴。价值是在主体和客体的联系中产生的，没有主体和客体的联系就无所谓价值。如前人栽树，后人乘凉。前人栽树，有没有价值，要通过后人乘凉来体现出来。前人有栽树的行为，而后人正好有乘凉的需要，这样前人栽树对后人乘凉具有很大的价值。如果前人栽了树，后人不乘凉了，前人栽树对后人乘凉往往价值就很小了，但它对环境保护的价值还是存在的。因此，价值是一个关系的范畴，它是在客体与主体的关系中产生的，没有关系就没有价值。关系发生了变化，价值的大小和有无也就发生了变化。

第二，价值是一个意义的范畴。价值强调的是客体能够满足主体的需要。在主客体的联系中，客体满足主体需要的情况可能不一样，这样价值就具有了三种形态：正价值、负价值、零价值。正价值强调的是客体能够满足主体的需要。负价值强调的是客体不仅不能满足主体的需要，反而对主体有危害。零价值强调的是客体不能满足主体的需要，但是对主体也没有危害。

第三，价值来源于客体，取决于主体。这一条强调的是在主体和客体的联系中，客体这一方有没有价值，不是由客体决定，而是由主体决定。比如老师对学生的价值，老师对学生有没有价值，有多大的价值，是由客体学生的需要决定的。

人生价值是指人的生命及其实践活动对于社会和个人所具有的作用和意义。选择什么样的人生目的，走什么样的人生道路，如何处理生命历程中个人与社会、现实与理想、付出与收获、生与死等一系列人生中的重大问题，人们总是有所取舍、有所好恶，对于赞成什么、反对什么、认同什么、抵制什么，总会有一定的标准。这些都与人们对人生价值的看法密切相关。

人生价值内在地包含了人生的自我价值和社会价值两个方面。人生的自我价值，是个体的人生活动对自己的生存和发展所具有的价值，主要表现为对自身物质和精神需要的满足程度。人生的社会价值，是个体的实践活动对社会、他人所具有的价值。

人的社会性决定了人生的社会价值。人生价值评价的根本尺度，是看一个人的人生活动是否符合社会发展的客观规律，是否通过实践促进了历史的进步。劳动以及通过劳动对社会和他人作出的贡献，是社会评价一个人的人生价值的普遍标准。一个人对社会和他人所作的贡献越大，他在社会中获得的人生价值的评价就越高。劳动和贡献的尺度作为社会评价人生价值的基本尺度，正是对人生价值评价根本尺度的一种具体化。在我们今天所处的社会主义社会中，衡量人生的价值，标准就在于看一个人是否以自己的劳动和聪明才智为国家和社会真诚奉献，为人民群众尽心尽力服务。客观、公正、准确地评价社会成员人生价值的大小，除了要掌握科学的标准外，还需要掌握恰当的评价方法。

其一，正确评价人生价值，既要看贡献的大小，也要看尽力的程度。每个人的职业不同、能力大小不同，对社会贡献的绝对量也不同，不能简单地认为能力大的人就实现了人生价值，能力小的人就没有实现人生价值。考察一个人的人生价值，要把个人对社会的贡献同他的能力以及与能力相对应的职责联系起来。任何人只要在自己的岗位上尽职尽责，兢兢业业，就应该对他的人生价值给予积极肯定的评价。某些人位高权重，能力极强，但他们却用手中的权力和自己的能力大搞权钱交易、贪污腐化，危害国家社会，触犯法律，他们的人生价值是负价值。

其二，正确评价人生价值，既要尊重物质贡献，也要尊重精神贡献。人的生产劳动是物质生产劳动和精神生产劳动的统一及两种生产劳动成果的相互转化。社会的发展与进步是物质文明和精神文明的共同发展与进步。评价人生价值，既要看一个人对社会作出的物质贡献，也要看他对社会作出的精神贡献。

其三，正确评价人生价值，既要注重社会贡献，也要注重自身完善。人生的社会价值是实现人生自我价值的基础，评价人生价值的大小主要看一个人对社会所作的贡献，但这并不意味着要否认人生的自我价值。人的自我完善和全面发展、人生自我价值的实现，是社会发展的根本目标，而人生自我价值的实现，又有助于个体为社会创造更大价值。

（二）怎样理解人生的自我价值与社会价值的相互依存关系

青年大学生如何实现自己的人生价值，这是当下许多年轻人十分关注的话题，也是常常给大学生带来困扰的话题。其实，马克思在他的中学毕业论文《青年在选择职业时的考虑》中就对这个问题作出了精彩的回答。他说："如果我们选择了最能为人类福利而劳动的职业，那么，重担就不能把我们压倒，因为这是为大家而献身；那时我们所感到的就不是可怜的、有限的、自私的乐趣，我们的幸福将属于千百万人，我们的事业将默默地、但是永恒发挥作用地存在下去，面对我们的骨灰，高尚的人们将洒下热泪。"[1]马克思的话告诉我们一个基本道理：人生的价值在于为人类利益而创造，为人类利益而奉献。然而，在市场环境下这一观点却遭到了一些人的质疑，一些大学生对此也感到困惑，破解这一难题，需要从深化对人生的自我价值与社会价值的关系入手。

人生的自我价值和社会价值，既相互区别，又密切联系、相互依存，共同构成人生价值的矛盾统一体。在人的社会生活中，"每个人是手段同时又是目的，而且只有成为他人的手段才能达到自己的目的，并且只有达到自己的目的才能成为他人的手段，这种相互关联是一个必然的事实"[2]。个人既不单纯是社会和他人的手段，也不单纯就是目的，这个

---

[1] 中共中央马克思恩格斯列宁斯大林著作编译局. 马克思恩格斯全集：第40卷［M］. 北京：人民出版社，1979：7.

[2] 中共中央马克思恩格斯列宁斯大林著作编译局. 马克思恩格斯全集：第46卷［M］. 北京：人民出版社，1980：473.

"必然的事实"是我们认识人生自我价值与社会价值辩证关系的基础。

1. 自我价值与社会价值是对立统一的关系

第一,从相互联系的角度看,自我价值与社会价值有以下共同点:一是两者有共同的特性,都具有主体性、社会性、实践性等特征。二是产生的源泉相同,都源于人的劳动实践。根植于社会的具体的劳动实践为人们创造个人价值和实现社会价值提供了共同的坚实的平台。三是二者都能满足人与社会的需要。自我价值能满足个人的需要,社会价值能满足社会的需要。虽然这两种价值形式满足人和社会的需要的方式存在差异,但归根到底都能满足人与社会发展的需要。

第二,从相互区别的角度看,自我价值与社会价值有以下不同:一是评价主体不同。自我价值是个体自身的主观判断,社会价值是社会的客观判断。二是评价标准不同。社会价值是以个体对社会的奉献为标准,自我价值以个体自身需要的满足为标准。三是评价时效不同。自我价值是个体以一时的实践活动进行的价值判断,因而具有暂时性,社会价值则是根据个体总体或特定的实践活动进行的价值判断,因而具有持久性。四是满足需要的效果不同。社会价值产生的效果是积极的、正向的,是正能量的输出,而自我价值追求的效果不一定都是正能量的输出,也有负能量的输出。五是表现形式不同。社会价值具有现实效果性,容易为现实所验证,而自我价值具有潜在性或代际转移性,人们在自己身上实现不了的价值会转移到后代身上,因而会在教育和影响后人上着力。这实际上是潜在地实现了自我价值。六是社会价值高于自我价值并为其导向。并非所有的自我价值追求都能产生社会价值,只有那些通过劳动创造向社会输出了正能量,对他人对社会产生了积极效应,并且得到社会认可的正向自我价值追求才是有效的自我价值追求。而这正是社会价值高于自我价值之处。换言之,向社会输出负能量就没有社会价值。没有社会价值的创造,人生的自我价值就无法存在。正是从这个角度看,社会价值为自我价值的实现引领方向。

再从相互对立的角度看,由于社会价值的正向属性,决定了自我价值并不一定都能转换为社会价值,只有正向自我价值才能实现这种转换。社会价值能否转换为自我价值也存在矛盾,如果缺乏公平的机制,社会价值也不能公平地转换为个人的自我价值。

2. 自我价值与社会价值是相互生成的关系

第一,正向自我价值的追求与实现是个体创造社会价值的逻辑起点。现代人都希望自己的人生有成就,希望自己的人生过得充实、富裕、开心,得到应有的尊重与获得。因而,正向自我价值的实现是个体创造社会价值的逻辑起点,只有个体主动地积极地去追求自己的自我价值,才有可能去创造社会价值。由此形成的正向自我价值在得到社会的认可后自然就转换成社会价值的一部分,二者是同步生成的关系。没有个体正向自我价值的创造就不会有社会价值的创造。相反,追求负向自我价值的实现不仅不能生成社会价值,反而会毁灭社会价值。

第二,创造社会价值是正向自我价值追求与实现的立足点和基本路径。作为社会的人,他所作出的一切努力,都要依托社会提供的环境与条件,依托其所在群体或集体提供的平台与资源,只能在特定的社会舞台实现自我,并且要将自己创造的正向自我价值转化为社会的价值,得到社会的认可。否则,个体正向自我价值的追求与实现就是一句空话。那种以为只靠个人的努力就能实现自我价值,以为脱离社会价值的创造就能实现自我价值的说法在现实中是行不通的。

3. 自我价值与社会价值是创造与共享的关系

现实中的人既是价值的创造主体、享受主体,又是价值的传承客体、积累客体,因而个体创造社会价值的过程也是个人与他人、与社会互利互惠、奉献共享的过程,即分享社会价值的过程。从心理需要满足的角度看,人们创造的社会价值总是用于社会成员的分享的,而社会价值的合理分享能让人产生正向自我价值实现的感觉。正是个体创造的价值得到社会的认可、尊重和合理评价才能满足个体的物质与精神需要,才能让人的自我价值得到体现。因此,讲人生价值不仅要讲社会价值的创造与奉献,也要讲社会价值的分享与获得。个人只有为社会为国家为人民创造社会价值,才能最终实现个人的自我价值;社会和国家也要为个人实现自我价值创造必要条件,才能不断创造又好又多的社会价值。而为社会创造的价值越多,社会积累的财富就越多,社会就更加繁荣、文明,最终都会转化为个体的分享价值,自然就能为个体的自我完善与全面发展提供更多的物质保障与精神支撑。[①]

(三)如何正确认识和处理人生矛盾

"看似寻常最奇崛,成如容易却艰辛。"大学生的人生成长之路还很长,怎样处理好理想与现实、个人与集体、竞争与合作、权利与义务、自由与纪律、友谊与爱情、学习与工作等方面的关系,如何科学认识实际生活中的各种问题,勇敢面对和正确处理各种人生矛盾,需要青年大学生认真去观察、思索、选择、实践。

1. 正确看待得与失

如何认识和对待人生发展过程中的得与失这对矛盾,对一个人走好人生之路、实现人

---

① 曾学龙,周毛春. 深化对人生的自我价值与社会价值的关系的认识[J]. 南昌师范学院学报, 2018, 39(1): 24-28.

生价值有重要影响。大学生要以积极进取的态度去面对生活中的成败得失,使一时的成败得失成为人生的财富而不是人生的包袱。

第一,不要过于看重一时的"得"。工作中取得成绩、生活上有所收获,人们自然会产生一种愉悦心情或一定程度的满足感,这是人之常情,但是,一时所得、一点成绩相对于漫长的人生道路、伟大的事业而言是微小的。在成绩与收获面前,更要保持平常心态,更要谦虚谨慎,切不可得意忘形,以免乐极生悲。一个阶段的成绩或收获只是继续努力的基础,一个人如果总是满足于一时的"得",往往会停步在小小的成功和已有的成绩之上,放弃接下来的努力,以致造成最后的失败。历史上无数成败的事例都诠释了这条人生道理。生活从不眷顾因循守旧、满足现状者,从不等待不思进取、坐享其成者,而是将更多机遇留给善于和勇于创新创造的人们。

第二,不要惧怕或斤斤计较一时的"失"。正所谓"吃一堑,长一智""塞翁失马,焉知非福",得到了不一定是好事,失去了也不一定是坏事,一定意义上有舍才有得。在失意之际坚持不懈,在坎坷之时不断努力,方能有所收获,实现人生目标。

第三,要跳出对个人得失的计较。人生追求需要达到一定的境界,只有把小我融入大我,才会有海一样的胸怀、山一样的崇高。个人利益的得失只能部分地衡量人生价值的大小,每个个体只有在奉献社会中才能实现更大的人生价值。只有跳出对狭隘个人利益的计较,关爱他人,热爱集体,真诚奉献,才能赢得他人和社会的尊重。

2. 正确看待苦与乐

苦与乐既对立又统一,在一定条件下可以相互转化。毛泽东用"红军不怕远征难,万水千山只等闲"形象地写出了红军战胜长征途中各种苦难的豪迈气概,用"更喜岷山千里雪,三军过后尽开颜"生动地描述了红军夺取胜利后的喜悦心情,给我们正确理解苦与乐的辩证关系提供了重要启示。"宝剑锋从磨砺出,梅花香自苦寒来",奋斗是艰辛的,艰难困苦、玉汝于成。真正的快乐只能由奋斗的艰苦转化而来。不经历风雨怎能见彩虹,不经历人生的苦难,怎能享受到人生的乐趣。

大学生担负起民族复兴之大任,更需在磨炼中培养吃苦耐劳、乐观向上的良好品质。"无数人生成功的事实表明,青年时代,选择吃苦也就选择了收获。选择奉献也就选择了高尚。青年时期多经历一点摔打、挫折、考验,有利于走好一生的路。"[①]在成长过程中,同学们要准确把握苦与乐的辩证关系,努力做迎难而上、艰苦奋斗的开拓者。

---

① 习近平. 在同各界优秀青年代表座谈时的讲话[N]. 人民日报,2013-05-04.

3. 正确看待顺与逆

顺境和逆境是人生历程中两种不同的境遇。在顺境中前进，如同顺水行舟，天时、地利、人和等有利因素，使人们更容易接近和实现目标。但是，顺境中的宽松气氛、优越条件，又容易使人滋生骄娇二气，自满自足，意志衰退。在逆境中奋斗，犹如逆水行舟，不进则退，需要付出更大的努力和更多的艰辛才可能成功。在逆境中奋斗，会有顺境中难以得到的获得感和成就感。逆境的恶劣环境，对于挑战者而言，可以磨炼意志、陶冶品格，积累战胜困难的经验，丰富人生阅历。

4. 正确看待生与死

生命的历程是一个从生到死的过程，有生必有死，这是恒常不变的自然现象。生与死是贯穿人生始终的一对基本矛盾。从一定意义上说，正是因为生命短促，每个人只有一次生命，才更显示了人生的弥足珍贵。如何认识、对待生与死，体现了一个人人生境界的高低，更直接影响着他的实际生活。

现实社会中存在着大量不尊重生命的现象。有的人不尊重自己的性命，有的人既不尊重自己的生命，也不尊重他人的生命，比如有的人喜欢逞凶斗狠，一言不合即拔刀相向；有的人在驾驶汽车时喜欢超速加塞，不遵守交通规则，这些都是对他人生命的不尊重。在大学生群体当中，近年发生了许多伤害同学室友的案件。例如，2004年，云南大学的马加爵杀害四名同学；2009年，吉林农业大学的郭力维在宿舍内杀死同学；2010年，西安音乐学院大学生药家鑫因交通事故撞伤他人，而后将被撞者杀死；2013年，上海复旦大学饮水机投毒案；等等。这些案件当中的受害人都是加害者的同学，甚至室友，是关系密切的同龄人，可是同为大学生的他们却向被害者痛下杀手，表现出对生命的漠视。还有的人不尊重自己的生命，那些喜欢在危险地带自拍的人，那些在通过路口仍然用眼睛盯着手机的人，那些吸毒的人以及稍微不顺心就自杀的人，都是不尊重自己生命的人。

我们拥有的所有价值都附着于我们所拥有的生命，实际上，正是由于我们拥有了生命，那些价值才是有意义的，如物质财富、美好的爱情、真挚的友谊，等等，没有了生命，我们曾经拥有的一切美好的东西都将归于零。因此，尽管我们人生需要追求很多很多的价值，但是首先我们必须要有健康的生命，那些价值才是有意义的，才是值得我们所关注的。

所以大学生要牢固树立生命可贵的意识，倍加爱护自己和他人的生命，理性面对生老病死的自然规律，努力使自己的生命绽放人生应有的光彩。我们无法增加生命的长度，但却能追求生命应有的高度。大学生应珍惜韶华，在服务人民、投身民族复兴伟大事业中开发出生命所蕴藏的巨大潜能，努力给有限的个体生命赋予更有价值的意义。

5. 正确看待荣与辱

荣辱是一对基本道德范畴，荣辱观是人们对荣辱问题的根本看法和态度，是一定社会思想道德原则和规范的体现和表达。中国古人向来注重荣与辱，并通过"知耻"来进行道德评价和判断。荣辱观对个人的思想行为具有鲜明的动力、导向和调节作用。大学生只有具备正确的荣辱观，明确是非、对错、善恶、美丑的界限，才会在纷繁复杂的社会生活中明确应当坚持和提倡什么，反对和抵制什么，从而为自身行为得失作出道德选择，确定价值取向，提供基本的价值准则和行为规范。

（四）如何创造有价值的人生

1. 掌握正确实现人生价值的条件

第一，实现人生价值要从社会客观条件出发。我们每个人都是生活在特定的、具体的社会环境中，一方面我们要从客观的社会条件出发，最大程度地发挥自己的聪明才智，另一方面我们的价值选择要与社会发展的主旋律相一致，否则就会被社会所淘汰。正如习近平总书记在纪念五四运动100周年大会上指出："青年的人生目标会有不同，职业选择也有差异，但只有把自己的小我融入祖国的大我、人民的大我之中，与时代同步伐、与人民共命运，才能更好实现人生价值、升华人生境界。离开了祖国需要、人民利益，任何孤芳自赏都会陷入越走越窄的狭小天地。"①当前，正处于百年未有之大变局，要善于把自己的人生追求建立在正确把握当今中国社会发展实际的基础上，努力创造留下历史印记的新贡献。

第二，实现人生价值要从个体自身条件出发。个体自身条件主要包括个人的思想道德素质、科学文化素质、生理心理素质等方面的要素。每个人的自身条件都会与其他人有一定的差异，某一个具体的价值目标，对这个人来说是恰当的、比较容易实现的，而对另一个人来说却未必如此。因此，应当实事求是地根据自身的条件来确定自己的人生价值目标。青年时期是一个人自身条件变化较大的阶段，再加上社会经验、人生阅历等方面的限制，人们往往容易把主观的想象当作对自身条件的认知，夸大或者低估自身的能力，不切实际地抬高或者贬低自己，从而给人生价值的实现带来意想不到的障碍。因此，既不要妄自尊大，也不能妄自菲薄，找准自己的定位，客观地认识自己，是确定人生价值目标的重要前提。

第三，不断提升实现人生价值的能力和本领。人在自然天赋上有这样那样的差异，在

---

① 习近平. 在纪念五四运动100周年大会上的讲话［N］. 光明日报，2019-05-04.

实现人生价值的过程中不可避免地要受到自身条件的限制，但这并不是说，人的主观努力不起作用。个人的主观努力，在相当大的程度上决定着一个人的人生价值的实现程度。人的能力具有累积效应，能够通过学习、锻炼而得到强化。"有条件要上，没有条件创造条件也要上。"这是铁人王进喜率领石油工人，为把中国贫油落后帽子甩到太平洋而喊出的口号。回首过去，从"两弹一星"工程打破超级大国的核讹诈和核垄断，到三峡工程实现"高峡出平湖"的百年梦想，尤其是党的十八大以来，天宫、蛟龙、天眼、大飞机等重大科技成果相继问世，中国高铁、港珠澳大桥领先世界水平，这些都是中国人没有条件创造条件取得的突出成就。机会总是青睐有准备的人，而所谓的准备，就是自身能力的不断提升，就是练就的一身本领。大学生可塑性强，正处于增长知识才干的关键时期，可以通过各种方式和途径，全面提高自身的综合素质和能力，努力创造实现人生价值的良好条件。

第四，立足于现实，坚守岗位作贡献。人生价值终究要通过自己所从事的事业展现出来。不是每个人都能成为爱因斯坦，但是每个人若能在自己的岗位上脚踏实地、埋头苦干，发挥聪明才智，为社会作出贡献，也能实现自己的人生价值。人生价值，尤其是人生的道德价值的实现就在尽职尽责、奋发努力的过程中。

2. 将个人之小我融入社会之大我

青年的人生目标会有不同，职业选择也有差异，但只有把自己的小我融入祖国的大我、人民的大我之中，与历史同向、与祖国同行、与人民同在，才能更好地实现人生价值、升华人生境界。

第一，与历史同向。要正确认识世界和中国发展大势，尊重顺应历史的选择和人民的选择，准确把握中国发展的重要战略机遇期，提升民族自信心，增强时代责任感，与历史同步伐，与时代共命运。

第二，与祖国同行。青年只有自觉将人生目标同国家和民族的前途命运紧紧联系在一起，才能最大程度地实现人生价值。回溯历史，五四运动时期，青年学生勇立时代潮头，为救亡图存奔走呐喊；新民主主义革命时期，为国捐躯的青年典范不胜枚举；中华人民共和国成立以来，更有无数青年学生积极投身社会主义现代化建设事业，展现时代风貌，勇于开拓进取。当代中国正处于中华民族伟大复兴的关键时期，建设社会主义现代化强国任重道远。当代大学生要正确认识国家和民族赋予的历史责任和使命，自觉与国家和民族共奋进、同发展。

新民主主义革命时期，为国捐躯的青年典范不胜枚举。南昌起义时，毛泽东33岁、贺龙31岁、周恩来29岁、罗荣桓24岁、卢德铭22岁、粟裕19岁。长征时，红军将领平均年龄 25 岁，其中 9 位元帅平均年龄 36.5 岁，8 位大将平均年龄 31.7 岁，48 位上将平均年龄 25.9 岁，157 位中将平均年龄 23.8 岁。红军师以上干部的年龄绝大部分都在二三十岁，红军将领的平均年龄仅 25 岁。

社会主义革命和建设时期，青年人响应党的号召向困难进军，向荒原进军，保卫祖国，建设祖国，在新中国的广阔天地忘我劳动、艰苦创业。1949 年 10 月，梁启超最钟爱的小儿子 24 岁的梁思礼从美国辛辛那提大学获博士学位后，推掉优厚待遇，毅然回到新中国工作。他说，父亲遗传给我们 9 个子女的最重要的就是两个字：爱国！1950 年 10 月，在被称为"工程师摇篮"的美国普渡大学获博士学位、26 岁的邓稼先满怀激情归国效力，与他同时归国的专家学者有 200 多位。此后，钱学森等著名科学家也排除重重阻碍回到祖国。还有更多的新中国培养的青年知识分子投身国防科技事业。正是这些充满爱国情、报国志的知识分子的矢志奋斗，为新中国日后的腾飞积累了宝贵的能量。1953 年，23 岁的袁隆平从西南农学院遗传育种专业毕业后，被分配到湖南安江农校工作。他当时就立志："作为新中国培育出来的第一代学农大学生，我下定决心要解决粮食增产问题，不让老百姓挨饿。"1956 年，袁隆平带着学生们开始了农学实验。几年时间，袁隆平发现水稻中有一些杂交组合有优势，并认定这是提高水稻产量的重要途径，自此扎根农业，一干就是几十年。因为"为保障世界粮食安全和解除贫困展示了广阔前景"，并"致力于将杂交水稻技术传授并应用到包括美国在内的世界几十个国家"，2004 年，袁隆平获得了世界粮食奖。截至 2017 年，杂交水稻在我国已累计推广超 90 亿亩，共增产稻谷 6000 多亿公斤。中国以占世界 7% 的土地养活了 20% 的人口，这是一个奇迹。1959 年 9 月 26 日，以松基三井喜喷工业油流为标志，勘探发现了大庆油田。以 36 岁的"铁人"王进喜为代表的英雄的石油人，在极其困难的条件下，自力更生、艰苦奋斗，仅用 3 年时间就拿下大油田，一举甩掉了我国贫油落后的帽子。1962 年 8 月 15 日，年仅 22 岁的解放军战士雷锋因公殉职。1963 年 3 月 5 日，毛泽东主席为这名普通战士题词："向雷锋同志学习"，周恩来、刘少奇、朱德等党和国家领导人也相继题词。雷锋精神是全心全意为人民服务的奉献精神，雷锋是那个时代人们崇敬并学习的英雄！每年的 3 月 5 日成为"学雷锋日"。全国掀起学习雷锋精神的热潮，雷锋的名字响遍祖国大地。

在改革开放的历史新时期，青年人发出团结起来振兴中华的时代强音，为祖国繁荣富强开拓奋进、锐意创新。平均年龄不到 30 岁的团队，用了不到两年的时间，研制出了真正的"中国芯"——龙芯。航天科研团队以青年为主体，嫦娥团队、神舟团队平均年龄 33 岁，北斗团队平均年龄 35 岁，东方红四号团队平均年龄 29 岁，卫星应用团队平均年龄 28 岁。

青年人勇于创新，活跃在技术革新、移动互联网、航空航天、海洋开发等领域建功立业，发挥了开拓创新的先锋作用。在党领导的决战决胜脱贫攻坚、全面建成小康社会的奋斗中，广大青年积极响应党的号召，通过生产扶贫、社会公益扶贫、人才扶贫、精神文化扶贫等多种形式，助力脱贫攻坚，在志愿脱贫对接、产业升级支招等项目中发挥了生力军作用。

第三，与人民同在。人民群众是历史的创造者，是国家的主人。大学生要在为人民群众服务、实现人民群众利益的过程中实现人生价值。

此外，社会实践是科学理论、创新思维的源泉，是检验真理的试金石，也是青年锻炼成长的有效途径。美好的人生目标要靠社会实践才能转化为现实。大学生要坚持理论联系实际，积极投身社会实践，在基层一线砥砺品质，在实践中发现新知、运用真知，在解决实际问题的过程中增长才干，不断提高实践能力、创新能力，实现最大的人生价值，创造无悔的青春。

三、经典案例分析

案例一　青年习近平的奋斗故事

1969年年初，15岁的习近平来到陕西省延川县文安驿公社梁家河村插队落户。从北京同乘一列火车去插队的知青，大多数人在插队一到两年内都陆陆续续离开了，而习近平在陕北一待就是七年，直至1975年10月离开。习近平是"年龄最小、去的地方最苦、插队时间最长的知青"。习近平到延川县梁家河村插队，闯过五关：跳蚤关、饮食关、生活关、劳动关、思想关，带领干部、群众打坝、挖井，办缝纫社、代销点、铁业社、磨坊，办沼气。每件事情都不是特别大的事，但是把所有事情集中起来就有很大很显著的效果。习近平在梁家河村做的每一件事都是之前村子里从未有过的事，每一件事都是便民惠民的事，每一件事都是身体力行、苦干实干做出来的事。习近平"从15岁刚到黄土高原时迷惘、彷徨，到22岁离开时，已经有着坚定的人生目标，充满自信。"七年来，习近平贴近黄土地，贴近农民，下决心扎根农村，立志改变梁家河村的面貌，在这七年时间里，他靠自己的苦干实干作出了一番成绩，在实干中找到人生的目标和方向。

【案例分析】

青年习近平从破旧的农村通过苦干实干走进繁华的大都市，大学毕业后又从繁华的大都市主动回到农村,其青春再次绽放在祖国和人民最需要的地方,是我们学习的光辉楷模和榜样。

在艰苦的环境中,15岁的习近平没有消沉,没有抱怨,反而比较坚强,能吃苦,能顶住压力,这使他度过了"五关",也使他的精神得到了升华,思想得到了提升,认识得到了提高。在习近平总书记对青年的一系列讲话和回信中,我们可以深刻感知他在艰苦奋斗中锤炼的意志品质。在成长和奋斗过程中,有缓流也有险滩,有喜悦也有哀伤,我们要处优而不养尊,受挫而不短志,坚持艰苦奋斗,不贪图安逸,不惧怕困难,不怨天尤人,依靠勤劳和汗水开辟人生和事业前程。

青年习近平的奋斗故事给了我们青春答案。青年要敢于做先锋,而不做过客、当看客,扎扎实实干事、踏踏实实做人,实字当头、以干为先,树立起与党和人民同心同向的价值追求,让青春年华在为国家、为人民的奉献中焕发出绚丽光彩。

案例二　邓小平一生"三落三起"

从20世纪30年代初到70年代末近50年政治生涯中,邓小平曾有过别人不曾有过的"三落三起"的传奇经历。邓榕在《我的父亲邓小平》一书中这样记载到:一生之中,三次被打倒,又三次复出,而且一次比一次更加引人注目,一次比一次走向更大成功。这不是神话,也不是人为的编撰。这就是邓小平真实的故事。

第一次"落起"是在30年代初期中央苏区时,由于以博古为代表的中央临时政府推行"左"倾冒险主义,邓小平、毛泽潭、谢唯俊等人则坚决支持以毛泽东为代表的正确路线,反对他们的"城市中心论"。为此,邓小平遭批斗,并一度被关进监狱,他的会昌中心县委书记和江西省委宣传部部长的职务也被撤销,并受到党内最严重警告处分。这一年邓小平只有29岁,是为邓小平生平"三落三起"中的"第一落"。邓小平在宁都刚刚劳动几天,中央军委副主席兼红军总政治部主任王稼祥就提议调邓小平到总政治部。当年6月,邓小平就告别宁都,到瑞金担任红军总政治部秘书长,并主编《红星报》,是为"第一起"。1934年10月他随中央红军长征,1934年年底当上了中央秘书长。

邓小平第二次"落起",是在"文化大革命"期间。在"文化大革命"初期,邓小平作为"刘邓资产阶级司令部"的第二号"走资派"被打倒,全家受到株连,被下放到江西新建县拖拉机修造厂劳动改造。这是邓小平一生中感到最痛苦的时期。1971年"九一三"事件发生后,邓小平两次给毛泽东写信,要求出来工作。毛主席在信上作了肯定的批示,1973年邓小平的国务院副总理职务得以恢复。1975年年初邓小平又被任命为中共中央副主席、国务院第一副总理、中央军委副主席兼总参谋长,并主持党、政、军的日常工作。

第三次"落起"是在 1976 年至 1977 年。邓小平因"全面整顿""文化大革命"的错误,违背了以阶级斗争为纲。"四人帮"发动了"批邓、反击右倾翻案风"运动,邓小平再次被打倒。直到 1977 年 7 月党的十届三中全会前夕才获得第三次解放。

1987 年之后,邓小平曾两次与外宾谈到自己这段"落起"的历史。他说,"我是三落三起"呀,他还说:"我参加共产党几十年了……这期间做了不少好事,也做了一些错事。人们都知道我曾经'三下三上',坦率地说,'下'并不是由于做了错事,而是由于办了好事却被误认为错事。"毛泽东曾对邓小平有过中肯的评价,说他:"人才难得,政治思想强。"外国人称邓小平是"永远打不倒的小个子!"

【案例分析】

邓小平一生"三落三起",但他敢于坚持真理、修正错误,每次被错误批判打倒都豁达乐观、沉着坚韧,对未来充满希望;每次复出重新回到工作岗位都无私无畏、以顽强的意志排除各种干扰,坚定不移地推动正确路线方针政策的形成和实践。在人生旅途中没有永远的顺境,也没有永远的逆境。因此,无论是顺境还是逆境,对人生的作用都是双重的,关键是怎样去认识和对待它们。只有善于利用顺境,勇于正视逆境和战胜逆境,人生价值才能够实现。

案例三　从杨善洲身上看共产党人的得与失

杨善洲(1927 年 1 月—2010 年 10 月),男,汉族,云南省保山市施甸县人,1951 年 5 月参加工作,1952 年 11 月加入中国共产党。1988 年 3 月杨善洲退休后,主动放弃进省城安享晚年的机会,扎根大亮山,义务植树造林,带领大家植树造林,建成面积 5.6 万亩、价值 3 亿元的林场,且将林场无偿捐赠给国家。2010 年 10 月 10 日,杨善洲逝世,享年 83 岁。2000 年 12 月,被全国环保总局授予"全国环境保护杰出贡献者",2011 年 3 月,被追授为全国优秀共产党员,2011 年"感动中国"十大人物获奖者,2019 年 9 月 25 日,获得"最美奋斗者"荣誉。

【案例分析】

从一些世俗的眼光来看,杨善洲似乎很"傻"。在位时,手里有权,却不为自己和子女谋半分利;退休后"自讨苦吃",去荒山植树 22 年,将政府奖励的十几万元捐献出来;

病逝前,又把价值3亿元的林场经营权无偿交给国家……总而言之,他失去了太多太多。但另一方面,杨善洲又用一生的忠诚和执着,守护着共产党人的精神高地,为老百姓办好事谋福利,受到了群众的信赖和爱戴。杨善洲牢记宗旨、一心为民,所以他的每一次"失",都孕育着更高层次的"得"。他失去了很多世俗的名利,却赢得了事业的辉煌、人民的认可,写下了一个共产党人关于"得失"命题的精彩人生答卷。

通过杨善洲的案例,我们可以看到,一是得与失有层次之分,这种层次至少表现在两个方面,就个体而言,有物质层面的得失,也有精神层面的得失;就社会而言,有个人利益的得失,也有党和人民利益的得失。杨善洲的可贵之处在于,他不仅把精神层面的追求放在物质层面之上,而且把个人的得失置于党和人民的利益之下。这种得失观,不是要否定个人合理的利益追求、物质追求,而是作为一名共产党人和党的干部,更应志存高远,把党和人民的利益作为更高追求,开拓更宽广的人生境界。二是得与失是可以转化的。转化的根本条件是个人的价值取向。他放弃本来可以安乐的退休生活,在高原林场起早贪黑地劳动,把一片不毛之地,变成了价值上亿元的"绿色银行"。相反,有的人价值取向扭曲,总想捞点什么,不想留点什么。他们时常感到痛苦,主要不是因为得的太少,而是因为想得的太多,得陇望蜀,结果常常是得不偿失。

案例四 解剖学泰斗钟世镇:世纪院士的"配角人生"

钟世镇是临床解剖学专家,1925年9月24日生于广东省梅州市五华县。1952年毕业于中山大学医学院,获学士学位。现为中国工程院资深院士、南方医科大学教授。中国现代临床解剖学奠基人;倡导并开展了中国数字人和数字医学研究;精研管道铸型标本,创建了有国际影响力的南方医科大学人体博物馆。

"双手被福尔马林浸得发黄,鼻眼被熏得涕泪直流,蚊子却不怕,直往身上扑咬,还腾不出手赶走它们……"钟世镇院士淡淡地道出他年轻时的工作环境。常人避之不及的场所,与冷冰冰的尸体打交道,这就是钟世镇每天的工作。新中国百废待兴之际,鲜有人愿意选择以解剖学作为自己的事业,选择了解剖学,就等于选择了寂寞与艰辛,可他没有犹豫,成为"临床医生的配角搭档",开启了他的"配角人生"。如钟世镇所说:"解剖学是医学教育里最基础的一个学科,想有大的创造性是很难的。选择临床应用解剖学,不可能治病救人,但外科医生要获得创新性发展,他就一定要熟悉解剖,所以这个学科就是配合人家的,我的人生定位就是'配角人生'。"在被旁人轻视的夹缝地带,中国现代临床解剖学在钟世镇院士的引领下具有了国际影响;甘当"配角"的他,最终成为这门学科的中流砥柱。钟世镇院士说:"把冷板凳坐热,才是最大的本事。"

【案例分析】

考虑"值不值得""有没有益处"。这里的"值得"和"益处"就是一种价值。钟世镇院士以解决临床外科发展需要的应用解剖学研究体系,开拓了古老传统学科与新兴前沿学科间的交叉科研领域,开展了工医结合的生物力学的研究,是中国数字人和数字医学领域的开拓者。钟院士在满足医学发展需要的社会实践中创造了自己独特的社会价值。主角和配角是相对而言的,爱国不分岗位,国家需要什么,我们就做好它,也能实现自身的价值。

案例五 躺平即是正义

两年多没有工作了,都在玩没觉得哪里不对,压力主要来自身边人互相对比后寻找的定位和长辈的传统观念,它们会无时无刻在你身边出现,你每次看见的新闻热搜也都是明星恋爱,怀孕之类的"生育周边",就像某些"看不见的生物"在制造一种思维强压给你,人大可不必如此。我可以像第欧根尼只睡在自己的木桶里晒太阳,也可以像赫拉克利特住在山洞里思考"逻各斯",既然这片土地从没真实存在高举人主体性的思潮,那我可以自己制造给自己,躺平就是我的智者运动,只有躺平,人才是万物的尺度。

【案例分析】

"躺平"反映了部分年轻人对生活无欲无求,只需要最基本的生存,拒绝工作、社交和消费,坐等时间流逝。"躺平"有时候是暂时的,有时候则是长期的。我们反对将"躺平"嵌入人生立场和人生态度。躺平以低欲化和去社会化生存为基础。"人的本质不是单个人所固有的抽象物,在其现实性上,它是一切社会关系的总和。"人的存在远高于动物性的存在,社会属性才是人的本质属性。以"躺平"的方式主动退缩、选择放弃,无益于解决问题,而且易使人丧失艰苦奋斗的优良传统,虚度生命,走向虚无;放弃社会责任,放弃使命。所以,在最好的时代"躺平",是最差的生存策略。与躺平相对,"奋斗"是瓦解"躺平"的最好方式,人生价值的实现就是一个不断奋斗、不停创造的过程。我们现在享受的幸福生活是一代又一代前辈接力奋斗创造的,我们在享受眼前幸福的同时,更要不断奋斗,创造未来的幸福,在奋斗中创造幸福人生,彰显有志青年的人生价值。

四、拓展阅读

（一）关于幸福

现实的人的幸福是个人幸福和社会幸福的起点，然而马克思之前的哲学家们由于脱离社会实际去追寻世界的本原，因而对幸福问题的认识仅仅停留在了抽象化层面。在西方哲学视域下，理性主义幸福观通过宣扬理性来抑制对欲望、享乐的追求，主张精神世界的丰富，强调道德层面的感受，却遮蔽了人的现实幸福；感性主义幸福观强调人的主观感受，主张通过满足人的欲望来获取幸福和快乐，却消解了道德及精神层面的追求；基督教同样也追求幸福，但它所追求的是人死后上天堂与上帝进行心灵上的对话，并渴求来世的幸福。另外，德国古典哲学的创始人康德认为人具有双重性——一方面被自然所规定，另一方面又具有理性能够为自身立法，因而现实生活中的人是一种有限的理性存在，也就没其所谓的彻底的意志自由，人只有借助上帝的力量才能够实现幸福与道德的结合与完满。但是，以上几种幸福观都没有形成完整的理论体系，也没有找到实现幸福的根本途径，幸福依旧停留在抽象层面。"废除作为人民的虚幻幸福的宗教，就是要求人民的现实幸福"，马克思、恩格斯将幸福建立在历史唯物主义基础之上，主张从人的现实生活中去理解和把握幸福，把缥缈的幸福重新拉回到人的现实生活中。

习近平奋斗幸福观以马克思劳动幸福理论为指导，但更具时代底色，他主张从人民群众最直接的利益出发、从实实在在的事情着手，深化和发展了马克思"现实的人的幸福"。"让人民过上好日子，是我们一切工作的出发点和落脚点"，一方面，人民幸福是中国共产党一切工作的出发点，党要紧紧依靠人民凝聚力量。中国共产党的奋斗史就是为人民谋幸福、谋发展的历史。另一方面，人民幸福是中国共产党一切工作的落脚点。人民是社会历史的主体，同时也是创造幸福的主体，从这个层面来讲，享受幸福的主体也应当是人民群众。习近平以马克思劳动幸福理论为根基，始终致力于满足人民群众对于美好生活的要求，顺应了广大人民群众对社会发展的新期待，保障了人民群众最根本的利益，正如罗尼·林斯教授所总结的："中国取得巨大成就的最核心'秘诀'就是作为执政党的中国共产党理解人民真正的需求。"

——节选自蒋占峰，吴昊. 习近平对马克思劳动幸福理论的四维创新[J]. 理论月刊，2022（5）.

（二）人的幸福来源于人的劳动

人满足需要的活动方式与动物满足需要的活动方式是根本不同的，动物是以"直接占有"的本能方式满足需要，自然界有什么就消费什么；而人则是通过劳动创造的方式来满足需要。马克思在《资本论》中指出："劳动作为使用价值的创造者，作为有用劳动，是不以一切社会形式为转移的人类生存条件，是人和自然之间的物质变换即人类生活得以实现的永恒的自然必然性。"人的本能欲求、生理需要的客观性决定了人的活动方式的客观性，决定了劳动的客观性。劳动是人解决人与自然矛盾的根本活动方式，人是什么样的，是由劳动造就的。对于"幸福是从哪里来的""如何才能获得幸福"等问题的探讨，要到劳动创造中去寻找；幸福的秘密就在劳动创造中。劳动是人有目的、有意识的能动创造性活动，是主观见之于客观的对象化活动，是人的社会历史性的活动。劳动过程包括两个方面：一方面，主体将自身的目的、愿望、经验、理论、知识及情感、意志等灌注到对象中，凝结在劳动成果之上，创造出劳动产品；另一方面，在这个过程中，自然对象的内在属性和规律也进入到人的主观世界，积淀成为人的理论、知识等，丰富人的精神世界。劳动就是人的本质力量的对象化活动。同时，完整的劳动过程还内在地包括占有和享受劳动产品的过程，因为人们创造劳动产品的根本目的是为了占有和享受这个劳动产品，以满足自身需要。

人们经过努力奋斗，将自身的本质力量对象化在劳动产品中，创造出自然界没有的人工产品，必然要通过对劳动成果的占有和享受来满足现实需要，这是人改造自然、创造产品的根本目的。正是在对劳动成果的占有和享受中，在人的现实需要得到满足之后，在主客体矛盾得到初步解决的基础上，主体摆脱了客体作为异己力量与自身的对立，摆脱了主客矛盾冲突给主体带来的压抑和焦虑，淡化了主客矛盾对立的紧张心境，人就有了时间和精力去理解、品味、反思和欣赏自己的产品。由此，人与创造成果之间、主体与人工自然之间，由占有关系发展为欣赏的关系，人就超越了对物的直接占有，达到了对物的全面享受。人在自己的作品中，在马克思所说的"人化自然"中看到了自己，看到了自己已经变成现实的主体性和主体力量。由此，他切实感受到自己的意志、愿望和理想变成了现实，感受到自己的理性力量、智慧和审美情趣等，感受到自己作为主体的主体地位、主体能力和主体价值。在他占有和享受劳动成果中，面对自己的创造物，主体享受到一种自身的力量得到自由展现的愉快，体验到自身的主体性、创造性、自主性得到实现的快乐。由此，从劳动、实践出发，马克思第一次揭示了幸福的秘密，这个秘密不是别的，就是人类的幸福不是个人头脑中杜撰的随心所欲的产物,而是人类社会实践和历史发展的产物,是人类认识世界、改造世界的产物,是人在占有和享受劳动产品、实现主客体统一基础上所获得的愉快的情感体验和升华,这是一种高级层次的幸福体验。

因此,我们说,人的幸福来源于人的劳动。没有一种幸福不是经过艰苦的劳动、付出辛勤汗水而得到的,努力奋斗是获得幸福的秘密所在。

——节选自张建云. 为什么幸福是奋斗出来的[J]. 红旗文稿,2018(21).

(三)《马克思恩格斯的人生启迪》

《马克思恩格斯的人生启迪》主要由上下两篇组成。上篇从对马克思学生时代、《莱茵报》时期、巴黎时期、布鲁塞尔时期、科隆时期、伦敦时期以及晚年的生活和工作活动的追溯,探讨了各时期在马克思一生中的意义以及对青年一代的人生启迪;下篇从对恩格斯青少年时期、首次曼彻斯特时期、"巴门-布鲁塞尔时期"、科隆时期、第二次曼彻斯特时期、伦敦时期以及晚年的生活和活动的追溯,探讨了各时期在恩格斯一生中的意义以及对青年一代的人生启迪。

——节选自刘建军. 马克思恩格斯的人生启迪[M]. 石家庄:河北人民出版社,2021.

(四)习近平对大学生的嘱托与关怀

新时期青年如何建功立业?如何实现人生价值?这是大学生们经常思考的问题,习近平同志也是萦怀在心。2007年4月29日,在五四青年节即将来临之际,时任上海市委书记的习近平出席上海各界优秀青年纪念建团85周年座谈会。他指出,80多年前青年运动的历史充分证明,党育青年成长,青年跟党前进,青年只有在党的领导下,在共青团组织的带领下,沿着党指引的方向前进,为实现国家富强和人民幸福不懈奋斗,才能建功立业、健康成长。他勉励大家"要把个人的理想同国家的前途命运紧密结合起来,把个人的追求同人民群众的需要紧密联系起来。不论面对怎样的艰辛,不管遇到什么样的挫折,始终不变追求、不改初衷,始终勇往直前、勇攀高峰"。

——节选自习近平与大学生朋友们[M]. 北京:中国青年出版社,2020.

(五)习近平在纪念五四运动100周年大会上的讲话

青年的人生目标会有不同,职业选择也有差异,但只有把自己的小我融入祖国的大我、人民的大我之中,与时代同步伐、与人民共命运,才能更好实现人生价值、升华人生境界。

离开了祖国需要、人民利益，任何孤芳自赏都会陷入越走越窄的狭小天地。

青年要保持初生牛犊不怕虎、越是艰险越向前的刚健勇毅，勇立时代潮头，争做时代先锋。一切视探索尝试为畏途、一切把负重前行当吃亏、一切"躲进小楼成一统"逃避责任的思想和行为，都是要不得的，都是成不了事的，也是难以真正获得人生快乐的。

奋斗不只是响亮的口号，而是要在做好每一件小事、完成每一项任务、履行每一项职责中见精神。奋斗的道路不会一帆风顺，往往荆棘丛生、充满坎坷。强者，总是从挫折中不断奋起、永不气馁。要在奋斗中摸爬滚打，体察世间冷暖、民众忧乐、现实矛盾，从中找到人生真谛、生命价值、事业方向。

——节选自习近平在纪念五四运动100周年大会上的讲话. 光明网，2019-04-30.

五、习题练习

1.（单选）钱学森曾经说过："我作为一名中国的科技工作者，活着的目的就是为人民服务。如果人民最后对我的一生所做的工作表示满意的话，那才是最高的奖赏。"这说明评价人生价值的根本尺度是（　）。

　　A. 个体在社会中的地位

　　B. 个体在社会中的影响

　　C. 个体对社会和他人的生存和发展的贡献

　　D. 个体从社会获得的满足程度

【答案】C

2.（单选）个体的人生活动不仅具有满足自我需要的价值属性，还必然包含着满足社会需要的价值属性。个人的需要能不能从社会中得到满足，在多大程度上得到满足，取决于他的（　）。

　　A. 社会影响　　　B. 社会价值　　　C. 社会地位　　　D. 社会理想

【答案】B

3.（单选）人生价值评价的根本尺度，是看一个人的人生活动（　），是否促进了历史的进步。

　　A. 是否促进个人的发展　　　　　B. 是否符合社会发展的客观规律

　　C. 是否促进生产力的发展　　　　D. 是否促进生产关系的改善

【答案】B

4.（单选）爱因斯坦说："一个人对社会的价值，首先取决于他的感情、思想和行动对增进人类利益有多大作用，而不应看他取得什么。"这句话的意思是说，人生的价值首先在于（ ）。

A．奉献　　　　　B．索取　　　　　C．存在　　　　　D．享用

【答案】A

5.（单选）人生价值是自我价值和社会价值的统一。人生的自我价值主要表现为（ ）。

A．社会对个人的尊重和满足

B．个体的人生活动对自己的生存和发展所具有的价值

C．国家对个人的积极评价

D．个人通过劳动、创造为社会和人民所作的贡献

【答案】B

专题四 树立崇高坚定的理想信念

一、学习目的

通过学习本专题，帮助大学生深入理解为什么理想信念是精神之"钙"以及理想信念对个人成长成才的重要意义，激励大学生坚定信仰信念信心，增强他们对马克思主义、共产主义的信仰，增强对中国特色社会主义的信念，增强对实现中华民族伟大复兴的信心，进而深入理解为什么要坚持个人理想和社会理想的统一，如何坚定理想信念，补足精神之"钙"，在实现中华民族伟大复兴的实践中化理想为现实，为实现中国梦注入青春能量。

二、重难点解析

（一）大学生为什么要树立理想信念

作为人类特有的精神现象，理想信念影响着一个人的精神面貌和行为举止。人类的进步离不开梦想，个人的成长成才离不开崇高的理想信念，因为人既需要物质资料来实现生存和发展，也需要理想信念来充实精神生活。理想和信念如影随形，相互依存。理想是信念所指的对象，信念则是理想实现的保障。离开理想这个人们确信和追求的目标，信念无从产生；离开信念这种对奋斗目标的执着向往和追求，理想寸步难行。在此意义上，理想和信念难以分割地紧密联系在一起。因此，人们常将理想与信念合称为理想信念。习近平总书记则把理想信念比喻为精神之"钙"。

1. 理想信念是精神之"钙"

理想信念是人的精神世界的核心，是人精神上的"钙"。没有理想信念，理想信念不坚定，精神上就会"缺钙"，就会得"软骨病"。"钙"是人体重要的生命元素，一个人身体缺钙常常会引发骨质疏松、儿童佝偻病、手足抽搐症等诸多问题，如果精神缺"钙"，同样会导致方向迷失、精神不振、误入歧途等严重的后果，例如，政治上变质、经济上贪婪、道德上堕落、生活上腐化，等等。"在我们党的历史上，涌现了无数英雄模范，也产生了一些蜕变分子、腐败分子。英雄模范之所以能够赴汤蹈火、舍生忘死，之所以能够任劳任怨、鞠躬尽瘁，之所以能够洁身自好、光明磊落，最根本的就是他们对理想信念有执着追求和坚守。他们选定了主义，站定了队伍，就终身为此不懈奋斗。反观那些蜕变分子、腐败分子，他们之所以走上歧途、走上不归路，最根本的是理想信念发生了动摇，在生死考验、利益诱惑、困难挫折面前松懈了斗志、忘却了身份、丢弃了忠诚。分析党的十八大以来查处的一系列典型腐败案件，也都能清楚说明这一点。宋高宗曾问岳飞，怎么才能社稷安定？岳飞说，文官不爱钱，武官不惜命。现在，既贪财又怕死的大有人在，弄了那么多钱怎么可能秉公用权，怎么可能舍生取义？！"①

有无理想信念，有什么样的理想信念，决定了人生是高尚充实，还是庸俗空虚。追求远大理想、坚定崇高信念，是大学生健康成长、成就事业、开创未来的精神支柱和前进动力。只有筑牢理想信念之魂，才能经受得住各种考验。

2. 理想信念对大学生成长成才意义重大

大学生只有树立崇高的理想信念，才能激发起为民族复兴和人民幸福而奋发学习的强烈责任感与使命感，掌握建设祖国、服务人民的本领。青年时期确立正确的理想信念能够为人的一生提供"无穷的力量"，主要体现在理想信念昭示奋斗目标、催生前进动力、提供精神支柱以及提高精神境界四个方面。

第一，理想信念是定向器，昭示奋斗目标，指引大学生走什么路。理想具有超越性、实践性和时代性，重在标志人与奋斗目标之间的关系，主要指向未来，为人们的行动指明方向。诗人流沙河关于理想的描述，道出了理想的定向作用和指引作用。"理想是石，敲出星星之火；理想是火，点燃熄灭的灯；理想是灯，照亮夜行的路；理想是路，引你走向黎明。"②刚上大学的新生正处在原来的奋斗目标已经基本实现、新的目标还未完全确立的关键时期，有时会感到空虚、困惑、迷惘，甚至不知所措，认为生活没有意思，等等，主要原因在于还没有找到明确的奋斗目标，一时间不能确定自己的理想信念。

第二，理想信念是动力源，催生前进动力，激励大学生为什么学。理想因其远大而为

---

① 中共中央文献研究室. 十八大以来重要文献选编：中册 [M]. 北京：中央文献出版社，2016：676-677.
② 2016年"朗诵会"的流沙河"理想"诗文，互联网艺术平台启动仪式。

理想，信念因其执着而为信念。信念具有执着性、支撑性、多样性的鲜明特征，重在标志人对事物、观念的看法和态度，主要面对现在。信念为人们矢志不渝、百折不挠的追求理想目标提供了强大的精神动力。理想信念之火一经点燃就会产生巨大的精神力量。哲学家苏格拉底说："世界上最快乐的事，莫过于为理想而奋斗。"在理想信念的指引和鼓舞下，人们的意志是坚强的，行为是坚决的。一个人有了崇高坚定的理想信念，就会以惊人的毅力和不懈的努力成就事业。如著名短跑名将罗杰·班纳斯特在强烈信念的激励下创造了4分钟跑完1英里的奇迹。所以，信念就是希望，信念就是力量。青年大学生理想远大、信念坚定，是一个国家、一个民族无坚不摧的前进动力。

第三，理想信念是顶梁柱，提供精神支柱，支撑大学生"安身立命"。"人生如屋，信念如柱。柱折屋塌，柱坚屋固。"信念是一种强大的内在精神寄托，是托起人生大厦的支柱。理想实现的过程中难免遇到这样那样的困难与挫折，支撑人们克服困难、勇往直前的重要力量便是信念。革命理想高于天。没有牢不可破的理想信念，没有崇高理想信念的有力支撑，要取得长征胜利是不可想象的。长征的胜利启示我们，心中有信仰，脚下有力量。红军将领陈树湘"断肠明志"便是最好的例证之一。

理想信念动摇是最危险的动摇，理想信念滑坡是最危险的滑坡。一个政党的衰落，往往从理想信念的丧失或缺失开始。"我们常说，基础不牢，地动山摇。信念不牢也是要地动山摇的。苏联解体、苏共垮台、东欧剧变不就是这个逻辑吗？苏共拥有20万党员时夺取了政权，拥有200万党员时打败了希特勒，而拥有近2000万党员时却失去了政权。我说过，在那场动荡中，竟无一人是男儿，没什么人出来抗争。什么原因？就是理想信念已经荡然无存了。历史和现实都告诫我们：一个政党理想信念坚定，就拥有无比强大的力量；理想信念淡薄，就会成为乌合之众，风一吹就散。"[①]同样的道理，一个人理想信念坚定，骨头就硬；没有理想信念，或理想信念不坚定，精神上就会"缺钙"，就会得"软骨病"。一个人若想成就一番事业，有所作为，就离不开在坚定理想信念上下功夫，不断为人生的发展筑牢信仰之基，补足精神之"钙"，把稳思想之舵。

第四，理想信念是营养剂，提高精神境界，引导大学生做什么人。人有了物质才能生存，人有了理想才谈得上生活。理想是人特有的一种能力，把人从动物提升为人，让合理想象变成现实，让人生更加丰富多彩，让生命更有价值。《少林足球》中有这样一句经典

---

① 习近平. 推进党的建设新的伟大工程要一以贯之[J]. 求是，2019（19）.

台词：做人如果没梦想，跟咸鱼有什么分别。坚定的马克思主义者、无产阶级革命家陶铸讲到：不论在什么时候，一个精神生活很充实的人，一定是一个很有理想的人，一定是一个很高尚的人，一定是一个只做物质的主人而不做物质的奴隶的人。① 理想信念是衡量一个人精神境界高下的重要标尺。理想使"人"成之为人，使人类充满希望，使人有精神家园。大学期间，大学生不仅要提高知识水平和专业技能，增强实践能力，更要树立崇高坚定的理想信念。

（二）人应该树立什么样的理想信念

心有所信，方能行远。崇高理想信念是伟大事业和美好生活的有力支撑。理想信念之火一经点燃，就永远不会熄灭。什么是中国共产党人的理想信念？"这个理想信念，就是马克思主义信仰、共产主义远大理想、中国特色社会主义共同理想"② "一代又一代共产党人为了追求民族独立和人民解放，不惜流血牺牲，靠的就是一种信仰，为的就是一个理想"③。大学生要树立崇高的理想信念，增强对马克思主义、共产主义的信仰，在错综复杂的社会现象中看清本质、明确方向，为服务人民、奉献社会作出更大的贡献。

1. 为什么要选择科学的信仰

信仰是指人们对某种理论、学说、主义的信服和尊崇，并把它奉为自己的行为准则和活动指南，它是一个人做什么和不做什么的根本准则和态度。信仰有盲目和科学之分。盲目的信仰就是对虚幻的世界、不切实际的观念、荒谬的理论等方面的迷信和狂热崇拜；科学的信仰则来自人们对自然界和人类社会发展规律的正确认识。信仰属于信念，是信念的一部分，是信念最集中、最高的表现形式。不同的人会形成不同的信念，同一个人也会形成不同类型和层次的信念，并由此构成其信念体系。在信念体系中，高层次的信念决定低层次的信念，低层次的信念服从高层次的信念。信仰是最高层次的信念，具有最大的统摄力。

不同的信仰会导致不同的人生。1921年7月23日中国共产党在上海法租界望志路106号成立，出席中共"一大"的13位代表原本同为积极探索救国救民和寻求革命真理的党的创始人，之后由于党内政见的分歧、恶劣的生存环境及其复杂的国际国内背景等原因，13位代表走上了截然不同的人生归宿。"毛泽东、董必武践约信念、奋斗终生，从南湖走

---

① 《思想道德修养与法律基础》编写组. 思想道德修养与法律基础辅导用书［M］. 北京：高等教育出版社，2020：67.
② 习近平. 努力成为可堪大用能担重任的栋梁之才［J］. 求是，2022（3）.
③ 习近平. 坚定理想信念　补足精神之钙［J］. 求是，2022（21）.

到开国大典,成为杰出的革命家和领导人;何叔衡、邓恩铭、王尽美、陈潭秋献身真理,壮志未酬;李汉俊、李达矢志不移,身离心仪,脱离党组织但并没有放弃信仰;刘仁静、包惠僧误入歧途,迷途知返,历尽曲折最后参加了革命工作;陈公博、周佛海、张国焘投敌叛党、丧志变节,走上反党反人民的道路。"①应该说,他们当初参加革命时都是学贯中西的优秀知识分子,都有"救亡图存"的初心,也都接触到了新思想,都认同马克思主义,有着共同的起点,但结局迥异,一个根本原因就在于对信仰的坚守程度不同。中共"一大"13 位代表的不同人生结局充分说明不同的信仰会导致不同的人生,个人坚守信仰力量的强弱,决定着人生命运的方向;选择什么样的信仰,这个信仰正确与否,无论对于政党还是对于个人都至关重要,而且选择之后,更要坚持。

理想信念是共产党人的政治灵魂。信仰坚定,才有革命定力,才会接续奋斗。百年党史雄辩地证明,是否坚持马克思列宁主义的指导地位,是否坚守共产主义的远大目标并为之奋斗终生,既决定事业的成败得失,也决定个人命运的沉浮兴衰。

2. 为什么要信仰马克思主义

在数千年的信仰发展史上,人类产生了诸多不同的信仰形式。宗教是信仰存在的主要形式,但信仰绝非宗教所独有,马克思主义就是一种完全不同于宗教的科学信仰形式。

什么是马克思主义? 1848 年 2 月,《共产党宣言》的发表标志着马克思主义的诞生。马克思主义是马克思主义理论体系的简称,这一体系覆盖了马克思②本人关于未来社会形态——科学社会主义的全部观点和全部学说,也是关于全世界无产阶级和全人类彻底解放的学说,主要包括马克思主义哲学、马克思主义政治经济学、科学社会主义三大组成部分。马克思主义之所以能够占据推动人类社会进步、实现人类美好理想的道义制高点,一个很重要的原因就在于它揭示了人类历史的发展规律。《共产党宣言》问世至今已有 170 多年。尽管时空巨变,但我们仍能看到马克思、恩格斯当年对当代资本主义和人类社会的矛盾、趋势、规律的研究把握仍然具有透彻的解释力和有效的预见力。马克思主义与中国关系密切,是我们立党立国的根本指导思想,是近代以来中国历史发展的必然结果,是中国人民长期探索的历史选择。

---

① 中共一大代表的迥异人生. 央视网,2020-06-28.
② 卡尔·海因里希·马克思,1818 年 5 月 5 日出生于德国特利尔城,马克思主义的创始人,主要著作有《资本论》《共产党宣言》等,是全世界无产阶级和劳动人民的伟大导师,国际共产主义运动的先驱和领导者,被誉为"千年第一思想家",他给人们留下了宝贵的精神遗产。

十月革命一声炮响，马克思主义火种传入中国。中国先进分子高举真理火炬，成立了为共产主义而奋斗的中国共产党。从此，中国人民在精神上找到了主心骨，中国发展在方向上找到了定盘星。在中国大地上率先举起马克思主义旗帜的是李大钊。五四运动前，信仰马克思主义的，还只是李大钊这样个别的人物。马克思主义是在五四运动的推动下，才在中国传播开来的。

陈望道是一名坚定的马克思主义信仰者，为了传播真理，他于1919年年底返回故乡浙江义乌分水塘村，着手翻译马克思、恩格斯合著的《共产党宣言》。中共一大会址纪念馆珍藏的1920年8月《共产党宣言》中文首译全本就是陈望道翻译的。习近平总书记生动讲述了陈望道在翻译《共产党宣言》过程中"墨汁当糖"的故事，让人们深切感受到"真理的味道非常甜"。《共产党宣言》是一部科学洞见人类社会发展规律的经典著作，是一部充满斗争精神、批判精神、革命精神的经典著作，是一部秉持人民立场、为人民大众谋利益、为全人类谋解放的经典著作。我们要以科学的态度对待科学，以真理的精神追求真理，不断赋予马克思主义以新的时代内涵。习近平总书记讲道："如果心里觉得不踏实，就去钻研经典著作，《共产党宣言》多看几遍。"①

马克思主义是科学崇高的理想信念。科学的信仰建立在真理之上，切勿用一个理论提出的时间长短去判断它是否过时，关键要看这个思想理论是不是具有科学性真理性，在现实生活中是不是具有生命力和实践力。我们信仰马克思主义，不是"因信而信"，而是"因真而信"。马克思主义是真理，具有科学性，主要体现在以下四个方面：②

一是马克思主义揭示了人类社会发展规律。唯物史观和剩余价值学说揭示了人类社会发展的一般规律，为人类指明了从必然王国向自由王国飞跃、实现自由和解放的道路，使马克思主义具有了科学的理论基石。一方面，唯物史观不仅发现了人类社会由低级向高级发展的一般规律，还准确揭示了推动人类社会发展的根本动力蕴藏于生产力与生产关系的矛盾运动之中，将唯心史观从人类社会历史的"最后避难所"驱逐出去，克服了空想社会主义的"虚幻性"，使社会主义置于现实的基础之上。另一方面，剩余价值学说不仅弄清了资本主义条件下资本与劳动的关系，剖析了资本主义发展的特殊规律，揭露了剥削劳动的"秘密"，同时又阐明了无产阶级的历史地位和使命，为实现"两个必然"找到了现实的阶级基础和物质力量。

---

① 习近平总书记重要讲话文章选编［M］．北京：中央文献出版社，2016：338.
② 贺敬垒．深刻认识马克思主义的科学性真理性［N］．解放军报，2021-08-23.

二是马克思主义吸收了人类思想精华。马克思主义理论不是主观臆想的产物,而是"在批判旧世界中发现新世界"中形成的科学理论。从哲学来源上,马克思主义以黑格尔的"合理内核"和费尔巴哈的"基本内核"为基石,对以德国古典哲学为代表的人类优秀文明成果进行充分扬弃,构筑起马克思主义哲学的大厦。在政治经济学上,在批判的基础上吸收和借鉴了当时资本主义政治经济学最前沿的思想成果,尤其是在对劳动价值论、剩余价值论等先进思想扬弃的基础上,更为系统地对资本主义生产方式进行了深入分析,奠定了马克思主义政治经济学理论基础。此外,马克思主义不仅吸收了英法空想社会主义者朴素的辩证法思想,还借鉴了他们对未来社会面貌的设想,促进了对共产主义社会基本原则的勾画,实现了社会主义由空想到科学的发展。

三是马克思主义蕴含了与时俱进的理论品质。马克思主义是不断发展的开放的理论,始终站在时代前沿,具有与时俱进的理论品格,它并没有结束真理,而是开辟了通向真理的道路。尽管马克思主义诞生于19世纪中叶,但并没有停留在19世纪。作为一个开放的理论体系,马克思主义吸收、提炼人类创造的一切科学知识和文明成果,并将其运用于推动社会历史的进步。马克思主义发展史,就是一部不断发展、完善和创新的历史。中国共产党人在革命、建设和改革的过程中形成了一系列中国化马克思主义的理论成果和理论形态。毛泽东思想、邓小平理论、"三个代表"重要思想、科学发展观、习近平新时代中国特色社会主义思想,这些不仅是我们党的指导思想的重要内容,也是我们党的马克思主义信仰体系的重要内容。

党的十八大以来,以习近平同志为核心的党中央,坚持把马克思主义基本原理同中国具体实际相结合、同中华优秀传统文化相结合,秉持守正和创新相统一,围绕"新时代坚持和发展什么样的中国特色社会主义,怎样坚持和发展中国特色社会主义"这一重大时代课题,创立了习近平新时代中国特色社会主义思想,该思想理论体系是马克思主义中国化的最新成果,是当代中国马克思主义、21世纪马克思主义。

四是马克思主义彰显了改造世界的实践伟力。马克思指出:"哲学家们只是用不同的方式解释世界,而问题在于改变世界。"作为人类认识和改造世界的科学世界观和方法论,在人类思想史上,没有一种思想理论像马克思主义那样对人类产生了如此广泛而深刻的影响。马克思主义产生后与工人运动深入结合,成为科学的工人运动指南,推动工人运动由自发到自觉的转变,实现了社会主义由理论到现实、由一国到多国的发展。这些成功实践向世界宣告了一种新的社会制度的诞生,为人类走向现代化找到了一条不同于资本主义的新道路。中国共产党自成立以来,就把马克思主义作为立党立国的根本指导思想,坚持马克思主义基本原理，坚持实事求是，从中国实际出发，不断推进马克思主义中国化时代化，指导中国人民不断推进伟大社会革命。党的十八大以来，党和国家各项事业取得历史性成就、发生历史性变革，"中国模式""中国道路"成为世界广泛热议的焦点，中国特色社会主义的伟大实践雄辩地证明了马克思主义所具有的实践伟力。

在庆祝中国共产党成立 100 周年大会上，习近平总书记深刻指出："中国共产党为什么能，中国特色社会主义为什么好，归根到底是因为马克思主义行！"为什么是马克思主义，而不是别的什么主义或理论，能够指引中华民族实现从站起来、富起来到强起来的伟大飞跃，最主要的原因就在于马克思主义是科学的理论、人民的理论、实践的理论和开放的理论，建立在真理之上。邓小平曾说："为什么我们过去能在非常困难的情况下奋斗出来，战胜千难万险使革命胜利呢？就是因为我们有理想，有马克思主义信念，有共产主义信念。"在我们最困难的时期，共产主义的理想是我们的精神支柱，多少人牺牲就是为了这个理想。

3. 怎样坚定马克思主义信仰

"理想信念的坚定，来自思想理论的坚定。认识真理，掌握真理，信仰真理，捍卫真理，是坚定理想信念的精神前提。中国共产党人的理想信念，建立在马克思主义科学真理的基础之上，建立在马克思主义揭示的人类社会发展规律的基础之上，建立在为最广大人民谋利益的崇高价值的基础之上。"①信仰、信念、信心，任何时候都至关重要。大学生坚定马克思主义信仰，最重要的是学习和掌握马克思主义的立场、观点、方法，确立正确的世界观和历史观，准确把握时代发展潮流，以科学的理想信念指引人生前进的道路和方向。

第一，坚定共产主义远大理想。马克思主义科学预测了未来社会的理想状态，指明了人类社会的发展方向，从低级向高级不断发展，依次为原始社会、奴隶社会、封建社会、资本主义社会、共产主义社会。

马克思、恩格斯对共产主义社会作出了这样的总体描绘：物质财富极大丰富、实行按需分配、人们的精神境界极大提高、每个人自由而全面发展……从社会发展程度来说，共产主义社会是一个生产力高度发达、经济社会文化高度进步的社会。在这个社会里物质财富充分涌流，在个人消费品上实现了"各尽所能、按需分配"，从而真正解决了物质性生存问题，同时社会文化生活也高度繁荣。从社会制度特征来说，共产主义社会以全体人民的共有共享为原则来进行制度建构并在实现形式上达到更为完善的程度。从社会治理的理

---

① 习近平. 革命理想高于天［J］. 求是，2021（21）.

想状态看，消除了社会不同利益群体的根本区隔与对立，消除了阶级、阶层间的冲突，消除了战争，实现了社会和谐。从社会生活状态看，人们的生活富足、多样、自由，并洋溢着创造的精神和幸福，劳动是生活的需要，而非生存的手段。

马克思主义科学预见人类社会最终必然实现共产主义。理想的实现是一个过程，往往会遭遇波澜和坎坷。在现实生活中，一般来说，理想越是远大，它的实现过程就越复杂，需要的时间也就越漫长。纵观人类社会发展史，任何一种理想的实现都不是轻而易举、一帆风顺的，必然会遇到各种各样的困难和波折，充满着艰险和坎坷。共产主义不可能唾手可得、一蹴而就。想一下子、两下子就进入共产主义，是不切实际的。马克思、恩格斯指出，"无论哪一个社会形态，在它所能容纳的全部生产力发挥出来以前，是决不会灭亡的；而新的更高的生产关系，在它的物质存在条件在旧社会的胎胞里成熟以前，是决不会出现的"。"两个必然""两个决不会"的重要论断，科学揭示了人类社会的发展规律，为马克思主义政党正确认识社会主义、坚定共产主义远大理想提供了坚实理论支撑。

习近平总书记深刻指出："只要我们掌握了马克思主义基本原理，就能够深刻认识到实现共产主义是由一个一个阶段性目标逐步达成的漫长历史过程,需要若干代人接续奋斗、艰苦奋斗、不懈奋斗。"社会主义是通向共产主义的必经阶段和必由之路。我们党在运用马克思主义基本原理解决中国实际问题的实践中逐步认识到，发展社会主义不仅是一个长期历史过程，而且是需要划分为不同历史阶段的过程。当前，我国仍处于社会主义初级阶段，"我们在实践中要始终坚持'一个中心、两个基本点'不动摇，既不偏离'一个中心'，也不偏废'两个基本点'，把践行中国特色社会主义共同理想和坚定共产主义远大理想统一起来，坚决抵制抛弃社会主义的各种错误主张，自觉纠正超越阶段的错误观念和政策措施"①。

共产主义是现实运动和长远目标相统一的过程。共产主义远大理想的实现需要一代又一代人的不懈奋斗和接续努力。走向绞刑架的李大钊，发出了"共产主义在中国必然得到光辉的胜利"的坚贞誓言。"在中国共产党历史展览馆入口西侧，矗立着一座名为《信仰》的巨型浮雕：71位不同时代、不同身份、不同年龄的中国共产党员，目光坚毅，庄严宣誓。"②浮雕呈现的场景，正是百年来一代代中国共产党人凝聚在信仰的旗帜下，为理想信

---

① 习近平. 革命理想高于天[J]. 求是，2021（21）.
② 《人民日报》评论部. 弘扬光荣传统　赓续红色血脉——走好实现第二个百年奋斗目标新的赶考之路[N]. 人民日报，2021-08-06.

念前仆后继、接续奋斗的真实写照。"尽管他们也知道,自己追求的理想并不会在自己手中实现,但他们坚信,只要一代又一代人为之持续努力,一代又一代人为此作出牺牲,崇高的理想就一定能实现。"①从1848年《共产党宣言》问世——1917年第一个社会主义国家建立——"二战"后一大批社会主义国家蓬勃兴起——20世纪80年代末90年代初东欧剧变、苏联解体——新时代中国特色社会主义焕发出前所未有的生机和活力,社会主义运动的历史进程充分印证了社会理想实现的道路是长期的、艰巨的和曲折的,前途是光明的,事实说明"共产主义是渺茫的幻想""共产主义没有经过实践的检验""共产主义不可能实现"等观点和论调是错误的。"我们干事业不能忘本忘祖、忘记初心。我们共产党人的本,就是对马克思主义的信仰,对中国特色社会主义和共产主义的信念,对党和人民的忠诚。我们要固的本,就是坚定这份信仰、坚定这份信念、坚定这份忠诚。世界社会主义实践的曲折历程告诉我们,马克思主义政党一旦放弃马克思主义信仰、社会主义和共产主义信念,就会土崩瓦解。"②

共产主义远大理想作为人类最崇高的社会理想,只有在社会主义社会充分发展和高度发达的基础上才能实现。中国共产党从成立之日起,就确立了共产主义的远大理想。社会主义是共产主义初级阶段,共产主义是我们的最高理想。我们现在做的是社会主义初级阶段的事情,但不能忘记初衷,不能忘了我们的最高奋斗目标。在这个问题上,不要含糊其辞、语焉不详。含糊其辞、语焉不详是理想信念模糊甚至动摇的一种表现,好像这个东西太遥远,我们也拿不准,所以就不愿提及了。眼前的事情,我们看得到,所以敢提,社会主义初级阶段敢提,"两个一百年"敢提,全面建成小康社会二〇二〇年就能实现了,看得挺准,更敢提。作为党章明确规定的内容,作为我们党一贯明确坚持的理想,我们要坚定信念,坚信它是具有科学性的。如果觉得心里不踏实,就去钻研经典著作,《共产党宣言》多看几遍。③

第二,坚定中国特色社会主义共同理想。建设有中国特色的社会主义,把我国建设成为富强、民主、文明、和谐、美丽的社会主义现代化强国,这是现阶段我国各族人民的共同理想。我们党取名为"共产党",就是认定了共产主义这个远大理想。为了实现这个远大理想,就必须牢固确立在中国共产党领导下走中国特色社会主义道路、为实现中华民族伟大复兴而奋斗的共同理想和坚定信念。理想指引方向,拥有共同理想,才能有共同步调。

---

① 《求是》评论员. 点燃理想信念之火 [N]. 中国青年报,2021-11-07.
② 习近平. 论党的宣传思想工作 [M]. 北京:中央文献出版社,2020:148.
③ 习近平总书记重要讲话文章选编 [M]. 北京:中央文献出版社,2016:338.

中国特色社会主义是科学社会主义，不是别的什么主义。历史告诉我们，只有社会主义才能救中国，只有中国特色社会主义才能发展中国。在当代中国，坚持中国特色社会主义，就是真正坚持科学社会主义。中国特色社会主义是改革开放以来党的全部理论和实践的主题。

中国特色社会主义不是从天上掉下来的，而是中国共产党带领人民历经千辛万苦找到的实现中国梦的正确道路。中国共产党的领导是中国特色社会主义最本质的特征，是中国特色社会主义制度的最大优势。只有中国共产党，才能领导中国人民坚持和发展中国特色社会主义，才能担当起带领中国人民创造幸福生活、实现中华民族伟大复兴的历史使命。

今天，我们早已远离战火纷飞的险境，长期过着和平生活，最容易患上理想信念缺失的"软骨病"。共产主义是我们党的远大理想，为了实现这个远大理想，就必须坚定中国特色社会主义信念。全党同志要增强"四个意识"、坚定"四个自信"，在全面建设社会主义现代化国家新征程上披荆斩棘、奋力前行，不断夺取新时代中国特色社会主义新胜利。①

第三，坚定实现中华民族伟大复兴中国梦的信心。实现中华民族伟大复兴的中国梦，这是中华民族近代以来最伟大的梦想，在当今的中国具有最大的现实性和迫切性，当代大学生所承担的历史使命是建设有中国特色的社会主义，实现中华民族伟大复兴。中国梦是国家梦和个人梦的有机统一。习近平总书记在党的十九大报告中寄语青年："青年兴则国家兴，青年强则国家强。青年一代有理想、有本领、有担当，国家就有前途，民族就有希望。中国梦是历史的、现实的，也是未来的；是我们这一代的，更是青年一代的。中华民族伟大复兴的中国梦终将在一代代青年的接力奋斗中变为现实。"

在实现中国梦过程中，我们党的两个百年目标具有标志意义。现在我们已经实现了第一个百年奋斗目标，正处在开启第二个百年目标奋斗的历程中，在这样的情况下，树立实现中国梦的信心是极为重要的。实现中华民族伟大复兴的中国梦，是一项光荣而艰巨的事业，需要每一个人用实干托起中国梦。习近平总书记强调："面向未来，全面建成小康社会要靠实干，基本实现现代化要靠实干，实现中华民族伟大复兴要靠实干。"实现中国梦任重而道远，需要锲而不舍、驰而不息的艰苦努力。距离实现中华民族伟大复兴的目标越近，我们越不能懈怠，越要加倍努力。只要一代又一代中国人勠力同心、不懈追求、接力奋斗，我们就一定能够到达中华民族伟大复兴的光辉彼岸。

党的十八大以来，习近平总书记围绕理想信念发表了一系列重要讲话，尤其是着眼于

---

① 习近平在中共中央政治局第三十一次集体学习时的讲话. 用好红色资源赓续红色血脉 努力创造无愧于历史和人民的新业绩. 新华网，2021-06-26.

如何坚定理想信念提出了一系列基本原则和具体要求。

（三）如何坚定理想信念

理想信念是一个思想认识问题，更是一个实践问题，形成坚定理想信念，既不是一蹴而就的，也不是一劳永逸的，而是要在斗争实践中不断砥砺、经受考验。坚定理想信念是终身课题，需要常修常炼，要信一辈子、守一辈子。崇高信仰、坚定信念不会自发产生，必须把实现理想的道路建立在脚踏实地的奋斗上，处理好理想与现实、个人理想与社会理想的辩证统一关系。

1. 新时代青年重在坚定什么样的理想信念[①]

广大青少年正处于人生成长的"拔节孕穗期"，是理想信念形成的关键时期，作为引领社会风气之先的重要力量，最需要科学引导和精心栽培。张闻天曾这样说："没有理想，不用说万里长征，红军连一千里都走不了。"走好新时代的长征路，就要加强青年理想信念教育，引导广大青年努力成为担当民族复兴大任的时代新人。

第一，新时代青年要坚定马克思主义的信仰。习近平总书记指出："理论上清醒，政治上才能坚定。坚定的理想信念，必须建立在对马克思主义的深刻理解之上，建立在对历史规律的深刻把握之上。"在坚定理想信念中，排在第一位的是对马克思主义的信仰。我们坚定理想信念，是因为我们追求的是真理，遵循的是规律，代表着最广大人民群众根本利益。学习马克思主义基本理论是共产党人的必修课，也是新时代青年的必修课。只有深刻认识"马克思主义为什么行"，才能真正坚定理想信念。

第二，新时代青年要坚定对共产主义和社会主义的信念。现阶段，我们的共同理想是建成富强、民主、文明、和谐、美丽的社会主义现代化强国。长远来看，最高理想和最终目标是实现共产主义，二者是辩证统一的。只有在社会主义社会充分发展和高度发达的基础上才能实现共产主义最高理想。因此，尽管处于社会主义初级阶段，我们仍然不能忘记实现共产主义的最高奋斗目标。只有一代代青年爱党、爱国、爱社会主义，一步一个脚印地为实现现阶段的共同理想而努力，才能经过漫长的历史过程而最终实现共产主义。

第三，新时代青年要坚定中国特色社会主义道路自信、理论自信、制度自信和文化自信。理想信念是中国特色社会主义道路、理论、制度、文化形成和发展的精神支撑和动力来源。正是因为有了理想信念，我们才更加坚信中国特色社会主义道路是实现社会主义现

[①] 武传鹏. 重在坚定理想信念[N]. 中国青年报，2019-12-30.

代化、创造人民美好生活的必由之路，中国特色社会主义理论体系是指引中华民族实现伟大复兴的正确理论，中国特色社会主义制度是具有鲜明中国特色、明显制度优势、强大自我完善能力的先进制度；才更加笃定地坚持和发展中国特色社会主义，矢志不渝地做社会主义事业的建设者和接班人。

大学生只有胸怀党和人民，补足精神之"钙"、勇担青年使命、立志成长成才，从自己做起，从现在做起，才能乘着新时代的春风实现青春梦想。

2. 如何坚定理想信念，实现青春梦想

第一，辩证看待理想与现实的矛盾。任何事物都是一分为二的。辩证看待理想与现实的矛盾要注重避免两种认识偏向，一种是用理想来否定现实，对现实失望；一种是用现实否定理想，随波逐流。理想与现实存在对立的一面，二者的矛盾和冲突属于"应然"和"实然"的矛盾。"理想很丰满，现实很骨感"说的就是理想与现实的对立关系。理想与现实又是统一的，在一定的条件下，理想可以转化为未来的现实。脱离现实来谈理想，理想就会成为空想。

艰苦奋斗是实现理想的重要条件。人类的美好理想，都不可能唾手可得，都离不开筚路蓝缕、手胼足胝的艰苦奋斗。"奋斗是艰辛的，艰难困苦、玉汝于成，没有艰辛就不是真正的奋斗，我们要勇于在艰苦奋斗中净化灵魂、磨砺意志、坚定信念。"①

第二，坚持个人理想与社会理想的有机统一。社会是个人的联合体，个人理想与社会理想的关系实质上是个人与社会关系在理想层面的反映。个人理想以社会理想为指引，社会理想是对个人理想的凝练与升华。在整个理想体系中，社会理想是最根本、最重要的，而个人理想则从属于社会理想。换句话说，个人理想的确立要以社会理想为指引，个人理想的实现依赖于社会理想的实现。个人的理想只有同国家的前途、民族的命运相结合，个人的向往和追求只有同社会的需要和人民的利益相一致，才可能变为现实。"得其大者可以兼其小。""只有把人生理想融入国家和民族的事业中，才能最终成就一番事业。"②"青年的人生目标会有不同，职业选择也有差异，但只有把自己的小我融入祖国的大我、人民的大我之中，与时代同步伐、与人民共命运，才能更好实现人生价值、升华人生境界。离开了祖国需要、人民利益，任何孤芳自赏都会陷入越走越窄的狭小天地。"③

---

① 习近平. 2018年春节团拜会上的讲话. 中国日报网，2018-02-14.
②《论党的青年工作》学习辅读系列①.《给北京大学考古文博学院二〇〇九级本科团支部全体同学的回信》学习辅读. 中国青年网，2022-07-28
③ 习近平在纪念五四运动100周年大会上的讲话. 新华社，2019-04-30.

正确的个人理想不是依据个人主观愿望随意确定的，从根本上说它是由正确的社会理想规定的。强调个人理想要符合社会理想，并不是要排斥和抹杀个人理想，而是要摆正个人理想与社会理想的关系。社会理想的树立有助于人们增加面对困难的勇气和抵制各种诱惑的定力，在实现个人理想的过程中增强拼搏奋斗的精神动力，将许多人的力量凝聚在一个目标上，形成一股巨大的合力。社会理想归根到底要靠全体社会成员的共同努力来实现，并具体体现在每个社会成员为实现个人理想而进行的具体的实践中。当社会理想同个人理想有矛盾冲突的时候，有志气、有抱负的人可以作出最大的自我牺牲，比如近现代以来，那些以"愿拼热血卫吾华"为追求的先进中国人，就不怕苦难，甚至宁愿牺牲自己的生命，为的就是崇高的理想，靠的就是坚定的信仰，这就是使个人理想服从于全社会共同理想的生动写照。

第三，把理想信念时时处处体现为行动的力量。青年的前途离不开国家的前途，没有国家的前途也就没有青年的前途，青年大学生肩负实现中华民族伟大复兴中国梦的历史重任，只有把实现理想的道路建立在脚踏实地的奋斗上，才能放飞青春梦想，实现人生理想。

一是立志当高远——立鸿鹄志，做奋斗者。志向往大里说叫作理想，往小里说叫作目标。一个人有了理想、有了目标，才会有决心、有勇气，才会去做那些常人觉得不可思议的事情。"志之所趋，无远弗届"说的就是树立远大志向的问题。有志者，事竟成。古今中外，能成就大事业者莫不先怀雄心壮志，并且矢志不渝。毛泽东、周恩来等作出卓越贡献的杰出人物，都是在青年时期就立下了鸿鹄之志，并为之坚持不懈、努力奋斗。毛泽东在《赠父诗》中写道："孩儿立志出乡关，学不成名誓不还。埋骨何须桑梓地，人生无处不青山。"青年大学生志存高远，树雄心、立壮志，能激发奋进潜力，解答好人生的意义、奋斗的价值以及做什么样的人等重要的人生课题。

二是立志做大事——心怀"国之大者"，勇于担当。立志是一切开始的前提。中国民主革命的先行者孙中山曾激励广大青年要立志做大事，不要立志做大官。在今天，立志做大事就是献身于中国特色社会主义伟大事业，为中华民族的伟大复兴贡献自己的力量。新时代的大学生应该把个人的命运与国家和人民的命运联系在一起，立为国奉献之志，立为民服务之志，为祖国和人民的利益而奋斗，在为实现社会理想而奋斗的过程中实现个人理想。西安医学院全科医学专业优秀校友郭发刚坚守自己的职业理想，毅然回到家乡留坝县基层卫生院工作，扎根基层，勇于担当，心甘情愿为守护一方百姓的生命健康无私奉献。

三是立志须躬行——自觉实践，知行合一。中国古代先哲老子说："合抱之木，生于毫末；九层之台，起于累土；千里之行，始于足下。"崇高理想的实现需要一点一滴的奋斗。通往理想的道路遥远，但起点就在脚下，就在一切平凡的岗位上，就在扎扎实实的学习和工作中。理想要化为现实，最根本的环节就是实践，正是通过人们的实践、努力，理想才从可能变为现实。"空谈误国、实干兴邦。"青年大学生实现自己的理想，既要"顶天"，又要"立地"，既要胸怀远大理想，又要脚踏实地，做到知行合一、言行一致，用自己的实际行动为实现中国特色社会主义共同理想和共产主义远大理想不懈奋斗。

面对中华民族伟大复兴的光明前景，广大青年既是追梦者，更是圆梦人。新时代中国青年大学生要树立对马克思主义的信仰、对中国特色社会主义的信念、对中华民族伟大复兴中国梦的信心，到人民群众中去，到新时代新天地中去，放飞青春梦想，让理想信念在努力奋斗中升华，让青春在创新创造中闪光！

三、经典案例分析

党的十八大以来，习近平总书记一次次召开重要会议，一次次参观考察，一次次踏访英雄、缅怀先烈，深情讲述一个又一个为理想信念舍生忘死、百折不挠的英雄故事，讲述一场又一场艰苦卓绝、惊天动地的革命壮举，上了一堂又一堂鲜活生动的"理想信念课"。信仰永不磨灭，理想薪火相传。李大钊、陈望道、陈树湘等革命先辈感天动地的信仰故事、熠熠生辉的理想光芒，激励和指引着一代又一代共产党人在一程又一程新的长征路上接力前行、砥砺奋进。焦裕禄、张富清、屠呦呦、张桂梅、黄文秀以及西安医学院优秀校友郭发刚……无数优秀共产党员用坚韧和执着、拼搏和奉献，为崇高的信仰信念不断注入新的时代内涵，将革命先辈为之奋斗、为之牺牲的伟大事业不断推向前进。

案例一 李大钊："青春中华"理想的先行者

李大钊在《晨钟报》创刊号上发表《〈晨钟〉之使命——青春中华之创造》，第一次阐明自己的"青春中华"理想，向青年发出奋起自觉的召唤。他指出，中华民族亟须解决的，不是亡与不亡的问题，而是如何再造青春；中国的出路在于摆脱旧传统、旧观念束缚，勇往奋进，急起直追，创造一个面向未来充满活力的青春中华。不久，李大钊的另一篇《青春》在《新青年》杂志上发表。文章再次将爱国与救国高度统一，指出中国正处于黑暗与黎明之交，鼓励青年为建设蓬勃朝气的国家而奋斗，"不在龈龈辩证白首中国之不死，乃在汲汲孕育青春中国之再生"。

【案例分析】

李大钊（1889—1927），男，字守常，河北乐亭人，中国共产主义运动的先驱，伟大的马克思主义者，杰出的无产阶级革命家，中国共产党的主要创始人之一，以青春年华，致力于培养进步新青年，乐于启智后人，是一代青年学生的精神领袖和导师，在中国最早播下了马克思主义的火种。他将短暂的一生，全部倾注到建立"青春中国"的革命伟业中，并为之付出了宝贵的生命，其言其行充分彰显了"为中国人民谋幸福，为中华民族谋复兴"的坚定信仰和初心使命。

李大钊

其一，堪称共产主义领路人。李大钊同志一生的奋斗历程，同马克思主义在中国传播的历史紧密相连，同中国共产党创建的历史紧密相连，同中国共产党领导的为中国人民谋幸福的历史紧密相连，从介绍十月革命的革命经验，传播马克思主义的思想，到创建一个又一个的先进组织，再到中共一大的筹备，李大钊提携后辈，为共产主义"点种"起到了先锋与领路人的作用。为了民族的复兴，他"急起直追，勇往奋进，径造自由神前，索我理想之中华，青春之中华"，曾预言"试看将来的环球，必是赤旗的世界"，在走向绞刑架时，仍发出"共产主义在中国必然得到光辉的胜利"的坚贞誓言。

其二，着力传播马克思主义。1918年，李大钊任北京大学图书馆主任，成为新文化运动主将，成为中国最早的马克思主义传播者之一。李大钊之所以能够做到初心不移，首要原因就是他对马克思主义有着深刻理解和认同，并在此基础上通过深刻把握历史发展规律，实现个人的理想信念与历史发展规律相一致，从而真正做到了自己所说的，为理想信念"勇往奋进以赴之""瘅精瘁力以成之""断头流血以从之"。在中国早期马克思主义者的队伍中，李大钊等同志属于先驱者和擎旗人。他率先在中国介绍、宣传和研究马克思主义，是20世纪初中国的播火者。他认为只有马克思主义才能救中国，把马克思主义作为"世界改造原动的学说"。他在《新青年》上发表了著名的《我的马克思主义观》，同时他把实现个人的理想信念与马克思主义理论相结合，与拯救国家民族命运的使命紧密联系，并为之积极践行、矢志不渝。

其三，关爱青年、唤醒青年。李大钊认为，古老的民族能否再现青春，关键"系乎青年之自觉如何耳",因此致力于青年启蒙,做青年的良师挚友。毛泽东后来回忆说,他去北京大学求职,受李大钊赏识,安排当助理员,而当时已是学界权威的李大钊,对这位只有中等师范学历的属员不仅有问必答,还常推荐新书。1949年,毛泽东率中央领导机关自西柏坡进入北平,感慨地对工作人员说:"30年前我为了寻求救国救民的真理而奔波……在北平遇到了一个大好人,就是李大钊同志。"

李大钊认为,近代中国之所以贫穷落后,饱受苦难,就在于缺少有理想、有知识、有使命、有担当的青年。中国的希望,首先在于青年人的觉醒,只有青年人觉醒了,才能担当起建立一个新中国的重任。他指出,"旧民族之复活,非其民族中老辈之责任,乃其民族中青年之责任也"。因此,"国家不可一日无青年,青年不可一日无觉醒"。他高度重视对青年人的知识教育和人格养成,尤其注重对青年人的爱国主义教育。他在北京大学担任图书馆馆长期间,把图书馆作为马克思主义传播的重要阵地,积极引导青年人学习马克思主义基本原理,开阔青年人的视野,丰富青年人的知识,培养他们树立马克思主义的世界观、人生观、价值观。他在《新青年》上刊发的一系列重要文章,唤醒了青年人的斗争精神,为青年运动提供了科学的思想武器。

其四,用英勇就义践行青春理想。"青春中华"之理想,奠定了李大钊一生为中华民族谋复兴的崇高使命感和不懈奋斗精神,让他成长为中国共产党最重要的创始人和革命家之一。他把救国救民这一理想信念,作为安身立命的根本和终生奋斗的目标,作为战胜一切艰难险阻的巨大精神动力。1927年4月6日,李大钊被捕入狱。面对敌人的审讯,李大钊虽受尽酷刑,却始终严守党的秘密,并努力保护同时被捕的其他同志和进步青年。在刑场上,新式的外国绞刑架矗立中央,李大钊第一个登上绞刑台。临刑前,监刑官问李大钊,对家属有什么话要说,可缮函代为转交。李大钊回答道:"我是崇信共产主义者,知有主义不知有家,为主义而死今也,何函为?"临刑时,李大钊毫无惧色,从容就义,时年尚不足38周岁。

李大钊说:"高尚的生活,常在壮烈的牺牲中。"据当时报纸报道,他受审时"精神甚为焕发,态度极为镇静",从容就义。"生于青春死于青春",李大钊曾以《青春》一文振臂高呼,号召青年志士投身于轰轰烈烈的民族解放运动中;他以短短38年的人生,留下永垂不朽的伟绩,生动诠释了青春的模样。

案例二　陈望道:尝透"真理的味道"

1920年的春夜,在浙江义乌分水塘村的一间柴房里,一个小伙子正在奋笔疾书,妈妈在外面喊着说:"你吃粽子要加红糖水,吃了吗?"他说:"吃了吃了,甜极了。"当妈妈进来收拾碗筷时,却发现儿子的嘴上满是墨汁,原来他是蘸着墨汁吃掉粽子的。这个小伙子叫陈望道,他当时正在翻译的就是《共产党宣言》。习近平总书记多次讲述"真理的味道非常甜"这个故事,指出这就是"信仰的味道""信仰的力量"。

【案例分析】

陈望道翻译《共产党宣言》的柴房及其蜡像

陈望道(1891—1977),男,汉族,浙江义乌人,中国著名教育家、语言学家、翻译家,担任过复旦大学校长、《辞海》总主编等职务。他的一生,是为革命艰苦奋斗的一生,是坚定马克思主义信仰的一生,也是为学术笔耕不辍的一生,经历丰富,著作等身,贡献巨大,尤其是他在翻译《共产党宣言》时"误把墨水当糖水"的故事感人至深。

其一,共产主义初心不改,马克思主义信仰不变。陈望道一颗红心,两次入党,有30多年时间是作为民主人士"在党外为党效劳",实可谓"路遥知马力,日久见人心"。在一次次重大历史事件的考验中,陈望道的共产主义初心不改、信仰不变。纵观陈望道一生,一旦尝过了"真理的味道",他对马克思主义的信仰便从未改变,也正是信仰的初心使其肩负起马克思主义传播者、践行者和坚守者的使命。

其二,翻译《共产党宣言》,传播真理。陈望道对中国革命的一大贡献,是克服了翻译过程中的重重困难,耗费了平常译书5倍的工夫,翻译出《共产党宣言》的第一个中文全译本,为马克思主义在中国的传播作出了不可磨灭的贡献。在《共产党宣言》的影响下,许多革命青年逐渐树立对马克思主义的坚定信仰,成长为马克思主义者。毛泽东在1936年跟斯诺谈话时曾讲:"有三本书特别深刻地铭刻在我的心中,建立起我对马克思主义的信仰。我一旦接受了马克思主义是对历史的正确解释以后,我对马克思主义的信仰就没有动摇过。"这三本书中的第一本便是陈望道翻译的《共产党宣言》。该书对于宣传马克思主义,推动革命运动的发展和中国共产党的创立,起到了重要的作用。

其三,将科学研究和马克思主义理论相融合。在译完《共产党宣言》后,陈望道继续翻译马克思主义著作,撰写介绍马克思主义的文章,并同各种反马克思主义思潮进行斗争。陈望道主编《新青年》后,不断宣传马克思主义,使它成为传播马克思主义的重要阵地。

在胡适抛出"多研究些问题,少谈些主义"的怪论后,陈望道站在李大钊、鲁迅一边,捍卫《新青年》的马克思主义办刊方向,促进了马克思主义的广泛传播,为中国共产党的成立奠定了思想基础。

作为学者和马克思主义者,陈望道始终把马克思主义作为学术研究的指导思想,从来不标榜自己为学问而学问,而是主张"不要把马克思主义放在科学之外",一贯注重运用马克思主义的立场、观点和方法从事学术研究,将科学研究和马克思主义理论完美地融合在一起。

其四,坚定信仰,毕生忠诚于党的事业。无论时局如何变化,陈望道一生始终坚信马克思主义,用一生的坚守诠释了马克思主义真理的力量,毕生忠诚于党的事业。大革命失败后,国民党反动派大肆捕杀共产党员,即使如此,陈望道依然根据党的指示担任党创立的学校——中华艺术大学校长,随后在这所学校诞生了著名的"左联"。抗日战争时期,陈望道在党组织的领导下积极投身抗日救国运动,在"孤岛"上海坚持敌后斗争。1940年陈望道随复旦大学迁到重庆后,根据党的指示出任复旦大学训导长,并创办了我国第一个新闻馆,馆里可以传阅革命书刊、收听延安的广播,被称为"夏坝的延安"。解放战争时期,陈望道参与组建了华东地区16所高等院校"大学教授联合会",并担任主席,大力推动"反饥饿、反内战、反迫害"运动,同时在党组织的领导下,积极营救被国民党逮捕的进步作家和进步学生,为解放战争的胜利作出了特殊贡献。

其五,以实际行动践行马克思主义。陈望道不仅积极宣传马克思主义,而且以实际行动践行马克思主义。虽然年轻的共产党和年轻的陈望道曾经因故相互错失了30多年,但在这30多年里,陈望道用时间证明了"信仰共产主义终身不变"。他在组织上虽然不是党员,但是对党的事业始终坚贞不渝,对党交予的任务仍然不畏艰险地努力完成。正如他所说,"在党外为党效劳,也许比党内更方便"。他常常利用自己民主人士的身份,出色地完成党交给的各项任务。1957年6月,陈望道由中国共产党中央委员会直接吸收为中国共产党党员,重新回到党的怀抱,成为一名真正的共产主义战士,以革命的一生实践了自己的誓言。

案例三　陈树湘:"断肠取义,气壮山河"

1934年10月,中央红军开始长征,时任红34师师长陈树湘奉命率部担负全军后卫,在惨烈的湘江战役中,他率领全师与十几倍于己的敌人殊死激战四天五夜,在率部突围时腹部中弹不幸被俘,在押送途中,他宁死不屈,趁敌不备,忍着剧痛,用手绞断肠子,壮烈牺牲,实现了他"为苏维埃新中国流尽最后一滴血"的铮铮誓言,年仅29岁,谱写了一曲对党和人民绝对忠诚的英雄赞歌。习近平总书记多次在重要讲话中,深情讲述这个湖南籍烈士"断肠明志"的故事。

【案例分析】

陈树湘(1905—1934),男,湖南长沙县人,中国共产党员,曾任中国工农红军师长,革命烈士。

其一,长征是一次理想信念的伟大远征。作为长征途中关乎中央红军生死存亡的关键一战,湘江战役正是理想信念强大力量的集中体现。新的长征路上,唯有坚定的理想信念,才能保持迎难而上、砥砺奋进的精神状态,不断从胜利走向新的胜利。

陈树湘

2021年4月25日上午,在位于广西桂林市全州县才湾镇的红军长征湘江战役纪念园,习近平总书记表示,"我到广西考察的第一站就来到这里,目的是在全党开展党史学习教育之际,缅怀革命先烈,赓续共产党人精神血脉,坚定理想信念,砥砺革命意志。革命理想高于天,理想信念之火一经点燃就会产生巨大的精神力量。"

其二,断肠取义,彰显革命理想高于天。湘江,见证过一场真实而悲壮的史诗。6000余名红军将士在这里用生命铸就了"铁血后卫"的铜墙铁壁。究竟是什么力量让他们宁死不屈,誓为苏维埃新中国流尽最后一滴血?在他们身上,我们看到了怎样的长征精神?在陈树湘墓和红34师军旗雕塑前,有这么一副对联:英雄姓名无人知晓,烈士功勋与世长存。绝命后卫,断肠取义,需要的不仅仅是肝胆勇气,更是崇高的革命信仰。

坚定的理想信念是陈树湘作为一名共产党员和红34师师长最鲜明的特征。陈树湘9岁时随父亲从长沙县福临铺逃荒到长沙城,靠种菜、帮厨等为生,在此期间经常去听进步学生演讲,不断受到先进思想的熏陶。1919年,14岁的陈树湘受到五四运动新思潮的精神洗礼,参加了由新民学会发动的长沙反日爱国运动,从一个小菜农转变成了一位信念坚定的革命青年。1921年,他与毛泽东、何叔衡等人结识,进一步接受马克思主义教育,对共产主义事业的理想信念更加坚定,于1922年加入中国社会主义青年团,1925年加入中国共产党,自此以无比坚贞的革命理想投身共产主义事业并为之奋斗一生。陈树湘是信念坚定、对党忠诚的英雄,他的英勇事迹中蕴藏着共产党人的初心和使命。如今走在新时代的长征路上,我们要从陈树湘"断肠明志"精神中不断汲取精神营养,努力作出无愧于时代的业绩。

其三,缅怀先烈,铭记英雄。陈树湘牺牲后,敌人割下他的头,挂在他的老家长沙县小吴门的城墙上,陈树湘年迈的母亲就住在离城墙不远的地方。虽然英雄的人生短暂而悲壮,但"断肠取义"的故事却被永久铭记。现如今,在陈树湘牺牲的地方,建起了一座小学,学校的名字就叫"树湘小学",孩子们在这里缅怀先烈,学习成长。"英雄血染湘江渡,江底尽埋英烈骨。"陈树湘及万千红军将士视死如归、向死而生、一往无前、敢于压倒一切困难而不被任何困难所压倒的崇高精神,永远值得我们铭记和发扬。

案例四 郭发刚:坚守基层的"健康守门人"

大学毕业后,郭发刚放弃待遇优厚的工作,走进距家300多公里的大山深处,做当地老百姓的健康守护者。他勇于担当责任,以极快速度适应当地环境,并以高尚的医德和精湛的专业技术赢得当地老百姓"暖医"和"神医"的赞誉。疫情期间,原本在春节休假的郭发刚,主动放弃了与家人团聚的机会,"逆行"返岗。在钟南山院士的带领下,郭发刚作为全国唯一一个乡镇医生,参与编写《农村地区基层医疗卫生机构新型冠状病毒感染的肺炎防控工作指引(第一版)》,并用自己的专业知识配合院领导做好疫情防控工作。

【案例分析】

郭发刚,1991年2月生,男,中共党员,西安医学院临床医学全科医学专业2015届毕业生,主治医师,陕西省汉中市留坝县江口镇中心卫生院院长,陕西省医师协会全科医师分会委员,白求恩精神研究会医学人文青年学组理事。

其一,一心为患者,不断开拓创新。"我是一名全科医生,是基层卫生事业的第三代接班人。除了要知识丰富、技术过硬,我们还要向前辈们学习和传承他们自力更生、艰苦奋斗的优良传统,用医术造福一方百姓。"郭发刚是这么想的,也是这么做的。从参加工作以来,他带领有限的医护人员,将玉皇庙镇卫生院发展成为远亲近邻都信任的好医院,他还开展了"送医入村"活动,为住在偏远地区的老人送药上门,解决了他们因交通不便带来的就医难问题。由于表现突出,2020年10月,郭发刚被破格

郭发刚

提拔为留坝县江口镇中心卫生院院长。

其二，注重精修术业，提高科研能力。工作中，郭发刚和同事们一起克服缺医少药、设备严重不足等重重困难，逐步配齐了诊疗所需的药品和仪器，门诊患者的数量也越来越多，硬件设施逐步完善的同时，郭发刚带领玉皇庙镇卫生院全体工作人员不断提升临床业务水平，之前棘手的疾病也有了明确的诊治方案，多项空缺的医疗技术得到了填补。针对农村疫情防控物资稀缺、传染病防控知识欠缺等短板，郭发刚还参与了农村地区新冠病毒防控工作指引的编写工作。他每天都要加班查资料、记笔记、写文稿，经常熬到凌晨两三点才能结束。最后，经过20多个日夜的努力，终于编写出了《农村地区基层医疗卫生机构新型冠状病毒感染的肺炎防控工作指引（第一版）》并在《中国全科医学》杂志发表，为基层医疗卫生机构规范、安全地开展疫情防控工作提供了重要参考。

其三，坚守职业理想，兑现承诺。郭发刚是个"90后"，2010年高考后顺利踏进了西安医学院的校门，开启了五年的医学生生涯。大学期间各方面表现优异的他，本可以在城市里的三甲医院找到高薪工作，但父亲告诫他，"现在基层最需要的就是全科医生，你应该到基层卫生院工作，用实际行动践行一名定向医学生对国家和社会的承诺。""这些话给了我莫大的力量，让我感受到了肩上的责任和年轻人应有的担当。"于是，郭发刚毅然决然前往距家300多公里的玉皇庙镇，做起了一名全科医生。

其四，牢记初心使命，一心扎根基层。郭发刚始终坚守在基层一线，因为工作业绩突出，先后多次荣获汉中市优秀医师、最美抗疫医生、陕西省第三届三秦最美医务工作者以及陕西省抗击新冠肺炎疫情先进个人、汉中市第六届道德模范等荣誉称号。他说："环境再变，身份再换，为人民服务、解除病痛的初心和使命从未改变。我是一名全科医生，我要用实际行动做一个经得起考验、挑得起重担，眼中有光、心中有爱，脚下有路的新青年，不断提升基层卫生人员的全科知识水平和综合技能，真正担起基层'健康守门人'的重担。"

四、拓展阅读

（一）坚定理想信念　补足精神之钙

党在社会主义初级阶段的基本路线是党和国家的生命线。我们在实践中要始终坚持"一个中心、两个基本点"不动摇，既不偏离"一个中心"，也不偏废"两个基本点"，把践行中国特色社会主义共同理想和坚定共产主义远大理想统一起来,坚决抵制抛弃社会主义的各种错误主张,自觉纠正超越阶段的错误观念和政策措施。只有这样,才能真正做到既不妄自菲薄、也不妄自尊大,扎扎实实夺取中国特色社会主义新胜利。

——节选自坚定理想信念　补足精神之钙[J].求是,2021(21).

坚定理想信念,坚守共产党人精神追求,始终是共产党人安身立命的根本。对马克思主义的信仰,对社会主义和共产主义的信念,是共产党人的政治灵魂,是共产党人经受住任何考验的精神支柱。形象地说,理想信念就是共产党人精神上的"钙",没有理想信念,理想信念不坚定,精神上就会"缺钙",就会得"软骨病"。现实生活中,一些党员、干部出这样那样的问题,说到底是信仰迷茫、精神迷失。

——节选自坚定理想信念　补足精神之钙[J].求是,2021(21).

革命战争年代,检验一个干部理想信念坚定不坚定,就看他能不能为党和人民事业舍生忘死,能不能冲锋号一响立即冲上去,这样的检验很直接。和平建设时期,生死考验有,但毕竟不多,检验一个干部理想信念是否坚定确实比较难,X光、CT、核磁共振成像也没有办法。

当然,也不是不能检验。那就主要看干部是否能在重大政治考验面前有政治定力,是否能树立牢固的宗旨意识,是否能对工作极端负责,是否能做到吃苦在前、享受在后,是否能在急难险重任务面前勇挑重担,是否能经得起权力、金钱、美色的诱惑。这样的检验需要一个过程,不是一下子、经历一两件事、听几句口号就能解决的,要看长期表现,甚至看一辈子。

——节选自坚定理想信念　补足精神之钙[J].求是,2021(21).

共产主义决不是"土豆烧牛肉"那么简单,不可能唾手可得、一蹴而就,但我们不能因为实现共产主义理想是一个漫长的过程,就认为那是虚无缥缈的海市蜃楼,就不去做一个忠诚的共产党员。革命理想高于天。实现共产主义是我们共产党人的最高理想,而这个最高理想是需要一代又一代人接力奋斗的。如果大家都觉得这是看不见摸不着的东西,没有必要为之奋斗和牺牲,那共产主义就真的永远实现不了了。我们现在坚持和发展中国特色社会主义,就是向着最高理想所进行的实实在在努力。

——节选自坚定理想信念　补足精神之钙[J].求是,2021(21).

指导思想是一个政党的精神旗帜。95年来,中国共产党之所以能够完成近代以来各种政治力量不可能完成的艰巨任务,就在于始终把马克思主义这一科学理论作为自己的行动指南，并坚持在实践中不断丰富和发展马克思主义。这使我们党得以摆脱以往一切政治力量追求自身特殊利益的局限，以唯物辩证的科学精神、无私无畏的博大胸怀领导和推动中国革命、建设、改革，不断坚持真理、修正错误。无论是处于顺境还是逆境，我们党从未动摇对马克思主义的信仰。

——节选自坚定理想信念　补足精神之钙［J］.求是，2021（21）.

我们党是世界上最大的政党，大就要有大的样子，同时大也有大的难处。把这么大的一个党管好很不容易，把这么大的一个党建设成为坚强的马克思主义执政党更不容易。马克思主义政党不是因利益而结成的政党，而是以共同理想信念而组织起来的政党。建设坚强的马克思主义执政党，首先要从理想信念做起。对马克思主义的信仰，对社会主义和共产主义的信念，是共产党人的政治灵魂，是共产党人经受任何考验的精神支柱。

——节选自坚定理想信念　补足精神之钙［J］.求是，2021（21）.

理想信念之火一经点燃，就永远不会熄灭。在中央苏区和长征途中，党和红军就是依靠坚定的理想信念和坚强的革命意志，一次次绝境重生，愈挫愈勇，最后取得了胜利，创造了难以置信的奇迹。我们不能忘记党的初心和使命，不能忘记革命理想和革命宗旨，要继续高举革命的旗帜，弘扬伟大的长征精神，朝着中华民族伟大复兴的目标奋勇前进。今天，在新长征路上，我们要战胜来自国内外的各种重大风险挑战，夺取中国特色社会主义新胜利，依然要靠全党全国人民坚定的理想信念和坚强的革命意志。

——节选自坚定理想信念　补足精神之钙［J］.求是，2021（21）.

今天，像战争年代那种血与火的生死考验少了，但具有新的历史特点的伟大斗争仍然在继续，我们正面临着一系列重大挑战、重大风险、重大阻力、重大矛盾的艰巨考验。没有坚定的理想信念，就会在乱云飞渡的复杂环境中迷失方向、在泰山压顶的巨大压力下退缩逃避、在糖衣炮弹的轮番轰炸下缴械投降。我们要从红色基因中汲取强大的信仰力量，增强"四个意识"，坚定"四个自信"，做到"两个维护"，自觉做共产主义远大理想和中国特色社会主义共同理想的坚定信仰者和忠实实践者，真正成为百折不挠、终生不悔的马克思主义战士。

——节选自坚定理想信念　补足精神之钙［J］.求是，2021（21）.

信仰信念任何时候都至关重要。对共产主义的信仰，对中国特色社会主义的信念，是共产党人的政治灵魂，是共产党人经受住任何考验的精神支柱。在新时代，坚定信仰信念，最重要的就是要坚定中国特色社会主义道路自信、理论自信、制度自信、文化自信。党的百年奋斗历程和伟大成就是我们增强"四个自信"最坚实的基础。

——节选自坚定理想信念补足精神之钙［J］. 求是，2021（21）.

学史增信，就是要增强信仰、信念、信心，这是我们战胜一切强敌、克服一切困难、夺取一切胜利的强大精神力量。要增强对马克思主义、共产主义的信仰，教育引导广大党员、干部从党百年奋斗中感悟信仰的力量，始终保持顽强意志，勇敢战胜各种重大困难和严峻挑战。要增强对中国特色社会主义的信念，教育引导广大党员、干部深刻认识到，中国特色社会主义是历史发展的必然结果，是发展中国的必由之路，是经过实践检验的科学真理，始终坚定道路自信、理论自信、制度自信、文化自信。要增强对实现中华民族伟大复兴的信心，教育引导广大党员、干部牢记初心使命、增强必胜信心，坚信我们党一定能够团结带领人民在中国特色社会主义道路上实现中华民族伟大复兴，努力创造属于我们这一代人、无愧新时代的历史功绩。

——节选自坚定理想信念　补足精神之钙［J］. 求是，2021（21）.

我多次引用"革命理想高于天"来说明理想信念的重要性。我们党取名为"共产党"，就是认定了共产主义这个远大理想。回望百年党史，千千万万共产党人为了理想信念不惜抛头颅、洒鲜血。走向绞刑架的李大钊，发出了"共产主义在中国必然得到光辉的胜利"的坚贞誓言。面对敌人屠刀的夏明翰，写下"砍头不要紧，只要主义真。杀了夏明翰，还有后来人"的雄壮诗篇。面对敌人6天内9次劝降，瞿秋白作出了"人爱自己的历史，比鸟爱自己的翅膀更厉害，请勿撕破我的历史"的铿锵回答。邓小平同志说："在我们最困难的时期，共产主义的理想是我们的精神支柱，多少人牺牲就是为了实现这个理想。"

——节选自坚定理想信念　补足精神之钙［J］. 求是，2021（21）.

坚定信念，就是坚持不忘初心、不移其志，以坚忍执着的理想信念，以对党和人民的赤胆忠心，把对党和人民的忠诚和热爱牢记在心目中、落实在行动上，为党和人民事业奉献自己的一切乃至宝贵生命，为党的理想信念顽强奋斗、不懈奋斗。

心中有信仰，脚下有力量。全党同志都要把对马克思主义的信仰、对中国特色社会主义的信念作为毕生追求，永远信党爱党为党，在各自岗位上顽强拼搏，不断把为崇高理想奋斗的实践推向前进。

——节选自坚定理想信念　补足精神之钙［J］. 求是，2021（21）.

中国共产党成立一百年来，始终是有崇高理想和坚定信念的党。这个理想信念，就是马克思主义信仰、共产主义远大理想、中国特色社会主义共同理想。理想信念是中国共产党人的精神支柱和政治灵魂,也是保持党的团结统一的思想基础。党员干部有了坚定理想信念,才能经得住各种考验,走得稳、走得远;没有理想信念,或者理想信念不坚定,就经不起风吹浪打,关键时刻就会私心杂念丛生,甚至临阵脱逃。形成坚定理想信念,既不是一蹴而就的,也不是一劳永逸的,而是要在斗争实践中不断砥砺、经受考验。年轻干部要牢记,坚定理想信念是终身课题,需要常修常炼,要信一辈子、守一辈子。

——节选自坚定理想信念 补足精神之钙[J]. 求是,2021(21).

(二)流沙河作品《理想》

理 想

流沙河

理想是石,敲出星星之火;

理想是火,点燃熄灭的灯;

理想是灯,照亮夜行的路;

理想是路,引你走到黎明。

饥寒的年代里,理想是温饱;

温饱的年代里,理想是文明。

离乱的年代里,理想是安定;

安定的年代里,理想是繁荣。

理想如珍珠,一颗缀连着一颗,

贯古今,串未来,莹莹光无尽。

美丽的珍珠链,历史的脊梁骨,

古照今,今照来,先辈照子孙。

理想是罗盘,给船舶导引方向;

理想是船舶,载着你出海远行。

但理想有时候又是海天相吻的弧线,

可望不可即,折磨着你那进取的心。

理想使你微笑地观察着生活;

理想使你倔强地反抗着命运。

理想使你忘记鬓发早白；

理想使你头白仍然天真。

理想是闹钟，敲碎你的黄金梦；

理想是肥皂，洗濯你的自私心。

理想既是一种获得，

理想又是一种牺牲。

理想如果给你带来荣誉，

那只不过是它的副产品，

而更多的是带来被误解的寂寥，

寂寥里的欢笑，欢笑里的酸辛。

理想使忠厚者常遭不幸；

理想使不幸者绝处逢生。

平凡的人因有理想而伟大；

有理想者就是一个"大写的人"。

世界上总有人抛弃了理想，

理想却从来不抛弃任何人。

给罪人新生，理想是还魂的仙草；

唤浪子回头，理想是慈爱的母亲。

理想被玷污了，不必怨恨，

那是妖魔在考验你的坚贞；

理想被扒窃了，不必哭泣，

快去找回来，以后要当心！

英雄失去理想，蜕作庸人，

可厌地夸耀着当年的功勋；

庸人失去理想，碌碌终生，

可笑地诅咒着眼前的环境。

理想开花，桃李要结甜果；

理想抽芽，榆杨会有浓阴。

请乘理想之马，挥鞭从此起程，

路上春色正好，天上太阳正晴。

作者简介:流沙河,本名余勋坦,1931年出生于四川成都,故乡四川金堂。中国现代诗人、作家、学者、书法家。

五、习题练习

1.(单选)《共产党宣言》第一个中文全译本是由( )翻译的。

A. 陈独秀　　　　B. 陈望道　　　　C. 李大钊　　　　D. 蔡和森

【答案】B

2.(单选)( ),把我国建设成为富强、民主、文明、和谐、美丽的社会主义现代化强国,这就是现阶段我国各族人民的共同理想。

A. 实现共产主义　　　　　　　　B. 建设有中国特色的社会主义

C. 发展社会主义市场经济　　　　D. 建立社会主义制度

【答案】B

3.(单选)在整个理想体系中,( )是最根本、最重要的。

A. 社会理想　　　　B. 个人理想　　　　C. 共同理想　　　　D. 远大理想

【答案】A

4.(单选)( )是最高层次的信念,具有最大的统摄力。

A. 理想　　　　B. 道德　　　　C. 意识　　　　D. 信仰

【答案】D

5.(多选)理想和信念的关系是( )。

A. 理想和信念总是如影随形,相互依存的

B. 理想和信念是互不相干的两种意识形式

C. 信念是实现理想的保障

D. 理想是信念的根据和前提

【答案】ACD

6.(多选)青年时期确立正确的理想信念能够为人的一生提供"无穷的力量",原因在于( )。

A. 理想信念昭示奋斗目标　　　　B. 理想信念催生前进动力

C. 理想信念提供精神支柱　　　　D. 理想信念提高精神境界

【答案】ABCD

7.（多选）马克思主义理论由（　）、（　）、（　）三大部分组成。

A. 马克思主义哲学　　　　　　　B. 马克思主义政治经济学

C. 科学社会主义　　　　　　　　D. 共产主义

【答案】ABC

8.（多选）为什么是马克思主义，而不是别的什么主义或理论，能够指引中华民族实现从站起来、富起来到强起来的伟大飞跃，最主要的原因就在于马克思主义是（　）、（　）、（　）、（　），建立在真理之上。

A. 科学的理论　　B. 人民的理论　　C. 实践的理论　　D. 开放的理论

【答案】ABCD

9.（多选）大学生坚定马克思主义信仰，最重要的是学习和掌握马克思主义的（　），准确把握时代发展潮流，以科学的理想信念指引人生前进的道路和方向。

A. 理论　　　　　B. 立场　　　　　C. 观点　　　　　D. 方法

【答案】BCD

10.（多选）青年如何在实现中国梦的实践中放飞自己的青春梦想（　）。

A. 立鸿鹄志，做奋斗者　　　　　B. 心怀"国之大者"，敢于担当

C. 自觉躬身实践，知行合一　　　D. 明确自己的个人利益

【答案】ABC

专题五 培育和弘扬中国精神

一、学习目的

本专题旨在引导和帮助大学生在历史与现实的结合中深刻理解中国精神的科学内涵，深刻理解中国精神之于中华民族伟大复兴、之于新时代中国特色社会主义事业、之于大学生成长为担当民族复兴大任的时代新人的重大现实意义。

通过本专题教学帮助学生全面理解中国精神是民族精神与时代精神的统一，以继承爱国主义为核心的民族精神、发扬以改革创新为核心的时代精神为依托，把自己的理想同祖国的前途、把自己的人生同民族的命运紧密联系在一起，以切实行动培育和弘扬中国精神。

二、重难点解析

（一）如何理解中国精神是民族精神与时代精神的统一[①]

这一问题考查的是中国精神与民族精神、时代精神的关系。深刻理解这三者的关系，对于把握中国精神的内涵具有重要意义。要理解这一问题，必须要明确这三者所存在"统一"关系，不是"同一"，即不是完全一致，不能简单地理解为是一种东西，具体要如何理解，可以从以下三个方面展开思考。

第一，就其客观存在形态来看，中国精神、民族精神和时代精神是一个东西。无论是中国精神还是民族精神并非一个独立的实存，而是蕴含于每一个历史阶段的时代精神之中，并通过时代精神而实现出来。正如黑格尔所说，精神"并不是一尊不动的石像，而是生命洋溢的，犹如一道洪流，离开它的源头愈远，它就膨胀得愈大"。因此，一个民族的精神

[①] 左亚文，高晓英. 中国精神的本质规定及其内在逻辑[J]. 理论探讨，2021（05）：40-46.

处在不断流变的过程中，并通过不同历史阶段的时代精神而得以彰显。这也正如一个人，他历经童年、少年、青年、壮年直到老年，其生命包括精神就存在于人生各个阶段之中，而没有一个独立于这些阶段之外的抽象的人。中国精神、民族精神和时代精神的关系就是如此。

第二，在其理论抽象的形态上，中国精神、民族精神与时代精神又是有差别的。时代精神是一个民族在各个不同历史阶段的精神的抽象，它带有其时代的特质，因而是"一种特别的'民族精神'"。而民族精神实际是从各个不同历史阶段的时代精神中进一步凝练出来的带有普遍性或共性的东西，它如同一个民族精神发展中相对稳定的基因。从"变"与"常"的关系看，民族精神就是"变"中之"常"，即历史流变中那常住不变的东西，然而，这种作为常住不变的文化基因虽然是客观的，但却是一种理论抽象的产物。正如"水果"是各种具体水果，如苹果、桃子、香蕉等的抽象一样，虽然它也是客观的，但却不是一种独立的存在。中国精神则是民族精神和时代精神的统一，是"变"与"常"的结合，它以扬弃的形式包含民族精神和时代精神，是对一个民族的精神的最高抽象。

第三，中国精神是传统与现代、实然与应然、民族性与世界性的统一。首先，中国精神既不是从天上掉下来，也不是从人的头脑里主观自生的，它是历史的产物，是在中华民族5000多年文明发展过程中逐渐生成和积淀的结晶，离开传统和传统文化，它就成为无源之水和无本之木。因此，中国精神的根就存在于中国传统文化之中。其次，中国精神是实然与应然、民族性与世界性的统一。历史地变动着的中国精神是面向未来、面向世界的，因而必然要在自我扬弃的基础上，对一切有利于自身发展的东西进行积极的吸纳和借鉴、创造和建构。最后，中国精神的立足点、着眼点、归宿在当代而不是古代。它站在当代，回望、追溯历史，反省、反思传统，最终又归结于、落脚于现实。因此，当我们去探讨中国精神时，绝不能将其视为考古学、考据学，毋宁说，它是从历史的源头一路走向时代深处的发展学、创造学和建构学。

因此，民族精神是一定社会时代精神的基础和源泉；时代精神是民族精神在各个历史时期的体现和延续，二者相辅相成、相互交融，统一于改革开放和社会主义现代化建设的伟大实践中，凝聚在建设中国特色社会主义的共同理想中，共同构成中华民族自立自强的精神品格，成为推动中华民族伟大复兴的精神动力。

民族精神与时代精神紧密关联，都是一个民族赖以生存和发展的精神支撑。一切民族精神都曾经是一定历史阶段中带动潮流、引领风尚、推动社会发展的时代精神。同时，一切时代精神都将随着历史的变迁逐步融入民族精神的长河之中，不断丰富和发展民族精神的时代内涵。弘扬和培育民族精神，必须自觉回应时代的要求，推动民族精神的不断革新，推动民族精神的创新性发展和创造性转化，从而为当下的实践提供精神力量；弘扬和培育时代精神，必须立足民族精神的根基、接续民族精神的血脉、承接民族精神的基因，使得时代精神既面向未来，又不忘本来，始终具有引领民族前行的强大吸引力和感召力。

民族精神和时代精神共同构成了我们当今时代的中国精神。民族精神赋予中国精神以民族特征，是中华民族的精神独立性得以保持的重要保证；时代精神赋予中国精神以时代内涵，是中国精神引领时代前行、拥有鲜明时代性和强大生命力的重要根源。民族精神和时代精神的交融汇通，使得中国精神既具有鲜明的民族性，又洋溢着强烈的时代性，成为中华民族共有的精神家园、奋力实现复兴的强大精神力量。

（二）如何理解"人无精神则不立，国无精神则不强"

"人无精神则不立，国无精神则不强"出自2020年9月8日习近平总书记在全国抗击新冠肺炎疫情表彰大会上的讲话。习近平总书记还进一步指出："精神是一个民族赖以长久生存的灵魂，唯有精神上达到一定的高度，这个民族才能在历史的洪流中屹立不倒、奋勇向前。"因此，"人无精神则不立，国无精神则不强"充分体现了精神对于个体、国家的重要意义，表明了中国精神是兴国强国之魂。[①]

中国精神是精神发展的逻辑必然，而非主观的凭空构建。当我们问"何以需要中国精神"时，并非一种一厢情愿的主观愿望，而是中华民族精神自我运动、自我发展的客观规律或逻辑必然。这不是你想不想要、愿不愿要的问题。不管你主观上愿意与否、喜恶也罢，精神都会遵循其内在的客观逻辑，从那盲目的自在的"实体性原则"中解脱出来，通过自我反思达到自觉自为的觉醒。我们所要做的，不过是顺应这一历史的逻辑，自觉地成为中华民族精神之当代实现即时代精神的承担者和践行者。[②]

1. 对于个人来说，精神状态决定人生轨迹和事业成败[③]

人只有保持昂扬向上、坚韧不拔、奋力拼搏、勇往直前的精神状态，才能够千方百计克服困难而不被困难所吓倒，才能够更好地完成各项任务。

（1）人有精神才会有追求。世界观、人生观、价值观是人生的"总开关"，只有振奋

---

① 《人民日报》评论部. 人无精神则不立，国无精神则不强［N］. 人民日报，2020-09-11.
② 左亚文，常晨晨. 民族精神的内在觉醒：我们何以需要中国精神［J］. 江汉论坛，2021（12）：50-52.
③ 王炳林. 精神之美——我们为什么需要精神［N］. 中国教育报，2021-03-19.

精神才能确立正确的"三观",才能有美好的生活追求。理想的追求、价值的追求、事业的追求,是人生不可或缺的精神财富。青年学子振奋精神才会有更高的追求,才会勤奋学习,学业有成。周恩来从青少年时代就立志"为中华之崛起而读书",南开学校毕业时他与同学们互赠留言,"愿相会于中华腾飞世界时"。周恩来这种坚定的理想信念和执着的人生追求是成就其辉煌人生的动力源泉。铁人王进喜喊出"宁可少活20年,拼命也要拿下大油田"的豪迈誓言,在生产生活条件异常艰难的情况下为改变我国"贫油"的面貌作出了杰出贡献。各行各业的人们只有振奋精神,发愤图强,才能追求卓越,为社会作出更大贡献。

(2)人有精神才会有动力。事物运动和发展需要推动力量,人的成长进步也需要推动力量,除了外在的客观推动力之外,个人内在的精神动力至关重要。饱满的精神可以调动全身机能,焕发人的聪明才智。昂扬的精神会增强克服困难、实现目标的勇气和力量。人们常说变压力为动力,实际上是将外在的客观压力转化为内在的精神力量,激发斗志,奋勇前行。

(3)人有精神才会有支柱。精神是一种情怀,要亲民爱民,宽以待人,具有仁爱之心;精神是一种视野,要胸襟开阔,具有大局意识,注重团结协作;精神是一种信念,无论顺境和逆境都要充满信心,勇往直前;精神是一种意志,要自强不息、百折不挠。精神的丰富内涵使之成为人生取之不尽用之不竭的智慧源泉和强大支柱。由此,我们就可以更加深刻地理解毛泽东的至理名言:"人是要有一点精神的。"

2. 对于国家而言,中国精神是凝聚民族复兴的磅礴伟力

(1)中国精神是凝聚中国力量的精神纽带。推进民族复兴的时代伟业,开启全面建设社会主义现代化国家的新征程,我们必须有万众一心、众志成城的强大精神凝聚力。人民群众是历史发展和社会进步的主体力量。坚持和发展中国特色社会主义、实现中华民族的伟大复兴,最根本的力量在人民,最强大的力量在团结凝聚起来的人民。"大鹏之动,非一羽之轻也;骐骥之速,非一足之力也。"没有强大的精神力量,就会重演中国近代以来四分五裂、一盘散沙的悲剧。弘扬中国精神,对于维系中华民族的生存与发展、维护国家统一和民族团结发挥着重要的凝聚作用。

(2)中国精神是激发创新创造的精神动力。当前,我们正在从事的中国特色社会主义事业是一项前无古人的创造性事业,中国精神作为兴国强国之魂的价值和意义更为凸显。实现梦想、应对挑战、创造未来的动力,只能从发展中来、从改革中来、从创新中来。推进新时代的伟大事业,必须有创新创造、向上向前的强大精神奋发力,勇于变革、勇于创新,永不僵化、永不停滞,使全体人民始终保持昂扬向上的精神状态。

（3）中国精神是推进复兴伟业的精神支柱。世界上没有一个民族能够亦步亦趋走别人的道路实现自己的发展振兴，也没有一个民族会在心神不定、游移彷徨中成就自己的光荣和梦想。实现中华民族伟大复兴的中国梦，需要我们正确认识当代世界和中国发展大势，正确认识中国特色和国际比较，增强民族自尊心和自信心，坚定不移走自己的路，使全体人民拥有坚如磐石的精神和信仰力量，坚定不移把中国特色社会主义事业不断推向前进。

总的来说，"人无精神则不立，国无精神则不强"，这句话体现了一百年来中国共产党始终牢记为人民谋幸福、为中华民族谋复兴的这一初心使命，在艰难困苦中团结带领人民，铸就了不畏强敌、不惧风险、敢于斗争、勇于胜利的风骨和品质，将一个个"不可能"变为了"可能"。

（三）为什么爱国与爱党、爱社会主义是高度统一的[①]

在纪念五四运动100周年大会上，习近平总书记指出："当代中国，爱国主义的本质就是坚持爱国与爱党、爱社会主义高度统一"。[②]这一论断丰富了新时代爱国主义理论的时代内涵。面对"爱国过时论""爱国可以不爱党和社会主义"等错误论调，我们必须讲清楚新时代爱国主义为什么是爱国爱党爱社会主义的高度统一。为什么爱国和爱党爱社会主义高度统一，其原因在于三者的统一具有理论一致性、历史必然性以及现实必要性。

1. 理论一致性

国家既不是一个纯地理概念，也不是一个纯政治概念，而是一个综合性社会政治概念。国家是政治学的核心概念。国家是通过公共权力联结起来的，以维护公共利益和处理公共事务为目的的，由一定的人口、领土组成的有机组织体。在一定的国家中，人口、领土只存在数量上的差异，而不具有本质上的差别。因而，它们对于划分国家类型、区别国家功能不具有决定性意义。在这里，具有决定作用的是公共权力。公共权力的产生与配置、公共权力的地位与属性、公共权力的功能与行使等，都在国家运行中起着关键作用，并直接决定着国家的类型。以至于有时人们仅从公共权力的属性来划分国家类型。公共利益和公共事务是国家的目的性因素，属于国家功能的范畴。"公共"一词，最能代表国家的特性，它说明，从本原上讲，国家不是为一部分人而设立的，而是国土内全体居民利益的调节器；

[①] 丁春福，卢日娜. 论新时代爱国爱党爱社会主义高度统一的逻辑进路［J］. 思想政治教育研究，2022，38（1）：135-140.

[②] 习近平. 在纪念五四运动100周年大会上的讲话［N］. 人民日报，2019-05-01.

国家不单纯是为"治人"而设立的,而且是为"治事"而设立的。①

中国、中国共产党、中国特色社会主义是不可分割的有机整体。爱国不是抽象的,而是具体的,当代的爱国就是爱社会主义的中国,爱中国共产党领导的社会主义中国。对中国共产党的爱,对社会主义的爱,内在地存在于对当代中国的爱。而在当代中国,由于中国共产党是中国工人阶级的先锋队,同时也是中国人民和中华民族的先锋队,它不代表特定利益集团的利益,不是狭隘的利益共同体。以社会主义为制度的国家,是代表中国人民共同利益的"真实的共同体",不再是阶级统治的工具,从而不再是"虚假的共同体"。总之,在当代中国,政党扬弃其狭隘的利益共同体性质,制度扬弃其虚假共同体性质,整个国家就具有了真实共同体的性质。因而,当代中国的爱国主义,既不同于古代中国的狭隘的宗族共同体意识,也不同于西方资本主义国家虚假的共同体意识,而是一种真正的共同体意识。而决定当代中国爱国主义与其他类型爱国主义根本区别的内在结构要素,恰恰是国家的领导阶级和国家制度。

1981年7月17日,针对当时思想战线上存在的问题,邓小平同志指出:"有人说不爱社会主义不等于不爱国。难道祖国是抽象的吗?不爱共产党领导的社会主义的新中国,爱什么呢?"因而,国家本身就是政治的,爱国是一定要谈政治的。我们所爱的是由中国共产党领导的社会主义新中国。

2. 历史必然性

爱国是人类最朴素的情感,也是中华民族的传统美德,贯穿了整个中华民族历史演进的全过程。在不同的历史时期,爱国的内容要求既是具体的也是不同的。就近代以来的中国而言,第一,中国共产党的初心和使命深深契合了近代以来爱国的具体要求。中国共产党自诞生之日起就担负了时代重任,寻求到了马克思列宁主义这一救国救民的科学真理。中国共产党带领人民成功地推翻了压在中国人头上的"三座大山",取得了新民主主义革命胜利,建立了中华人民共和国。又通过实行社会主义三大改造,初步确定了社会主义基本制度。党的十一届三中全会作出实行改革开放的重大决策,开启了社会主义现代化建设的新征程。党的十八大以来,党和国家事业更是发生了根本性转变,取得了改革开放和社会主义现代化建设的历史性成就。中国共产党始终是爱国主义精神最坚定的弘扬者和实践者,党的初心和使命始终契合着中华民族的发展潮流。第二,社会主义道路的选择深深契

---

① 王振海. 关于国家起源、本质与特性的再思考[J]. 文史哲,1999(3):112-117.

合了近代以来爱国的具体要求。爱国和爱社会主义相统一是近代中国革命实践的必然结果。在尝试学习西方先进技术，发起自上而下改良运动，通过革命推翻帝制走向资本主义道路的方案行不通后，是社会主义引领中国人民走出黑暗深渊，只有社会主义能够救中国是历史的必然。

中华人民共和国的诞生是历史的选择。我们经历了无数尝试，最终是中国共产党、是社会主义救了中国。无数革命先辈的牺牲换来了这个崭新的中国。中华人民共和国的成立是近代以来无数仁人志士奋斗牺牲的结果，是中国共产党领导革命战争取得的结果，开辟了中国历史的新纪元。人们终于推翻了"三座大山"，翻身得解放。社会主义制度的建立，为中国的繁荣发展提供了可靠的保障。社会主义在中国不是一句空洞的口号，而是集中代表着、体现着、实现着国家、民族和人民的根本利益。爱国主义与爱党爱社会主义的统一是中国历史发展的必然结果。

3. 现实必要性

方向决定前途，道路决定命运。社会发展道路的选择正确与否，直接关系到党的事业、国家的前途和人民的幸福。在当代中国，爱国与爱党、爱社会主义不是一句空口号，而是要落实到具体行动上，它统一于中国特色社会主义的伟大实践。第一，中国特色社会主义在形成与发展的过程中凝聚了爱国力量，充实了爱国的行为实践。只有社会主义才能救中国，表明了中国共产党带领中国人民谋求民族独立和强国富民的艰辛探索与成功实践，同时也是无数革命先辈用鲜血与生命换来的历史结论。党的十八大以来，以习近平同志为核心的党中央带领我们进入中国特色社会主义新时代，不断完善和发展中国特色社会主义。社会主义在我国的建立、发展、完善，使国家的面貌、人民的面貌发生了历史性变化，也为世界的和平与发展作出了突出贡献。第二，爱党必须爱国，党和国家人民的发展目标一致，承载于中国特色社会主义的实践中。中华人民共和国成立70多年来，从成立时的"一穷二白"到2010年时跃升为世界第二大经济体；从落后的农业国发展为世界第一制造业大国；从温饱不足到实现全面小康，向世界展现了中国精神、中国力量、中国速度。这些骄人成绩的取得，都离不开党的坚强领导。党的十八大以来，以习近平同志为核心的党中央带领我们进入中国特色社会主义新时代，不断完善和发展中国特色社会主义的道路、理论、制度、文化，推进中华民族伟大复兴中国梦的实现。中国特色社会主义更加深入人心，爱国的向心力进一步增强。

正因如此，习近平总书记指出："爱国主义是具体的、现实的。在当代中国，弘扬爱国主义就必须深刻认识到，中国共产党领导和中国社会主义制度必须长期坚持，不可动摇；

中国共产党领导中国人民开辟的中国特色社会主义必须长期坚持，不可动摇；中国共产党和中国人民扎根中国大地、借鉴人类文明优秀成果、独立自主实现国家发展的大政方针必须长期坚持，不可动摇。我们要增强中国特色社会主义道路自信、理论自信、制度自信、文化自信，坚定不移沿着中国特色社会主义道路守护好、建设好我们伟大的国家。"[1]它深刻地说明，在当代中国，只有坚持爱国与爱党、爱社会主义相统一，爱国主义才是鲜活的、真实的。

《中华人民共和国宪法》宣告："中国人民对敌视和破坏我国社会主义制度的国内外敌对势力和敌对分子，必须进行斗争。"必须在现实中清醒地认识到，中国人民爱自己的国家、爱党、爱社会主义，但国内外敌对势力和敌对分子总是敌视和破坏我国社会主义制度，中国人民必须在爱国主义的旗帜下团结起来，同国内外敌对势力和敌对分子进行斗争。现实要求我们爱国，不能停留在口号上，而是要把自己的理想同祖国的前途、民族的命运紧密联系在一起。这正是我们开展爱国主义教育的现实要求之一，也是开展爱国主义教育的重大意义之一。

（四）当代大学生应怎样弘扬中国精神

以爱国主义为核心的民族精神和以改革创新为核心的时代精神，构成了中国精神的基本内容。大力弘扬中国精神，培育中华民族共同的精神家园，既需要大力弘扬以爱国主义为核心的伟大民族精神，也需要大力弘扬以改革创新为核心的伟大时代精神。

1. 大力弘扬以爱国主义为核心的伟大民族精神，就是要做忠诚的爱国者

爱国从来不是抽象的，它包含着丰富的内容，而且在每个时代都有不同的要求。中国特色社会主义进入新时代，实现中华民族伟大复兴的中国梦是新时代爱国主义的鲜明主题。今天，身处中华民族伟大复兴的关键时期，面对世界百年未有之大变局，我们该如何爱国？

（1）坚持爱党与爱国、爱社会主义相统一。要明确我们爱的"国"是中国共产党领导的社会主义中国。爱国主义的本质是爱国与爱党、爱社会主义的高度统一。因此，爱国主义的基本要求是拥护国家的基本制度，遵守国家的宪法、法律，维护国家安全和统一，捍卫国家的利益，为国家繁荣发展贡献自己的力量。

新时代大学生不仅要在认识上深刻理解爱国与爱党、爱社会主义的高度统一，更要以实际行动体现对祖国的热爱、对党的热爱、对社会主义的热爱。扎根人民，奉献国家，以

---

[1] 习近平. 在纪念孙中山先生诞辰150周年大会上的讲话[N]. 人民日报，2016-11-12.

一生的真情投入、一辈子的顽强奋斗来践行爱国主义。

（2）维护祖国统一和民族团结。国家统一和民族团结是中华民族根本利益所在。弘扬新时代爱国主义，要坚持以维护祖国统一和民族团结为着力点，维护全国各族人民大团结的政治局面，巩固和发展最广泛的爱国统一战线，不断增强对伟大祖国、中华民族、中华文化、中国共产党、中国特色社会主义的认同，坚决维护国家主权、安全、发展利益，旗帜鲜明反对分裂国家的图谋、破坏民族团结的言行，筑牢国家统一、民族团结、社会稳定的铜墙铁壁。

一方面，推进祖国统一，必须保持香港、澳门长期繁荣稳定。任何危害国家主权安全、挑战中央权力和特别行政区基本法权威的活动，都是对底线的触碰，都是绝不能允许的。另一方面，促进民族团结。中华民族和各民族的关系，是一个大家庭和家庭成员的关系；各民族的关系，是一个大家庭里不同成员的关系。正如费孝通先生提出的"中华民族作为一个自觉的民族实体，是近百年来中国和西方列强对抗中出现的，但作为一个自在的民族实体则是几千年的历史过程所形成的"。处理好民族问题、促进民族团结，是关系祖国统一和边疆巩固的大事，是关系民族团结和社会稳定的大事，是关系国家长治久安和中华民族繁荣昌盛的大事。新时代大学生要像爱护自己的眼睛一样维护民族团结，像爱护自己的生命一样维护社会稳定，自觉做民族团结进步事业的建设者、维护者、促进者。

（3）尊重和传承中华民族历史和文化。对中华民族悠久历史、深厚文化的理解和接受，是培育和发展爱国主义情感的重要条件。作为中华儿女，我们要了解中华民族历史，传承中华文化基因，提升民族自豪感和文化自信心，增强做中国人的志气、骨气、底气。

中华优秀传统文化是中华民族的精神命脉，其中蕴含着中华民族世世代代形成和积累的思想营养和实践智慧，是中华民族得以延续的文化基因，也是我们在世界文化激荡中站稳脚跟的根基。

历史是一面镜子，从历史中能够更好看清世界、参透生活、认识自己；历史也是一位智者，同历史对话能够更好认识过去、把握当下、面向未来。抛弃传统、丢掉根本，就等于割断了自己的精神命脉。"灭人之国，必先去其史。"历史和现实都表明，一个抛弃了或者背叛了自己历史文化的民族，不仅不可能发展起来，而且很可能上演一场历史悲剧。

（4）必须坚持立足民族又面向世界。中国的命运与世界的命运紧密相关。经过改革开放40多年的发展，中国日益走近世界舞台的中央。当今世界越来越成为你中有我、我中有你的命运共同体。

维护国家发展主体性。当今世界，各国的贸易往来更加频繁，文化交流不断加深，世界正在变成一个"地球村"。在经济全球化的背景下,国家仍然是民族存在的最高组织形式,是国际社会活动中的独立主体。只要国家继续存在,爱国主义就有坚实的基础。在参与经济全球化的过程中,必须坚定地捍卫自己国家的利益,这就更需要爱国主义的支撑。

自觉维护国家安全。国家安全问题事关国家安危和民族存亡。在国家安全形势越来越复杂的今天,大学生要增强国家安全意识,对境内外敌对势力的渗透、颠覆、破坏活动保持高度警惕,切实履行维护国家安全的义务。

确立总体国家安全观。国家安全是指一个国家不受内部和外部的威胁、破坏而保持稳定有序的状态。当前,我国国家安全内涵和外延比历史上任何时候都要丰富,时空领域比历史上任何时候都要宽广,内外因素比历史上任何时候都要复杂,必须坚持总体国家安全观,坚持国家利益至上,以人民安全为宗旨,以政治安全为根本,以经济安全为基础,以军事、文化、社会安全为保障,以促进国际安全为依托,走出一条中国特色国家安全道路。

增强国防意识,履行维护国家安全的义务。强大的国防是国家生存与发展的安全保障。我国的国防是全民的国防。我国宪法明确规定:"保卫祖国、抵抗侵略是中华人民共和国每一个公民的神圣职责。"大学生既是社会主义现代化建设的有用人才,也是国防建设的后备人才,必须具有很强的国防观念和忧患意识,自觉接受国防和军事方面的教育训练,关心国防、了解国防、热爱国防、投身国防,积极履行国防义务,成为既能建设祖国又能保卫祖国的优秀人才。同时,大学生应自觉遵守国家安全法律,履行维护国家安全的法律义务。

推动构建人类命运共同体。当今世界,没有哪个国家能够独自应对人类面临的各种挑战,也没有哪个国家能够退回到自我封闭的孤岛。构建人类命运共同体的理念,源于中国,属于世界,是中国与世界的交响协奏。爱国主义是世界各国人民共有的情感,实现世界和平与发展是各国人民共同的愿望。要正确把握中国与世界的发展大势,正确认识中国与世界的关系,既不妄自尊大也不妄自菲薄,做到自尊自信、理性平和。

要将爱国之情转化为实际行动,理性表达爱国情感,反对极端行为。面向世界,推动构建人类命运共同体,要有更加宽广的世界胸怀和全球视野,为维护人类共同利益、推动人类文明发展进步提供中国智慧,始终做世界和平的建设者、全球发展的贡献者、国际秩序的维护者。

2. 大力弘扬以改革创新为核心的时代精神,就是要做改革创新生力军

改革创新,要求大学生自觉增强改革创新的责任感,树立敢于突破陈规、大胆探索未知、勇于创新创造的思想观念,在实践中有直面困难的勇气,有突破难关的精神,锐意进取，奋力前行。

（1）树立改革创新的自觉意识。增强改革创新的责任感。改革创新充满艰辛、奉献甚至牺牲，没有强烈的责任感，很难克服和战胜改革创新过程中的艰难曲折。大学生要以时不我待、只争朝夕的紧迫感投身改革创新的实践，服务人民，奉献社会，实现人生价值。

树立敢于突破陈规的意识。敢于大胆突破陈规甚至常规，敢于大胆探索尝试，善于观察发现、思考批判，不唯书、不唯上、只唯实，这是大学生在学习与实践中创新创造的重要前提。

树立大胆探索未知领域的信心。青年应是常为新、敢创造的，理当锐意创新创造，不等待、不观望、不懈怠，勇做改革创新的生力军。

（2）增强改革创新的能力本领。青年是苦练能力本领、增长才干的黄金时期。当今时代，知识更新不断加快，社会分工日益细化，新技术新模式新业态层出不穷。这既为青年施展才华、竞展风采提供了广阔舞台，也对青年能力素质提出了新的更高要求。

夯实创新基础。推行任何一项改革，作出任何一项创新，都是站在前人积累的专业知识基础之上的。改革创新之所以能够推陈出新，提出前人不曾提出的新思想，推出令世人敬仰叹服的新创造，一个重要的原因就在于改革创新者具有扎实的专业知识基础。

大学生作为改革创新的生力军，应从扎实系统的专业知识学习起步和入手，而不能好高骛远，空谈改革创新。培养创新思维。创新思维与守旧思维的区别在于：创新思维注重求异、批判而不甘落入窠臼和俗套，守旧思维往往求同、模仿；创新思维善于发现问题，守旧思维被动回答问题；创新思维灵活而开放，发散而多维，守旧思维往往机械、线性、封闭；创新思维常常因"异想天开"而被怀疑甚至嘲讽，守旧思维提出的观点人们往往因熟悉而易于接受。

大学生在专业学习与社会实践中应自觉培养创新思维，勤于思考，善于发现，勇于创新。投身改革创新实践。实践出真知，实践长才干。当代大学生既置身于世界新一轮科技革命和产业变革同我国转变发展方式的历史性交汇期，又置身于我国全面建设社会主义现代化国家的新征程，应当在全面深化改革的伟大实践中发扬改革创新精神，增强改革创新的意识，锤炼改革创新的意志，提高改革创新的能力，勇做改革创新的实践者和生力军。

三、经典案例分析

案例一　中国革命走向辉煌的力量之源——延安精神

中共中央总书记、国家主席、中央军委主席习近平在陕西省延安市、河南省安阳市考察时强调，全面建设社会主义现代化国家，最艰巨最繁重的任务仍然在农村。要全面学习贯彻党的二十大精神，坚持农业农村优先发展，发扬延安精神和红旗渠精神，巩固拓展脱贫攻坚成果，全面推进乡村振兴，为实现农业农村现代化而不懈奋斗。

延安是革命老区，也曾是深度贫困地区。习近平一直挂念陕北的老乡们。2015年2月，习近平在延安主持召开陕甘宁革命老区脱贫致富座谈会并发表重要讲话，为当地推进脱贫攻坚指明了方向。2022年10月，习近平来到延安中学枣园校区。延安中学是中国共产党创办的第一所中学，是在老一辈革命家、教育家、党和国家领导同志亲切关怀和精心培育下成长起来的，具有光荣历史和优良革命传统，为革命老区培养了大批人才。习近平走进学校教育史馆，了解学校总体办学情况。习近平希望延安中学坚持用延安精神教书育人，办好人民满意的教育，弘扬革命传统，培育时代新人。[1]

【案例分析】

2020年4月，习近平总书记在陕西考察时指出："延安精神培育了一代代中国共产党人，是我们党的宝贵精神财富。要坚持不懈用延安精神教育广大党员、干部，用以滋养初心、淬炼灵魂，从中汲取信仰的力量、查找党性的差距、校准前进的方向。"

以延安时期为起点，我们党领导人民夺取革命、建设、改革的一个又一个伟大胜利，充分证明坚决维护党中央权威、保证全党令行禁止，是党和国家前途命运所系，是全国各族人民根本利益所在。

坚定正确的政治方向是延安精神的灵魂，它集中体现在共产党人坚定不移的共产主义理想信念上。在延安的13年中，我们党从之前经历的挫折中快速成熟起来，成为中国革命事业当之无愧的领导核心，其中最根本的，是确立了毛泽东思想的指导地位，形成了以毛泽东同志为核心的中央领导集体，实现了全党在思想上、政治上、组织上的空前团结和

---

[1] 龚金星，王乐文，马跃峰，等.发扬延安精神和红旗渠精神，全面推进乡村振兴[N].人民日报，2022-10-30.

统一。

解放思想、实事求是的思想路线，是延安精神的精髓，贯穿于延安精神的各个方面。从1935年到1948年，作为中共中央领导革命和斗争的所在地，延安经历了抗日战争、大生产运动、整风运动、党的七大、解放战争等一系列影响和改变中国历史进程的重大事件，成为夺取全国胜利的出发点，在中华民族的历史上写下了辉煌灿烂的一页。

全心全意为人民服务是延安精神的本质。作为延安精神原生形态的"抗大精神""张思德精神""白求恩精神""五老精神""南泥湾精神"，都是人民情怀、群众至上的公仆精神。我们党正因为始终用延安精神这个"蔓子"扎根于人民群众之中，才能得到最广大人民群众的衷心认同和拥护。

自力更生、艰苦奋斗的精神，为中国梦铺垫了雄厚的底气。蛟龙下海、嫦娥奔月、复兴号驰骋万里……坚定不移走自主创新之路，让新时代中国不断攀登世界科技高峰。先进技术、关键技术求不到、买不来，要靠我们中国人自己创新。掌握核心技术、掌握知识产权，才有市场竞争力、才有国际话语权。①

案例二　苏联为什么会解体——警惕历史虚无主义

俄罗斯著名作家邦达列夫回忆苏联解体前那段时期时说道，"在6年（1985年戈尔巴乔夫执政后的6年）当中，报刊实现了欧洲装备最精良的军队在40年代用火与剑侵入我国时未能实现的目标。那支军队有第一流的技术设备，但缺少一样东西——这就是千万份带菌的出版物"。

苏联的解体与西方国家几十年如一日的意识形态渗透密不可分。当苏联人自己都不相信共产主义的时候，苏联就不存在了。当一个国家，一个民族思想出现不一致时，凝聚力就消失了。所谓意识形态工作，就是让全社会的思想保持一致，拧成一股绳。历史和意识形态永远是需要争夺的领域，舆论阵地你不争取，就要让给你的敌人。媒体的轰炸不会给民众任何独立思考的机会，当意识形态的号角被别有用心的人巧取豪夺，甚至被摧垮的时候，就是和平时期民族危亡的时候。

【案例分析】

当前一些人打着所谓"重评历史"的幌子，否定近现代中国革命历史、中国共产党历

---

① 罗旭，张哲浩，周晓菲．中国革命走向辉煌的力量之源［N］．光明日报，2021-08-03．

史和中华人民共和国历史，抹黑英雄，诋毁革命领袖，企图混淆视听、扰乱人心，从根本上否定马克思主义的指导地位和中国走向社会主义的历史必然性，否定中国共产党的领导。

我们不是历史虚无主义者，也不是文化虚无主义者，不能数典忘祖、妄自菲薄。祖国是人民最坚实的依靠，英雄是民族最闪亮的坐标。"天地英雄气，千秋尚凛然。"一个有希望的民族不能没有英雄，一个有前途的国家不能没有先锋。我们要对中华民族的英雄心怀崇敬，自觉传承好中华民族辉煌灿烂的历史文化。

案例三 我国高原医学事业的开拓者——吴天一

吴天一，男，塔吉克族，1935年6月25日出生，新疆维吾尔自治区喀什地区塔什库尔干塔吉克自治县人，高原医学事业的开拓者，中国工程院院士，中国医学科学院学部委员。青海民族大学"首席科学家""双聘院士""终身教授"。曾任青海省心脑血管病专科医院研究员、教授。吴天一长期在青藏高原从事高原医学研究工作。2021年6月29日，中共中央授予吴天一"七一勋章"。2022年3月3日，被评为"感动中国2021年度人物"。在青藏铁路建设期间，人们称赞吴天一是14万"天路大军"的"保护神"，藏族牧民亲切地称吴天一为"马背上的好曼巴（好医生）"。50多年来，这位塔吉克族学者正是凭借矫健的步伐走遍了世界屋脊的每一座山峦，以敏捷的思维一生致力于低氧生理和高原医学研究，填补世界高原医学研究的空白，构建起高原生存安全的科学体系。

【案例分析】

吴天一院士投身高原医学研究50余年，提出高原病防治的国际标准，开创"藏族适应生理学"研究，诊疗救治了藏族群众上万人。在青藏铁路建设期间，吴天一院士主持制订一系列高原病防治措施和急救方案，创造了铁路建设工人无一例因高原病致死的奇迹。如今80多岁的吴天一院士仍然坚守在青藏高原之上，守护着高原人民的健康。他用一生的事业真真切切地告诉了我们如何实现弘扬中国精神。我们每个人为祖国的奋斗、拼搏就是弘扬中国精神。中国精神，就应该是中国人身上都有的精神。对于当代大学生而言，一方面，做新时代的爱国者，是要坚持爱党与爱国、爱社会主义相统一，维护祖国统一和民族团结，尊重和传承中华民族历史和文化，立足民族又面向世界。归根结底，就是要把我们的爱国情，转化为强国志，落实为报国行。另一方面，投身改革创新实践。从自身专业出发，充分利用当今世界新一轮科技革命和产业变革同我国转变发展方式的历史性交汇期，立足于我国全面建设社会主义现代化国家的新征程,在全面深化改革的伟大实践中发扬改革创新精神,增强改革创新的意识,锤炼改革创新的意志,提高改革创新的能力,勇做改革创新的实践者和生力军。

四、拓展阅读

(一)《可爱的中国》

朋友!中国是生育我们的母亲。你们觉得这位母亲可爱吗?

我想你们是和我一样的见解,都觉得这位母亲是蛮可爱蛮可爱的。……咳!母亲!美丽的母亲,可爱的母亲,只因你受着人家的压榨和剥削,弄成贫穷已极;不但不能买一件新的好看的衣服,把你自己装饰起来;甚至不能买块香皂将你全身洗擦洗擦,以致现出怪难看的一种憔悴褴褛和污秽不洁的形容来!啊!我们的母亲太可怜了,一个天生的丽人,现在却变成叫化的婆子!站在欧洲、美洲各位华贵的太太面前,固然是深愧不如,就是站在那日本小姑娘面前,也自惭形秽得很呢!

听着!朋友!母亲躲到一边去哭泣了,哭得伤心得很呀!她似乎在骂着:"难道我四万万的孩子,都是白生了吗?难道他们真像着了魔的狮子,一天到晚的睡不醒吗?难道他们不知道自己伟大的团结力量,去与残害母亲、剥削母亲的敌人斗争吗?难道他们不想将母亲从敌人手里救出来,把母亲也装饰起来,成为世界上一个最出色、最美丽、最令人尊敬的母亲吗?"……

朋友,看呀!看呀!那名叫"帝国主义"的恶魔的面貌是多么难看呀!在中国许多神怪小说上,也寻不出一个妖精鬼怪的面貌,会有这些恶魔那样的狞恶可怕!满脸满身都是毛,好像他们并不是人,而是人类中会吃人的猩猩!他们的血口,张开起来,好似无底的深洞,几千几万几千万的人类,都会被它吞下去!他们的牙齿,尤其是那伸出口外的獠牙,十分锐利,发出可怕的白光!他们的手,不,不是手呀,而是僵硬硬的铁爪!那么难看的恶魔,那么狞狞可怕的恶魔!一,二,三,四,五,朋友,五个可怕的恶魔,正在包围着我们的母亲呀!朋友,看呀,看到了没有?……看!他们都拿出各种金的、铁的或橡皮的管子,套住在母亲身上被他们铁爪抓破流血的地方,都拼命吸起血液来了!母亲,你有多少血液,不要一下子就被他们吸干了吗?

嘎!那矮矮的恶魔,拿出一把屠刀来了!做什么?呸!恶魔!你敢割我们母亲的肉你想杀死她？咳哟！不好了！一刀！啪的一刀！好大胆的恶魔，居然向我们母亲的左肩上砍下去！母亲的左臂，连着耳朵到颈，直到胸膛，都被砍下来了！砍下了身体的那么一大块———五分之一的那么一大块！母亲的血在涌流出来，她不能哭出声来，她的嘴唇只是在那里一张一张的动，她的眼泪和血在竞着涌流！朋友们！兄弟们！救救母亲呀！母亲快要死去了！……兄弟们！无论如何不能与它干休！它砍下而且生吞下去母亲的那么一大块身体！母亲现在还像一个人吗，缺了五分之一的身体？美丽的母亲，变成一个血迹模糊肢体残缺的人了。兄弟们，无论如何，不能与它干休，大家冲上去，捉住那只恶魔，用铁拳痛痛地捶它，捶得它张开口来，吐出那块被生吞下去的母亲身体，才算，决不能让它在恶魔的肚子里消化了去，成了它的滋养料！我们一定要回来一个完整的母亲，绝对不能让她的肢体残缺呀！

——节选自方志敏. 可爱的中国［M］. 北京：人民文学出版社，2014.

（二）习近平在全国抗击新冠肺炎疫情表彰大会上的讲话

在这场同严重疫情的殊死较量中，中国人民和中华民族以敢于斗争、敢于胜利的大无畏气概，铸就了生命至上、举国同心、舍生忘死、尊重科学、命运与共的伟大抗疫精神。

——生命至上，集中体现了中国人民深厚的仁爱传统和中国共产党人以人民为中心的价值追求。"爱人利物之谓仁。"疫情无情人有情。人的生命是最宝贵的，生命只有一次，失去不会再来。在保护人民生命安全面前，我们必须不惜一切代价，我们也能够做到不惜一切代价，因为中国共产党的根本宗旨是全心全意为人民服务，我们的国家是人民当家作主的社会主义国家。我们果断关闭离汉离鄂通道，实施史无前例的严格管控。作出这一决策，需要巨大的政治勇气，需要果敢的历史担当。为了保护人民生命安全，我们什么都可以豁得出来！从出生仅30多个小时的婴儿到100多岁的老人，从在华外国留学生到来华外国人员，每一个生命都得到全力护佑，人的生命、人的价值、人的尊严得到悉心呵护。这是中国共产党执政为民理念的最好诠释！这是中华文明人命关天的道德观念的最好体现！这也是中国人民敬仰生命的人文精神的最好印证！

——举国同心，集中体现了中国人民万众一心、同甘共苦的团结伟力。面对生死考验，面对长时间隔离带来的巨大身心压力，广大人民群众生死较量不畏惧、千难万险不退缩，或向险而行，或默默坚守，以各种方式为疫情防控操心出力。长城内外、大江南北，全国人民心往一处想、劲往一处使，把个人冷暖、集体荣辱、国家安危融为一体，"天使白""橄榄绿""守护蓝""志愿红"迅速集结，"我是党员我先上""疫情不退我不退"，誓言铿锵,丹心闪耀。14亿中国人民同呼吸、共命运,肩并肩、心连心,绘就了团结就是力量的时代画卷!

——舍生忘死,集中体现了中国人民敢于压倒一切困难而不被任何困难所压倒的顽强意志。危急时刻,又见遍地英雄。各条战线的抗疫勇士临危不惧、视死如归,困难面前豁得出、关键时刻冲得上,以生命赴使命,用大爱护众生。他们中间,有把生的希望留给他人而自己错过救治的医院院长,有永远无法向妻子兑现婚礼承诺的丈夫,也有牺牲在救治岗位留下幼小孩子的妈妈……面对疫情,中国人民没有被吓倒,而是用明知山有虎、偏向虎山行的壮举,书写下可歌可泣、荡气回肠的壮丽篇章!中华民族能够经历无数灾厄仍不断发展壮大,从来都不是因为有救世主,而是因为在大灾大难前有千千万万个普通人挺身而出、慷慨前行!

——尊重科学,集中体现了中国人民求真务实、开拓创新的实践品格。面对前所未知的新型传染性疾病,我们秉持科学精神、科学态度,把遵循科学规律贯穿到决策指挥、病患治疗、技术攻关、社会治理各方面全过程。在没有特效药的情况下,实行中西医结合,先后推出八版全国新冠肺炎诊疗方案,筛选出"三药三方"等临床有效的中药西药和治疗办法,被多个国家借鉴和使用。无论是抢建方舱医院,还是多条技术路线研发疫苗;无论是开展大规模核酸检测、大数据追踪溯源和健康码识别,还是分区分级差异化防控、有序推进复工复产,都是对科学精神的尊崇和弘扬,都为战胜疫情提供了强大科技支撑!

——命运与共,集中体现了中国人民和衷共济、爱好和平的道义担当。大道不孤,大爱无疆。我们秉承"天下一家"的理念,不仅对中国人民生命安全和身体健康负责,也对全球公共卫生事业尽责。我们发起了新中国成立以来援助时间最集中、涉及范围最广的紧急人道主义行动,为全球疫情防控注入源源不断的动力,充分展示了讲信义、重情义、扬正义、守道义的大国形象,生动诠释了为世界谋大同、推动构建人类命运共同体的大国担当!

人无精神则不立,国无精神则不强。唯有精神上站得住、站得稳,一个民族才能在历史洪流中屹立不倒、挺立潮头。同困难作斗争,是物质的角力,也是精神的对垒。伟大抗疫精神,同中华民族长期形成的特质禀赋和文化基因一脉相承,是爱国主义、集体主义、社会主义精神的传承和发展,是中国精神的生动诠释,丰富了民族精神和时代精神的内涵。我们要在全社会大力弘扬伟大抗疫精神,使之转化为全面建设社会主义现代化国家、实现中华民族伟大复兴的强大力量。

——节选自习近平在全国抗击新冠肺炎疫情表彰大会上的讲话[J].求是,2020(20).

（三）中国共产党人精神谱系的核心要义

中国共产党弘扬伟大建党精神，在长期奋斗中构建起中国共产党人的精神谱系，锤炼出鲜明的政治品格。中国共产党人的精神谱系是中国共产党百年奋斗的思想精华与精神风貌，反映了中国共产党的性质宗旨、初心使命、主题主线、主流本质。中国共产党人精神谱系的核心要义是中国共产党人精神谱系的根本与灵魂，贯穿于中国共产党百年奋斗历程之中。习近平总书记指出："无论过去、现在还是将来，对马克思主义的信仰，对中国特色社会主义的信念，对实现中华民族伟大复兴中国梦的信心，都是指引和支撑中国人民站起来、富起来、强起来的强大精神力量。"对马克思主义的信仰、对中国特色社会主义的信念、对实现中华民族伟大复兴的信心是中国共产党战胜国内外敌人、克服各种艰难险阻、推进伟大工程和伟大事业的精神动力，也是中国共产党人精神谱系的核心要义。

中国共产党人是马克思主义的坚定信仰者。中国共产党人精神谱系的根与本、源与泉来自对马克思主义的信仰。立根固本就是坚定对马克思主义的信仰，对共产主义和社会主义的信念，对党和人民的忠诚。从党成立之日起，共产党人对马克思主义信仰明确昭示、努力践行、终生不渝。毛泽东同志曾提到，他读了《共产党宣言》等三本书之后，就树立起对马克思主义的信仰，之后再也没有动摇。邓小平同志说过，"我是个马克思主义者。我一直遵循马克思主义的基本原则。"马克思主义是中国共产党领导人民救国救民的精神向导，是指引中国革命、建设、改革事业的行动指南。历史一再证明，马克思主义是我们党和人民事业不断发展的参天大树之根本，是我们党和人民不断奋进的万里长河之泉源。背离或放弃马克思主义，我们党就会失去灵魂、迷失方向、精神迷茫，中国的历史命运就会改写。

马克思主义信仰是中国共产党人精神谱系的政治灵魂。中国共产党是用马克思主义武装起来的政党，马克思主义是中国共产党人理想信念的灵魂。中国共产党人精神谱系在革命、建设、改革等不同历史时期具有不同的内容，蕴含其中始终不变的是马克思主义信仰。从李大钊发出"人生最高之理想，在求达于真理"的呼声开始，中国共产党以伟大建党精神奠定信仰之基、开辟信仰之源。从井冈山上走出中国革命新道路到遵义会议独立自主解决中国革命新问题，从延安整风改造我们的学习到西柏坡党的七届二中全会谋划新中国美好蓝图，从改变中国一穷二白落后面貌到建立社会主义基本制度，从开启改革开放伟大征程到中国特色社会主义进入新时代，中国共产党人始终坚守马克思主义信仰，铸就了井冈山精神、长征精神、延安精神、红岩精神、西柏坡精神、雷锋精神、大庆精神、改革开放精神、脱贫攻坚精神等一系列伟大精神。理想指引前进方向,信念决定事业成败,无论是风雨如晦的革命年代还是筚路蓝缕的和平时期,中国共产党能够历经挫折而不断奋起、历尽苦难而淬火成钢,归根到底在于千千万万中国共产党人心中的远大理想和革命信念始终坚定执着,始终闪耀着火热的光芒。

高举当代中国马克思主义、21世纪马克思主义伟大旗帜。中国共产党之所以能够完成近代以来各种政治力量不可能完成的艰巨任务,就在于始终把马克思主义这一科学理论作为自己的行动指南,并坚持在实践中不断丰富和发展马克思主义。坚定马克思主义信仰、坚持马克思主义基本原理不动摇,就要不断推进马克思主义中国化时代化,在新时代就要高举当代中国马克思主义、21世纪马克思主义伟大旗帜不动摇。习近平总书记指出:"从《共产党宣言》发表到今天,170年过去了,人类社会发生了翻天覆地的变化,但马克思主义所阐述的一般原理整个来说仍然是完全正确的。"面向第二个百年奋斗目标和中华民族伟大复兴的神圣事业,全党要振奋精神、接续奋斗,深刻认识"两个确立"的决定性意义,自觉做习近平新时代中国特色社会主义思想的坚定信仰者和忠实实践者。

——节选自王树荫. 中国共产党人精神谱系的核心要义 [J]. 思想政治工作研究,2022 (7).

五、习题练习

1.(单选)中国特色社会主义进入新时代。为了大力弘扬爱国主义精神,中共中央、国务院印发了《新时代爱国主义教育实施纲要》,明确规定新时代爱国主义教育的着力点是(   )。

  A. 坚持维护祖国统一和民族团结 B. 坚持依法治国和以德治国相结合
  C. 坚持实现中华民族伟大复兴的中国梦 D. 坚持立足中国又面向世界

【答案】 A

2.(单选)习近平在纪念五四运动100周年大会上的讲话中指出:"爱国主义是我们民族精神的核心,是中华民族团结奋斗、自强不息的精神纽带。"对每一个中国人来说,爱国是本分,也是职责,是心之所系、情之所归。对新时代中国青年来说,热爱祖国是立身之本、成才之基。当代中国爱国主义的本质就是(   )。

  A. 坚持爱国与爱党、爱社会主义高度统一

  B. 维护社会和谐和民族平等的统一

  C. 对民族和文化的归属感、认同感的统一

D. 坚持立足民族和面向世界的统一

【答案】A

3.（单选）中共中央、国务院印发的《新时代爱国主义教育实施纲要》指出，爱国主义是中华民族的民族心、民族魂，是中华民族最重要的精神财富，是中国人民和中华民族维护民族青少年进行爱国主义教育的主阵地是（　　）。

A. 手机和互联网　　　　　　B. 精品读物

C. 思想政治理论课　　　　　D. 传统节日纪念活动

【答案】C

4.（单选）党的十八大以来，为了更好地适应我国国家安全面临的新形势新任务实现国家长治久安，我们党明确提出了总体国家安全观。总体国家安全观的宗旨是（　　）。

A. 政治安全　　B. 经济安全　　C. 人民安全　　D. 军事、文化、社会安全

【答案】C

5.（单选）解决台湾问题、实现祖国完全统一，是全体中华儿女共同愿望，是中华民族根本利益所在。党的十八大以来，在以习近平同志为核心的党中央坚强领导下，在两岸同胞共同努力下，两岸关系取得重要积极成果。两岸关系和平发展的政治基础是（　　）。

A. 坚持"九二共识"，反对"台独"

B. 相互尊重，求同存异

C. 增强两岸同胞的民族认同、文化认同、国家认同

D. 深化两岸利益融合，共创两岸互利双赢，增进两岸同胞福祉

【答案】A

6.（单选）爱国主义在不同的历史和文化背景下有着不同的内涵和特点。在新民主主义革命时期，爱国主义主要表现为致力于推翻帝国主义、封建主义和官僚资本主义的反动统治，把黑暗的旧中国改造成光明的新中国。在现阶段，爱国主义主要表现为心系国家的前途和命运，献身于社会主义现代化事业，献身于祖国统一大业。这表明（　　）。

A. 爱国主义是客观的、具体的　　　B. 爱国主义是历史的、具体的

C. 爱国主义是客观的、抽象的　　　D. 爱国主义是主观的、现实的

【答案】B

7.（单选）习近平在欧美同学会成立100周年庆祝大会上的讲话中说："希望广大留学人员继承和发扬留学报国的光荣传统，做爱国主义的坚守者和传播者，秉持'先天下之忧而忧，后天下之乐而乐'的人生理想，始终把国家富强、民族振兴、人民幸福作为努力志

向，自觉使个人成功的果实结在爱国主义这棵常青树上。"个人成功的果实之所以应该结在爱国主义这棵常青树上，是因为爱国主义是（　　）。

A. 个人实现人生价值的力量源泉　　C. 个人成功的根本保障

B. 个人实现人生价值的直接条件　　D. 个人成功的决定性因素

【答案】A

8.（多选）中华民族的爱国主义优良传统源远流长，内涵极为丰富。下列诗句中反映爱国主义优良传统的有（　　）。

A. 四万万人齐下泪，天涯何处是神州　C. 位卑未敢忘忧国，事定犹须待阖棺

B. 寄意寒星荃不察，我以我血荐轩辕　D. 苟利国家生死以，岂因祸福避趋之

【答案】ABCD

9.（多选）党的十八届五中全会提出"创新、协调、绿色、开放、共享"的新发展理念，把创新作为引领发展的第一动力。在这一新发展理念的指导下，2016年党中央和国务院颁布了《国家创新驱动发展战略纲要》。把创新作为引领发展的第一动力是（　　）。

A. 分析世界发展历程和总结我国改革开放实践得出的结论

B. 构建和谐世界的内在要求

C. 引领经济发展新常态的根本之策

D. 提高核心竞争力的必然选择

【答案】ACD

专题六　坚定社会主义核心价值观自信

一、学习目的

本专题旨在引导和帮助大学生了解社会主义核心价值观的形成过程及其与坚持社会主义核心价值体系的紧密联系；引导和帮助大学生科学掌握社会主义核心价值观的基本内容和重大意义；引导和帮助大学生深刻认识坚定社会主义核心价值观自信的科学依据，自觉坚定价值观自信。

通过本专题教学使得学生正确认识青年的价值取向，既关系着自己的健康成长成才，又决定着未来整个社会的价值取向，引导大学生始终走在时代前列，扣好人生的第一粒扣子，做到"勤学、修德、明辨、笃实"，做到"爱国、立志、求真、力行"，成为社会主义核心价值观的坚定信仰者、积极传播者、模范践行者。

二、重难点解析

（一）为什么说社会主义核心价值观是全体人民共同的价值追求

社会主义核心价值观之所以能够成为全体人民共同的价值追求，这与核心价值观的社会作用密不可分。"如果一个民族、一个国家没有共同的核心价值观，莫衷一是，行无依归，那这个民族、这个国家就无法前进。"[1]核心价值观是一定社会形态、社会性质的集中体现，在一个社会的思想观念体系中处于主导地位，体现着社会制度的阶级属性、社会运行的基本原则和社会发展的基本方向。有学者认为，在社会主义条件下，社会主义核心价

---

[1] 习近平谈治国理政［M］.北京：外文出版社，2014：168.

值观具有重要的国家治理意义，是凝聚社会共识的价值表达。[①]对于社会主义制度下的中国，对于我们这样一个具有悠久历史传统的多民族国家来说，寻求和确立全体人民共同的价值追求，事关国家前途命运，事关人民幸福安康。基于这样的前提下，社会主义核心价值观的酝酿和正式提出以及所属基本内容的框定，表征了中国特色社会主义的发展方向，凝结了中华优秀传统文化的精神特质，承接了人类社会文明进步的历史潮流，是中国共产党凝聚全党全社会价值共识作出的重要论断。

一方面，社会主义核心价值观承载了中国人民对未来生活、未来社会的美好愿景，凝结为国家层面的价值理想。

建设一个富强、民主、文明、和谐的社会主义现代化国家是近代以来中国人民苦苦探寻和孜孜以求的方向，反映了全体中国人民和中华民族的价值理想，凝结为中国梦的价值表达。可以说，富强、民主、文明、和谐就是中国梦的价值目标。"中国梦意味着中国人民和中华民族的价值体认和价值追求，意味着全面建成小康社会、实现中华民族伟大复兴，意味着每一个人都能在为中国梦的奋斗中实现自己的梦想，意味着中华民族团结奋斗的最大公约数，意味着中华民族为人类和平与发展作出更大贡献的真诚意愿。"[②]中国梦，把国家的远大目标、民族的集体向往、人民的深情期盼融为一体，体现了中华民族和中国人民的整体利益，表达了中华儿女的共同心愿，具有很强的利益包容性、价值包容性、愿景包容性。中国梦展现了中华民族深厚而浓烈的家国情怀，其最大的特点就是把国家前进的方向、民族发展的前途同每个家庭、每个社会成员的美好期待紧密相连、相互贯通。因此，中国梦一经提出后，就很快得到海内外中华儿女的积极响应，成为当代中国发展进步的最大公约数，吹响了全体中国人民和中华民族团结奋进的时代号角。

另一方面，社会主义核心价值观是社会系统得以正常运行和发展、社会秩序得以有效整合和维系的内在要求。

在现代社会价值排序和选择的过程中，由于可供分配的各种社会资源的相对稀缺性和人们思想觉悟道德水准的相对有限性，公正成为制约其他价值顺利实现的前提性、必要性条件。"只有当一个社会是公正的时候，其他的价值才有可能得到充分的实现。因此一个公正的架构是其他价值实现的必要条件，如果没有这个公正架构……其他的人生价值也很

---

① 宋友文.社会主义核心价值观凝聚社会共识的价值表达及其实现[J].社会主义核心价值观研究，2022，8（1）：35-44.
② 习近平谈治国理政[M].北京：外文出版社，2014：161.

难有实现的机会。"[1]在价值多元化、个体化的现代社会,公正被视为诸多价值中具有优先性的价值,是社会顺利有序发展的规范性共识的集中体现。具体来说,作为当前社会主义初级阶段的价值选择的社会主义核心价值观,就不能不考虑诸多价值要素的优先性问题,这样才能更加凝聚社会发展的最大共识,才能更具有现实性和针对性。公正作为一种基本的制度架构和制度安排,对促进社会和谐发展具有深远和持久影响,对建设一个什么样的、值得追求的国家具有正当性、合法性的证成意义,同时对引导规范人们的社会关系和思想行为具有基础性的价值构成性意义。

(二)社会主义核心价值观与社会主义核心价值体系是什么关系

新中国的建立,确立了以社会主义基本政治制度、基本经济制度,确立了以马克思主义为指导思想的社会主义意识形态,为社会主义核心价值体系建设奠定了政治前提、物质基础和文化条件。改革开放以来,我国社会主义意识形态建设不断进行新的探索,提出了从建设社会主义核心价值体系到以"三个倡导"为内容,积极培育和践行社会主义核心价值观的重要论断和战略任务。

2006年10月,党的十六届六中全会提出,建设社会主义核心价值体系,形成全民族奋发向上的精神力量和团结和睦的精神纽带。

2007年10月,党的十七大提出,建设社会主义核心价值体系,增强社会主义意识形态的吸引力和凝聚力。

2010年10月,党的十七届六中全会提出,社会主义核心价值体系是兴国之魂。提炼和概括出简明扼要、便于传播践行的社会主义核心价值观,对于建设社会主义核心价值体系具有重要意义。

2012年10月,党的十八大提出,坚持社会主义核心价值体系,积极培育和践行社会主义核心价值观,并提出"三个倡导"。

2013年12月,中共中央办公厅印发《关于培育和践行社会主义核心价值观的意见》,明确提出,以"三个倡导"为基本内容的社会主义核心价值观,与中国特色社会主义发展要求相契合,与中华优秀传统文化和人类文明优秀成果相承接,是我们党凝聚全党全社会价值共识作出的重要论断。

2017年10月18日,习近平同志在十九大报告中指出,要培育和践行社会主义核心价

---

[1] 石元康. 当代西方自由主义理论[M]. 上海:三联书店出版社,2004:214.

值观。要以培养担当民族复兴大任的时代新人为着眼点,强化教育引导、实践养成、制度保障,发挥社会主义核心价值观对国民教育、精神文明创建、精神文化产品创作生产传播的引领作用,把社会主义核心价值观融入社会发展各方面,转化为人们的情感认同和行为习惯。

2018年3月,十三届全国人大一次会议通过宪法修正案,把国家倡导社会主义核心价值观正式写入宪法,进一步凸显了社会主义核心价值观的重大意义。

从中不难发现,社会主义核心价值观的提出与社会主义核心价值体系有着密切的关系。社会主义核心价值观是社会主义核心价值体系的精神内核,体现了社会主义核心价值体系的根本性质和基本特征,反映了社会主义核心价值体系的丰富内涵和实践要求,是社会主义核心价值体系的高度提炼和集中表达,二者都体现了社会主义制度的价值属性,代表了人民的共同价值追求,为建成中国特色社会主义现代化强国、实现中华民族伟大复兴的中国梦提供了价值引领。社会主义核心价值体系以其系统性、完备性、整体性,为培育社会主义核心价值观发挥基础性作用,社会主义核心价值观以其鲜明性、概括性、导向性,对推动社会主义核心价值体系建设具有导向作用。

(三)如何理解社会主义核心价值观的先进性

1. 社会主义核心价值观体现了社会主义的本质属性

社会主义核心价值观遵循着人类历史发展的轨迹。作为社会意识的价值观念是社会存在的反映。在阶级社会中,核心价值观体现的是这个社会占统治地位阶级的根本利益。奴隶社会的核心价值观体现奴隶主阶级的根本利益,封建社会的核心价值观体现封建地主阶级的根本利益,资本主义社会的核心价值观体现资产阶级的根本利益。科学社会主义,既是对社会主义运动规律的科学把握,又是基于历史必然性的价值诉求;既吸收人类社会共同向往的价值观,又前无古人地站在最大多数人民的价值立场上,提出自己的价值目标和价值追求。回顾社会主义500年来的风雨历程,既有高歌猛进又有坎坷曲折,但科学社会主义始终代表着人类社会的前进方向,不断推动着伟大的社会革命和社会变革。社会主义作为人类社会迄今为止最先进的社会制度,其价值观同社会主义经济基础和上层建筑相适应,充分彰显了社会主义社会的本质要求。中国坚持并发展社会主义制度,从一穷二白到世界第二大经济体,从濒临"被开除球籍的危险"到"日益走近世界舞台的中央",从"8亿人吃不饱"到"14亿人吃不完",彰显着社会主义制度的优势。

社会主义核心价值观生成于中国特色社会主义建设实践,同当今中国最鲜明的时代主题相适应,是中国特色社会主义本质规定的价值表达。新时代中国特色社会主义所取得的开创性成就,使科学社会主义在21世纪的中国焕发出强大的生机和活力,彰显了社会主义制度的独特创造力和强大生命力。社会主义核心价值观清晰地展现了社会主义的基本特征和根本追求,渗透于经济、政治、文化、社会、生态文明建设的各个方面,是我国社会主义制度的内在精神之魂。

2. 社会主义核心价值观扎根中华优秀传统文化土壤

任何一种价值观都不可能凭空产生,总是有其特定的历史底色和精神脉络。中华民族在几千年的历史发展中积淀了博大精深的文化传统,形成了富有特色的思想体系,体现了中国人的知识智慧和理性思辨。这是我们国家和民族的精神血脉和独特优势,是社会主义先进文化的本源,也是培植中国特色社会主义的沃土,它同社会主义核心价值观一脉相承,是社会主义核心价值观的固有之本,具有涵养社会主义核心价值观的特殊功能和重要作用。中华优秀传统文化是社会主义核心价值观历史底蕴的集中体现,是涵养社会主义核心价值观的重要源泉。在世界几大古代文明中,中华文明之所以能够没有中断并延续发展至今,一个重要原因就是中华民族有一脉相承的精神追求、精神特质、精神脉络。

3. 社会主义核心价值观吸纳了世界文明有益成果

社会主义核心价值观在吸收人类优秀价值理念的基础上,以中国经验、中国实践为民主、自由、平等、公正、法治等价值理念赋予社会主义性质,代表了人类社会前进的方向和价值理念。社会主义核心价值观表征了我国社会主义先进文化与世界各民族文化的交融互鉴,不仅涵盖了适合我国国情、民情的价值观念,同时也囊括了为人类社会所共同认可的价值观念。

(四)如何理解社会主义核心价值观的根本特性——人民性[①]

社会主义核心价值观的先进性、人民性和真实性是其显著特征所在,充分体现了社会主义核心价值观的道义力量,是区别于其他社会性质的核心价值观的独特优势。其中,人民性是社会主义核心价值观的根本特性。

社会主义核心价值观的人民性,从根本上说,是由社会主义国家的指导思想——马克思主义所决定的。马克思主义最鲜明的特征是其阶级性和人民性的统一。迥异于以往的剥削阶级理论竭力遮掩其阶级本性,马克思主义旗帜鲜明地向全社会公开表明其阶级性,"哲

---

① 姚红艳. 人民性:社会主义核心价值观的本质特征[J]. 道德与文明, 2012 (6): 99-102.

学把无产阶级当作自己的物质武器,同样,无产阶级也把哲学当作自己的精神武器"[1],强调其为全世界无产阶级和广大人民群众服务的根本宗旨,"过去的一切运动都是少数人的或者为少数人谋利益的运动,无产阶级的运动是绝大多数人的、为绝大多数人谋利益的独立的运动"[2]。鲜明的阶级性和人民性使马克思主义成为全世界无产阶级和广大人民群众寻求自身解放的强大思想武器。

社会主义核心价值观的人民性也是由社会主义核心价值观的性质——社会主义所规定的。"社会主义"是对"核心价值观"的限定,它凸显了社会主义核心价值观的根本性质。"社会主义"内在地规定了社会主义核心价值观的人民性:社会主义和人民性具有高度的契合性,社会主义是人民性的必要前提和深厚基础,人民性是社会主义的本质属性和根本标识,两者紧密相连,须臾不可分离。离开了人民性的所谓社会主义,必将是冒牌的社会主义;离开了社会主义的所谓人民性,也必将是虚假的人民性。社会主义社会的本质无论是共同富裕还是全面发展,抑或是社会和谐,其根本价值取向都是人民,都是为了不断增进人民的福祉和促进人的全面发展。

社会主义核心价值观坚持人民历史主体地位,代表最广大人民的根本利益,反映最广大人民的价值诉求,引导最广大人民为实现美好社会理想而奋斗。中国共产党为人民而生,因人民而兴。人民是我们党执政的最深厚基础和最大底气。人民性是社会主义核心价值观的根本特性,人民立场是社会主义核心价值观的根本立场。

在社会主义中国,"以人民为中心的发展思想,不是一个抽象的、玄奥的概念,不能只停留在口头上、止步于思想环节,而要体现在经济社会发展各个环节"。在经济建设上,推进高质量发展,朝着全体人民共同富裕的方向稳步迈进;在政治建设上,强调人民当家作主,体现人民意志,维护人民合法权益;在文化建设上,坚持人民是文化事业的主体,满足人民的精神文化生活需要;在社会发展上,不断保障和改善民生,促进社会公平正义;在生态文明建设上,强调人与自然和谐相处,满足人民对优美生态环境的需要。

特别是在2020年中国抗击新冠肺炎疫情斗争中,人民至上、生命至上成为最醒目的价值导向,深刻彰显了我国社会主义核心价值观的人民性。习近平深刻指出,什么叫人民至上?这么多人围着一个病人转,这真正体现了不惜一切代价。在保护人民生命安全面前,

---

[1] 中共中央马克思恩格斯列宁斯大林著作编译局. 马克思恩格斯选集:第1卷[M]. 北京:人民出版社,1995:15.

[2] 马克思,恩格斯. 共产党宣言[M]. 北京:人民出版社,1997:38-39.

我们必须不惜一切代价，我们也能够做到不惜一切代价，因为中国共产党的根本宗旨是全心全意为人民服务，我们的国家是人民当家作主的社会主义国家。鲜明的人民性，使得社会主义核心价值观具有强大的感召力。

（五）如何理解社会主义核心价值观的真实性[①]

一种价值观念要想真正赢得人们的信任与信赖，就不能只停留在美好的许诺和空洞的口号上，而是必须能够逐步兑现，转化为人们的真实感受。在人类社会的历史进程中，曾经出现过不少悦耳动听的价值理念，然而真正能够实现的却寥寥无几。社会主义核心价值观与以往价值观的一个重要区别在于其价值目标的真实性。从社会层面的"平等"角度看，我国所要追求的平等在本质上具有真实性，是因为它建立在社会主义公有制的基础之上。真实性是相对于非真实性即形式性而言的。资本主义社会总是标榜自己所确立和追求的平等，但是其平等是形式上的而不是真实的，我国所追求的平等是建立在社会主义公有制的基础之上。社会主义公有制的实质和核心就是全体社会成员或者部分社会成员共同占有生产资料，实现人们在生产资料面前的平等。这就避免了一部分人通过占有生产资料而对其他人的劳动和劳动成果进行剥削。在此基础上，我国形成了人民民主专政的国体，建立人民代表大会制度作为政体，这些都保证了人民当家作主的地位，保证了我国所追求平等的真实性。[②]

"每个国家的政治制度都是独特的，都是由这个国家的人民决定的，都是在这个国家历史传承、文化传统、经济社会发展的基础上长期发展、渐进改进、内生性演化的结果。"[③]我国人民如何行使国家权力？我们不仅有选举民主，还有协商民主、基层民主，保证人民依法实行民主选举、民主决策、民主管理、民主监督。西方民主政治制度"一人一票"注重形式，中国特色社会主义民主更注重内容和结果，如果人民只是在投票时被唤醒，投票后就进入休眠期，那就是在搞"民主秀"，民主就成了装饰品，就成了摆设。有比较才有鉴别。我国人民民主有效防止了西方民主选举时漫天许诺、选举后无人过问的现象，既保证了人民进行民主选举的权利，也保障了人民在民主协商、决策、管理、监督等方面的权利，是全过程的民主。社会主义核心价值观就是因真实可信，而具有强大的道义力量。

随着社会思想多元多样多变，价值观领域也面临来自多方面的挑战，特别是面临日益

[①] 苏森森，王未强. 坚定社会主义核心价值观自信的三重根据[J]. 思想理论教育导刊，2019（8）：72-76.
[②] 王昱清. 社会主义核心价值观中的平等论析[J]. 思想政治教育研究，2018，34（6）：44-49.
[③] 习近平. 在庆祝全国人民代表大会成立六十周年大会上的讲话[N]. 人民日报，2019-09-16.

严峻的西方价值观渗透。只有充分认识到资本主义核心价值观的阶级性和虚伪性，才能避免因为迷信盲从落入"普世价值"的陷阱。"普世价值"就是一种极具迷惑性、欺骗性并且带有鲜明政治倾向的价值观。我们需要对此廓清思想迷雾，认清其实质和危害。

　　西方"普世价值"与资本主义相伴相生，资本主义的生产力发展、生产关系特点决定了"普世价值"的全部内涵与内在属性。西方资产阶级从抽象的人性论出发，将由他们诠释的、代表其意志的西方文化鼓吹为"从全人类共同的利益出发，只要出于良知与理性，为所有或几乎所有人认同的价值"，也即所谓的"普世价值"。在此基础上，他们还宣扬这样一种逻辑：现代化道路只有一条，现代国家的架构只有一种，正确的价值观也只有一个，全盘西化即实行西方的制度体系、价值标准与发展方式才是人类唯一的前途和出路。[①]但实际上，这一价值在理论上和实践上都具有虚伪性。首先，在理论上，"普世价值"听上去既抽象又玄妙。那什么是"普世价值"呢？概括起来即普遍适用、永恒存在的价值，认为这种价值打破了所有民族、种族、阶级、国家的界限，超越了一切文明、宗教、信仰的差异，并且不会因时代的变迁、社会形态的更替而有任何的改变。事实上，西方国家所谓的"普世价值"并非指人类道德评价、审美评价的普遍性或共性，而是特指资本主义价值观，推行的并不是人类共同的价值观，而是特定的价值观及其背后的经济政治文化制度。资本主义价值观是在资本主义生产方式基础上形成的，从根本上说，是为资产阶级利益服务的。把自己的利益说成是全体社会成员的共同利益，把自己的价值观以全人类的共同价值观装饰起来，其目的就是为了维护和攫取与之相关的最大利益。不难看出，西方所谓的"普世价值"从抽象的"人性论"出发，将人看作无差别的价值符号。事实上根本不存在抽象的人性，也没有放之四海而皆准的价值观及其相应的制度。其次，在实践上，西方"普世价值"如果仅限于认知层面，也可视为人类文明多样性的一种正常现象。然而，问题的关键在于西方不仅宣扬这种所谓的"普世价值"，而且还致力于将其推而广之，动辄对那些不听命、不顺从的国家挥舞价值观念的大棒进行打压，从而令其"普世价值"具有强烈的对外扩张性。它受到宗教热情以及资产阶级利益需要的双重驱动，西方资本主义的发展成就为佐证其普适性提供了实践证据。[②]西方所谓的"普世价值"，在他们自己的世界里都未能真正"普适"。种族歧视、劳资对立、金钱政治、贫富分化、社会撕裂、人权无保障等问题，在一些西方国家长期存在且愈演愈烈，与之形成鲜明对照。

---

① 陈积敏. 西方"普世价值"的逻辑与困境［J］. 和平与发展，2021（2）：51.
② 陈积敏. 西方"普世价值"的逻辑与困境［J］. 和平与发展，2021（2）：55.

当然，反对西方所谓的"普世价值"，并不是说人类社会不存在共同价值。人类生活在同一个地球村里，越来越成为你中有我、我中有你的命运共同体，客观存在共同利益，必然要求共同价值。我们所主张的共同价值，是要倡导求同存异，和而不同，充分尊重文明的多样性，尊重各国自主选择社会制度和发展道路的权利。这与唯我独尊、强施于人、旨在推行资本主义政治理念和制度模式的所谓"普世价值"根本不同。

因此，当今世界，要说哪个政党、哪个国家、哪个民族能够自信的话，那中国共产党、中华人民共和国、中华民族是最有理由自信的。社会主义核心价值观的先进性、人民性和真实性使其具有更高的道义力量，充分彰显社会主义核心价值观的优越性及其在中华民族实现自己梦想的奋斗中所具有的重大意义。坚定价值观自信，要求自觉以社会主义核心价值观为引领，运用马克思主义客观辩证地分析各种错误价值观的实质，不断增强社会凝聚力和价值共识。

（六）大学生应该如何培育和践行社会主义核心价值观[①][②]

青年是引风气之先的社会力量。青年的价值取向，关系着自身的健康成长成才，决定着未来整个社会的价值取向。在全社会培育和弘扬社会主义核心价值观，需要大学生始终走在时代前列，成为培育和践行社会主义核心价值观最积极、最活跃的青年先进代表。践行社会主义核心价值观的理想模式为"知—行—信"，即由内化于心到外化于行，再到自我超越的升华。

1. 扣好人生的扣子先要"知"定位

要扣好人生的扣子，首先要找到"扣扣子的正确位置"，即正确认识社会主义核心价值观，达到"知"。社会主义核心价值观只有为广大人民群众所接受和认同，才有可能外化为公民个人的良好品行。

大学时期是价值观养成的关键阶段。青年的未来与国家的未来同频同向，青年一代的理想、本领和担当勾勒出国家的形象和力量。正因为未来掌握在青年手中，青年的价值观是什么样，决定着未来整个社会的价值观就是什么样。当代大学生要意识到自身肩负的历史使命，自觉加强价值观养成，树立正确的价值取向。

大学生的成长成才和全面发展，离不开正确价值观的引领。当今世界和当代中国都处

---

① 刘志山，黄杉. 微观视域下社会主义核心价值观的践行逻辑［J］. 社会主义核心价值观研究，2021,7（5）：18-26.
② 习近平. 青年要自觉践行社会主义核心价值观［N］. 人民日报，2014-05-05.

于大变革之中。这种变革反映到人们的思想观念中，自然会产生多种多样的思想理论和价值理念。面对世界范围内各种思想文化交流交融交锋的新形势，面对整个社会思想价值观念呈现多元多样、复杂多变的新特点，大学生健康成长成才更加需要正确价值观的引领。正确的价值观能够引导大学生把人生价值追求融入国家和民族事业，始终站在人民大众立场，同人民一道拼搏、同祖国一道前进，服务人民、奉献社会，努力成为中国特色社会主义事业的合格建设者和可靠接班人。

2. "行"把社会主义核心价值观落细落小落实

"行"是在"知"的基础上行，是对"知"境界的提升，也是践行社会主义核心价值观的第一要义。

"一种价值观要真正发挥作用，必须融入社会生活，让人们在实践中感知它、领悟它。"这就要求在培育和弘扬的过程中，做好落细、落小、落实的功夫。对于大学生而言，就是要切实做到勤学、修德、明辨、笃实，使社会主义核心价值观成为一言一行的基本遵循。

勤学。下得苦功夫，求得真学问。知识是树立社会主义核心价值观的重要基础。大学生正处于学习的黄金时期，要把学习作为一种精神追求、一种生活方式，以韦编三绝、悬梁刺股的毅力，以凿壁借光、囊萤映雪的劲头，努力扩大知识半径，既读有字之书，也读无字之书，砥砺道德品质，掌握真才实学，练就过硬本领。要努力掌握马克思主义理论，形成正确的世界观和科学的方法论，深化对社会主义核心价值观的认知认同。大学生要注重把所学知识内化于心，形成自己的见解，既有专攻，又要博览，努力掌握为祖国、为人民服务的真才实学，让勤于学习、敏于求知成为青春远航的动力。

修德。加强道德修养，注重道德实践。"德者，本也。"蔡元培曾经说过："若无德，则虽体魄智力发达，适足助其为恶。"德是首要，是方向，一个人只有明大德、守公德、严私德，其才方能用得其所。修德，既要立意高远，又要立足平实。要立志报效祖国、服务人民，这是大德，养大德者方可成大业。同时，还得从做好小事、修好小节起步，"见善则迁，有过则改"，踏踏实实修好大德、公德、私德，学会劳动、学会勤俭、学会感恩、学会助人、学会谦让、学会宽容、学会自省、学会自律。

明辨。善于明辨是非，善于决断选择。培育和践行社会主义核心价值观，要增强自己的价值判断力和道德责任感，辨别什么是真善美、什么是假恶丑，自觉做到常修善德、常怀善念、常做善举。当前，在一些领域和一些人当中，价值判断没有了界限、丧失了底线，甚至以假乱真、以丑为美、以耻为荣。大学生要善于明辨是非，善于判断选择，旗帜鲜明地弘扬真善美、贬斥假恶丑，澄清模糊认识，匡正失范行为，自觉做良好道德风尚的建设者、社会文明进步的推动者。

笃实。扎扎实实干事，踏踏实实做人。道不可坐论，德不能空谈。于实处用力，做到知行合一，核心价值观才能内化为人们的精神追求，外化为人们的自觉行动。《礼记》中说："博学之，审问之，慎思之，明辨之，笃行之。"青年有着大好机遇，关键是要迈稳步子、夯实根基、久久为功。心浮气躁，朝三暮四，学一门丢一门，干一行弃一行，无论学习还是创业，都是最忌讳的。成功的背后，永远是艰辛努力。青年要把艰苦环境作为磨炼自己的机遇，把小事当作大事干，一步一个脚印往前走。滴水可以穿石。只要坚韧不拔、百折不挠，成功就一定在前方等你。

3. 践行社会主义核心价值观的最高境界："信"

"信"是践行社会主义核心价值观的最高境界，是指公民个人在深刻领会社会主义核心价值观具体内涵的基础上，通过外化体现高度的思想觉悟，实现个人道德品质的提升，达到自我超越的境界。知行统一，互相促进，不断反复，由知到行再到信，逐步实现真知、真行、真信，由此树立对社会主义核心价值观的坚定信念，最终做到"从心所欲不逾矩"。这里的"心"指的是爱国之心、敬业之心、诚信之心、友善之心；"从心所欲不逾矩"即听从内心的召唤，在心的指引下"行"，不亦乐乎。

核心价值观的养成绝非一日之功。大学生要坚持由易到难、由近及远，从现在做起，从自己做起，努力把核心价值观的要求变成日常的行为准则，形成自觉奉行的信念理念，并身体力行大力将其推广到全社会去，为实现国家富强、民族振兴、人民幸福的中国梦凝聚强大的青春能量。

三、经典案例分析

案例一　王辅成：27载赤心宣讲，把一切献给党[①]

在天津，有这样一名老党员，他坚持 27 年义务宣讲世界观、人生观、价值观，用自己的余热帮助青少年立好"三观"，扣好"人生第一粒扣子"，被誉为"社会主义核心价值观的忠诚传播者"。多年来，他先后被评为新中国"最美奋斗者"、全国"诚信之星""天

---

① 段玮．"天津楷模"王辅成：这件事值得我讲 27 年［N/OL］．(2021-04-27)［2022-11-30］http：//news.enorth.com.cn/system/2021/04/27/051322417.shtml．

津市优秀共产党员""天津市道德模范""天津楷模"。他就是天津师范大学退休干部王辅成。"一生终一事一事到极致"这是浪漫而幸福的。从1994年开始，王辅成便致力于世界观、人生观、价值观宣讲，一讲就是27年，开展宣讲1564场，帮助青少年扣好"人生第一粒扣子"，点亮人们的信仰之灯，被誉为"社会主义核心价值观的忠诚传播者"。王辅成的讲座总是场场爆满，他擅长引经据典、旁征博引，叙述原文精确到字数，并能说出出处、篇目，甚至精确到第几页、第几行，听众无不被他的博闻强识所折服。他说，"我希望通过自己的努力，帮助更多人树立起道德的坐标，寻找到人生的航向。"

【案例分析】

王辅成老先生27载的坚持令人动容。"天津楷模"颁奖词这样评价他的贡献，"用理想之光照亮前进道路，用信仰之力凝聚奋进雄心，社会主义核心价值观的忠诚传播者，你带给了我们无穷的力量。"老先生不仅讲得好，也是用实际行动践行社会主义核心价值观。

宣讲多年以来，最令王辅成感到欣慰的就是看到一批又一批的青年人怀揣着坚定的马克思主义信仰，投身到国家建设和民族复兴的奋斗中，将个人的命运与国家和民族的命运紧密相连。他们不惧艰难、不畏风霜、扎根人民、奉献国家。站在两个百年的交汇点，王辅成衷心寄语青年，一定要树立起正确的世界观、人生观、价值观，在最美好的年华里实现生命真正的意义，真正担当起实现中华民族伟大复兴中国梦的历史重任。

案例二　用法治力量引导人民群众向上向善[①]

杨某顺系杨某洪、吴某春夫妇的儿子。杨某顺出生后一直随其父母在农村同一房屋中居住生活。杨某顺成年后，长期沉迷赌博，欠下巨额赌债。后该房屋被列入平改范围，经拆迁征收补偿后置换楼房三套。三套楼房交付后，其中一套房屋出售他人，所得款项用于帮助杨某顺偿还赌债；剩余两套一套出租给他人，一套供三人共同居住生活。后因产生家庭矛盾，杨某洪、吴某春夫妇不再允许杨某顺在二人的房屋内居住。杨某顺遂以自出生以来一直与父母在一起居住生活，双方形成事实上的共同居住关系，从而对案涉房屋享有居住权为由，将杨某洪、吴某春夫妇诉至法院，请求判决其对用于出租的房屋享有居住的权利。

人民法院认为，杨某顺成年后具有完全民事行为能力和劳动能力，应当为了自身及家庭的美好生活自力更生，而非依靠父母。杨某洪、吴某春夫妇虽为父母，但对成年子女已

[①] 最高法发布大力弘扬社会主义核心价值观典型民事案例［N］.人民法院报，2022-02-24.

没有法定抚养义务。案涉房屋系夫妻共同财产，杨某洪、吴某春夫妇有权决定如何使用和处分该房屋，其他人无权干涉。杨某顺虽然自出生就与杨某洪、吴某春夫妇共同生活，但并不因此当然享有案涉房屋的居住权，无权要求继续居住在父母所有的房屋中。故判决驳回杨某顺的诉讼请求。

【案例分析】

青年自立自强是家庭和睦、国家兴旺的前提条件。只有一代又一代人的独立自强、不懈奋斗，才有全体人民的幸福生活。《中华人民共和国民法典》第二十六条规定："父母对未成年子女负有抚养、教育和保护的义务。成年子女对父母负有赡养、扶助和保护的义务。"对于有劳动能力的成年子女，父母不再负担抚养义务。如果父母自愿向成年子女提供物质帮助，这是父母自愿处分自己的权利；如果父母不愿意或者没有能力向成年子女提供物质帮助，子女强行"啃老"，就侵害了父母的民事权利，父母有权拒绝。司法裁判在保护当事人合法权益的同时，也引导人们自尊、自立、自强、自爱。本案的裁判明确了有劳动能力的成年子女在父母明确拒绝的情形下无权继续居住父母所有的房屋，对于成年子女自己"躺平"却让父母负重前行的行为予以了否定，体现了文明、法治的社会主义核心价值观，有助于引导青年人摒弃"啃老"的错误思想，树立正确的人生观、价值观，鼓励青年人用勤劳的汗水创造属于自己的美好生活；有助于弘扬中华民族艰苦奋斗、自力更生、爱老敬老的传统美德；有助于引导社会形成正确价值导向，促进社会养成良好家德家风，传递社会正能量。

推动社会主义核心价值观入法入规是一项艰巨繁重的任务，要采取有效措施，认真组织实施，使法律法规更好体现国家的价值目标、社会的价值取向、公民的价值准则。各级党委要高度重视社会主义核心价值观融入法治建设工作，支持立法机关把社会主义核心价值观融入法律法规。中央宣传部、中央政法委要统筹各方力量，加强督促检查，推动规划贯彻落实。全国人大常委会和国务院要完善工作机制，深入分析社会主义核心价值观的立法需求，完善立法项目征集和论证制度，制订好立法规划计划，加快重点领域立法修法步伐。要加强对社会主义核心价值观融入法治建设立法修法工作进展情况的宣传，及时对出台的法律法规进行宣讲阐释。要加强舆论引导，报道典型案例，弘扬法治精神，树立社会正气，鞭挞丑恶行为，引导人们自觉践行社会主义核心价值观。[①]

---

① 社会主义核心价值观融入法治建设立法修法规划[N].人民日报，2018-05-08.

案例三 以《功勋》模样描绘这个时代最闪亮的星

作为国家广播电视总局"理想照耀中国——庆祝中国共产党成立100周年"展播活动剧目,《功勋》取材于首批8位"共和国勋章"获得者的真实经历,用单元剧的形式,串联起他们的人生故事。8个单元包括《能文能武李延年》《无名英雄于敏》《默默无闻张富清》《黄旭华的深潜》《申纪兰的提案》《孙家栋的天路》《屠呦呦的礼物》《袁隆平的梦》。

观众通过《功勋》认识了这批民族脊梁:他们都渴望国家强盛;都怀有"位卑未敢忘忧国"的赤子之心;都立足阵地、基地和田地,在兀兀穷年中孜孜以求。《功勋》不仅是一组赞美诗,还是一道思考题。剧中弘扬的是我们这个国家、我们这个民族穷且益坚的精神底蕴。

【案例分析】

建立健全国家功勋荣誉表彰制度,有助于培育和弘扬社会主义核心价值观。2016年5月,习近平对党和国家功勋荣誉表彰工作作出重要指示,"要充分发挥党和国家功勋荣誉表彰的精神引领、典型示范作用,推动全社会形成见贤思齐、崇尚英雄、争做先锋的良好氛围。……建立健全党和国家功勋荣誉表彰制度,是完善和发展中国特色社会主义制度、推进国家治理体系和治理能力现代化的必然要求,是培育和弘扬社会主义核心价值观、增强中国特色社会主义事业凝聚力和感召力的重要手段。"①

案例四 同样的青春不同的选择

同为"90后",同样青春年少,却在人生最美好的年纪里出现了全然不同的色彩。一位90后报账员入职4个多月先后挪用公款101.45万元。另一位90后大学生入藏工作在祖国最需要的地方闪闪发光。

田宇,1994年出生,2019年8月,25岁的他通过招聘考试,被聘用为盱眙县马坝镇农村公路管理养护办公室报账员,负责管理道路养护维修经费。上班没几天,田宇便发现了财务管理上的漏洞,财务章、法人章、会计章都由自己保管,不经过任何人就能取出公款。田宇多次将公款充值到赌博网站,挥霍一空。短短136天,他利用职务之便,先后27

---

① 全国人大常委会法制工作委员会国家法室.建立国家功勋荣誉表彰制度 弘扬社会主义核心价值观[N].人民日报,2022-10-02.

次挪用公款101.45万元。

邓妮,1998年5月出生,共青团员,西安医学院护理专业2021届毕业生,现任阿里地区人民医院妇产科护士。毕业前夕,阿里地区地委组织部工作人员来到学校开展专招工作。面对大城市的车水马龙和阿里地区艰苦的环境与医务人员的稀缺,邓妮毅然决然地选择了后者。她选择了去最艰苦的地方、去祖国最需要的地方。"面对艰苦的环境和未知的一切,谁能不害怕呢,但是一个人害怕的事情,往往就是她最应该做的事情,不是吗?"邓妮回忆起报名那天的情景时笑着说道。在日常学习中,她积极参加科室和医院的学习培训,面对不懂的问题,她总是不弄明白不撒手,在这样的坚持学习下,她很快掌握了产房的专业知识和技能,并靠着过硬的技术和用心的服务获得了产妇和家属们的一致好评,被亲切地称为"态度最好、最温柔"的护士。西藏阿里地区被称为"世界屋脊的屋脊",是名副其实的"生命禁区"。入藏以来,邓妮始终秉持着自己的一颗赤子之心,所谓"不忘初心,方得始终"。她认为入藏工作本就是一个互相成就的过程,西藏需要人才注入活力,同时,她也需要西藏这个舞台绽放光芒,"只有始终牢记入藏初心,未来才不会迷路"。这个瘦弱的女孩响应国家的号召,去建设西部,在祖国最需要的地方闪闪发光,这大概就是青春的模样。

【案例分析】

在现实生活中,像田宇这样的年轻干部腐败案例近年来并不鲜见。这些青年人大多拥有高学历、高能力,年纪轻轻就是单位的业务骨干,颇受领导重视和同事认可。但正是因为没有抵住内心的贪欲,踏上了腐败这条"不归路",毁掉了自己的大好前途和青春年华。

衣服的扣子扣错了,大不了解开重来;人生的扣子一旦扣错,便再无机会,即使从头再来,代价已然付出。今天同学们看似稚嫩的双肩,明天就将扛起国家进步、民族复兴的重担。人生的第一粒扣子怎么扣,青年时代的第一步怎么走,是每一个青年都必须答好的人生考题。邓妮给我们作了很好的回答。

四、拓展阅读

(一)《青年要自觉践行社会主义核心价值观》

人类社会发展的历史表明,对一个民族、一个国家来说,最持久、最深层的力量是全社会共同认可的核心价值观。核心价值观,承载着一个民族、一个国家的精神追求,体现着一个社会评判是非曲直的价值标准。

古人说:"大学之道,在明明德,在亲民,在止于至善。"核心价值观,其实就是一种德,既是个人的德,也是一种大德,就是国家的德、社会的德。国无德不兴,人无德不立。如果一个民族、一个国家没有共同的核心价值观,莫衷一是,行无依归,那这个民族、这个国家就无法前进。这样的情形,在我国历史上,在当今世界上,都屡见不鲜。

我国是一个有着13亿多人口、56个民族的大国,确立反映全国各族人民共同认同的价值观"最大公约数",使全体人民同心同德、团结奋进,关乎国家前途命运,关乎人民幸福安康。

每个时代都有每个时代的精神,每个时代都有每个时代的价值观念。国有四维,礼义廉耻,"四维不张,国乃灭亡。"这是中国先人对当时核心价值观的认识。在当代中国,我们的民族、我们的国家应该坚守什么样的核心价值观?这个问题,是一个理论问题,也是一个实践问题。经过反复征求意见,综合各方面认识,我们提出要倡导富强、民主、文明、和谐,倡导自由、平等、公正、法治,倡导爱国、敬业、诚信、友善,积极培育和践行社会主义核心价值观。富强、民主、文明、和谐是国家层面的价值要求,自由、平等、公正、法治是社会层面的价值要求,爱国、敬业、诚信、友善是公民层面的价值要求。这个概括,实际上回答了我们要建设什么样的国家、建设什么样的社会、培育什么样的公民的重大问题。

——节选自青年要自觉践行社会主义核心价值观[M].北京:人民出版社,2014.

(二)《人民日报》定义核心价值观12词

1. 富强:国之脊梁

富强好比国之脊梁,挺起国家的腰杆,护卫民众的福祉。旧中国积贫积弱,备受列强欺凌,实现国家富强和人民富裕,成为近代以来中华儿女最强烈、最执着的愿望追求。

我们倡导的富强,是人民共同富裕和国家繁荣强盛的有机统一,是和平发展与共享共赢的崭新模式。"贫穷不是社会主义""两极分化也不是社会主义",社会主义的优越性不仅体现在最终能够创造比资本主义更发达的生产力,更体现在让发展成果更多更公平地惠及全体人民。"中国现在不称霸,将来强盛起来也永远不称霸。"我们追求的富强,不崇尚弱肉强食的丛林法则,不认同"国强必霸"的陈旧逻辑,而是希望与世界各国和睦相处、和谐发展,共谋和平、共享和平。

2. 民主：国之经络

民主如同国之经络，疏通国家的肌体，协调政治的机能。作为一种政治实践、价值理念，人民民主是社会主义的生命，没有民主就没有社会主义，就没有社会主义现代化。

我们倡导的民主，是真实的民主，没有门槛，不受财产、地位、民族、性别、宗教等因素限制，使每个人都享有平等的政治权利；是广泛的民主，绝不以牺牲多数人利益为代价来保护少数人的利益，同时又尊重和照顾少数人，充分反映和协调各方面的意愿和利益；是高效的民主，既真切全面地反映人民意愿，又致力于尽快形成统一意志、统一行动，以解决实际问题；是丰富的民主，不仅有选举民主，还有协商民主、基层民主，保证人民依法实行民主选举、民主决策、民主管理、民主监督。

3. 文明：国之大厦

文明就像国之大厦，凝结民族的追求，铸就国家的强盛。"观乎人文，以化成天下"，正是薪火相传的文明火种，孕育了泱泱中华五千年文明古国。"国家是文明社会的概括"，文明折射国家发展的境界、社会进步的状态。

我们倡导的文明，是以道路选择、理论指引、制度建构，追求全方位的发展与进步。坚持以人为本的核心理念，让物质文明、政治文明、精神文明、生态文明和制度文明有机统一；坚持开放包容的创新姿态，将古今中外一切优秀文明成果兼收并蓄。既不推崇"西方文明至上论"，也不搞"历史虚无主义"；既不妄自尊大，也不妄自菲薄。

4. 和谐：国之气血

和谐好比国之气血，为社会补给能量，给国家增强活力。天人合一、协和万邦、和而不同，和谐蕴含了中国人的生存智慧，体现着中国人的精神基因，也昭示着中国人的社会理想。

我们倡导的和谐，是人与人、人与社会、人与自然的有机统一。和谐的中国，是民主与法治相统一、公平与效率相统一、活力与秩序相统一、人与自然相统一的社会主义国家。和谐的中国，秉持世界持久的和平理想，心系人类繁荣的共同命运，担当永续发展的历史责任。

5. 自由：社会活力之源

自由是社会活力之源，也是社会主义的价值理想。人的自由全面发展，是社会主义区别于其他社会形态的本质属性。

我们倡导的自由，不是少数人的、形式上的、虚伪的自由，而是绝大多数人的、实质上的、真实的自由；不是凌驾于社会利益之上的、绝对的个人自由，而是受到法律和规范制约、权利和义务对等的自由；不是超越发展阶段和现实承受能力的自由，而是与一定的经济社会发展条件相适应的自由。社会主义的自由，不只是追求物质生活的改善，更重要的是保证人民充分享有发展自我、实现自我的机会，使每个人都能人生出彩、梦想成真。

6. 平等：社会和谐稳定压舱石

平等是社会和谐稳定的压舱石，它标注了调整社会关系的基本尺度。"王侯将相，宁有种乎"？在中国这样一个曾经有过几千年封建专制制度的社会，对平等的渴望和呼唤，是人心深处最为激越的力量。

我们倡导的平等，是兼顾效率与公平的平等，不是"不患寡而患不均"的绝对平均主义；是实实在在的平等，不是落在法律字面上的"形式上的平等"。是要让人人都能公平行使社会权利、履行社会义务、分享社会成果，政治上平等参与、经济上共同富裕、文化上共建共享，同祖国和时代一起成长进步。

7. 公正：捍卫权利的天平

公正是捍卫权利的天平，它是衡量社会发展的价值准绳。古往今来，人类追求的幸福生活，只能建立在公平正义的基础之上。社会主义正是在资本主义不公正的废墟上诞生的，公正作为社会主义社会的内在要求，集中体现着社会主义的制度优越性和道义感召力。

我们倡导的公正，不只是强调机会平等和程序正义的公正，而是兼顾结果正义，体现在社会生活各个领域、各个层次、各个方面的公正。社会主义社会的各项制度安排，是要将最广大人民的根本利益作为出发点和落脚点，在社会发展过程中尽最大努力实现人民的愿望、满足人民的需要、维护人民的根本利益。

8. 法治：社会保障之盾

法治是社会保障之盾，也是现代政治文明的核心。只有当法治成为治国理政的基本方式，自由、平等、公正才会有安全的避风港。

我们倡导的法治，不是片面强调司法独立、推行三权分立，更不是对资本主义法治理念的照抄照搬，而是立足中国的社会现实和文化传统，坚持党的领导、人民当家作主、依法治国的有机统一。社会主义法治，不是广场上的雕塑、柜子里的花瓶，而是运用人民赋予的权力，体现人民意志、保护人民权益，让法治成为国家长治久安、社会安定有序、人民安居乐业的坚强柱石。

9. 爱国：民族精神的核心

爱国是民族精神的核心，它建立起公民与祖国最牢固的情感纽带。"谁不属于自己的祖国，那么他也就不属于人类。"中华民族有着深厚的爱国主义传统。对祖国的忠诚和热爱，是每一个公民的起码道德，也是中华民族最深沉的文化基因。

我们倡导的爱国，就是把个人价值的实现同推动国家的繁荣发展对接，把人生意义的提升同增进最广大人民的福祉相连，不断加深对祖国悠久历史、灿烂文化的认同，不断增强做中国人的骨气和底气，就是让个人梦想与国家梦想紧密结合，把我们的国家建设好，把我们的民族发展好。

10. 敬业：职业道德的灵魂

敬业是职业道德的灵魂，它为个人安身立命奠定基础，为社会发展进步注入活力。正是依靠敬业奉献，中华民族创造了灿烂的文明。敬业乐业的民族，必定是令人肃然起敬的民族；缺乏敬业精神的社会，难免被人诟病和轻蔑。

我们倡导的敬业，就是要增强事业心和责任感，追求崇高的职业理想，激发积极进取的奋斗热情，秉持认真负责的职业态度，锻造严谨细致的工作作风；就是要让敬业成为实现梦想的动力之源，以那么一股子干劲、拼劲、闯劲，续写中国奇迹，靠辛勤劳动、诚实劳动、创造性劳动，开创美好未来。

11. 诚信：公民道德的基石

诚信是公民道德的基石，既是做人做事的道德底线，也是社会运行的基本条件。现代社会不仅是物质丰裕的社会，也应是诚信有序的社会；市场经济不仅是法治经济，也应是信用经济。"人而无信，不知其可也。"失去诚信，个人就会失去立身之本，社会就失去运行之轨。

我们倡导的诚信，就是要以诚待人、以信取人，说老实话、办老实事、做老实人。激发真诚的人格力量，以个人的遵信守诺，构建言行一致、诚信有序的社会；激活宝贵的无形资产，以良好的信用关系，营造"守信光荣、失信可耻"的风尚，增强社会的凝聚力和向心力。

12. 友善：公民德行的光谱

友善是公民德行的光谱，它为人际关系注入正能量，为社会和谐提供润滑剂。现代社会与传统社会的显著区别，就是人与人的交往突破了血缘地域的限制，构建起一个"陌生人社会"。在这样的社会里，"人人为我、我为人人"的亲善、互助、友爱变得尤为珍贵。

我们倡导的友善，是爱心的外化，是与人为善、与物为善。善待亲人以构建和谐家庭关系，善待他人以构建和谐人际关系，善待万物以形成和谐自然生态。"己所不欲，勿施于人""四海之内皆兄弟"，广聚爱心，乐善好施，让世界充满爱，是友善的理想境界。

——节选自人民日报定义当代中国核心价值 12 词［EB/OL］.（2015-04-20）［2022-09-13］. http: //politics.people.com.cn/n/2015/0420/clool-26874373.html.

（三）新时代青年成长成才的三重维度

2022年4月25日，习近平总书记到中国人民大学考察时深情寄语广大青年，希望全国广大青年牢记党的教诲，立志民族复兴，不负韶华，不负时代，不负人民，在青春的赛道上奋力奔跑，争取跑出当代青年的最好成绩。习近平总书记5月10日在庆祝中国共产主义青年团成立100周年大会上发表重要讲话，激励广大团员青年在实现中华民族伟大复兴中国梦的新征程上奋勇前进。习近平总书记从党和国家事业发展全局出发向广大青年提出的新要求、新希望，为广大青年成长成才指明了方向。广大青年要勇担历史使命，把个人理想追求融入党和国家事业之中，书写壮丽青春诗篇。

坚持立身之本，坚定理想信念

广大青年要在实践中锤炼优良作风、提升斗争本领，做社会主义核心价值观的坚定信仰者、积极传播者、模范践行者，努力做到德智体美劳全面发展，以党的创新理论滋养初心、引领使命，进而把初心使命外化于为人民服务的伟大实践，面对诱惑不动摇，遇到困难不逃避，以坚定的理想信念在追求"大我"中找准"小我"的人生航向，在青春的赛道上跑出新时代青年的最好成绩。

凝聚奋斗之力，打牢坚实基础

青年是国家和民族的希望。青年时代是学习知识、陶冶情操、增长本领的黄金时期。青年团员在现代化建设各条战线上勇立潮头，展现出敢闯敢干、引领风尚的精神风貌。广大青年早立志、立大志，在学习中奋发图强，在创新中实现腾飞，在岗位上实现价值，不负时代、不负韶华、不负党和人民的殷切期望，展示出当代青年有理想、敢担当、能吃苦、肯奋斗的良好形象，矢志追求更有高度、更有境界、更有品位的人生，让青春在建功新时代中绽放光辉。正如习近平总书记2020年9月8日在全国抗击新冠肺炎疫情表彰大会上所指出的："青年一代不怕苦、不畏难、不惧牺牲，用臂膀扛起如山的责任，展现出青春激昂的风采，展现出中华民族的希望。"这就是当代青年应有的模样。

高扬复兴之旗，融入民族大业

中国共青团成立一百年里，一代又一代青年团员在不同的岗位上默默奉献，为中华之崛起而奋发图强。当代青年接过接力棒，勇敢肩负起时代赋予的重任，志存高远，把个人成长与国家、社会发展结合起来，深刻认清国情，脚踏实地，与时代共奋进，与祖国共命运，与人民共发展。当代青年要把青春奋斗融入党和人民事业，肩负起全面建成社会主义现代化强国、实现中华民族伟大复兴的历史使命。

——节选自汤菊平. 新时代青年成长成才的三重维度［N］. 光明日报, 2022-06-27.

五、习题练习

1.（单选）中国共产党坚持马克思主义基本原理,坚持实事求是,从中国实际出发,洞察时代大势,把握历史中主动,进行艰辛探索,不断推进马克思主义中国化时代化,指导人民不断推进伟大社会革命。习近平总书记指出:"中国共产党为什么能,中国特色社会主义为什么好,归根到底是因为马克思主义行!"马克思主义之所以行根本原因在于（　）。

A. 马克思主义具有鲜明的政治立场

B. 马克思主义具有自觉的历史担当

C. 马克思主义是科学的世界观和方法论

D. 马克思主义是无产阶级政党自我革命的武器

【答案】C

2.（单选）实行人民民主,保证人民当家作主,实现形式是丰富多样的。经过长期探索,我国在通过依法选举让人民的代表来参与国家生活和社会生活管理的同时,找到了一种保证人民在日常政治生活中有广泛持续深入参与权利的特有民主形式,这一特有民主形式是（　）。

A. 谈判民主　　B. 协商民主　　C. 票决民主　　D. 竞争性民主

【答案】B

3.（单选）社会主义核心价值观为人们确定和实现人生价值提供了基本遵循。人生价值评价主要是看一个人的人生活动是否符合社会的客观规律,其评价的根本尺度是（　）。

A. 历史标准　　B. 经济标准　　C. 政治标准　　D. 文化标准

【答案】A

4.（单选）"爱国、敬业、诚信、友善"反映了"中国梦"的实现主体是（　）。

A. 中国特色社会主义　　　　B. 社会主义性质

C. 公民的德行和品格　　　　D. 人民群众

【答案】D

5.（单选）社会主义核心价值观的先进性体现在（　）。

A. 它是社会主义制度所坚持和追求的核心价值理念

B. 它代表的是最广大人民的根本利益，反映的是最广大人民的价值诉求

C. 它是真切、具体、广泛的现实

D. 它深深地根植于中华优秀传统文化

【答案】A

6.（多选）2018 年 3 月，十三届全国人民代表大会第一次会议通过《中华人民共和国宪法修正案》。把国家倡导的社会主义核心价值观正式写入宪法，进一步凸显了社会主义核心价值观的重大意义。社会主义核心价值观是（　　）。

A. 坚持和发展中国特色社会主义的价值遵循　　B. 构建人类命运共同体的行动指南

C. 增进社会团结和谐的最大公约数　　D. 提高国家文化软实力的迫切要求

【答案】ACD

专题七　社会主义道德的核心与原则

一、学习目的

通过本专题的学习，帮助学生掌握道德的内涵与本质、社会主义道德的核心、社会主义道德的原则，引导学生明晓社会主义道德与其他社会形态道德的区别标志、社会主义道德的先进性。

通过本专题的学习，引导学生运用相关道德理论知识，分析具体的道德情境，提升道德认识与判断，培养医学生社会责任意识和职业道德，提高医学生社会道德素质，塑造医学生的道德人格，提升医学生素养。

二、重难点解析

（一）什么是道德

1. 道德的起源

道德起源的生理前提。最早从生物学的视角论述人类道德起源的是达尔文。他认为，自然选择是生物有机体进化的基础。在有机体适应环境的过程中，具有有益性状的个体会生存下来并繁殖起来，而没有这种性状的，就会在生存斗争中被淘汰。人所特有的、与其他动物区别开来的道德品行的自然根据存在于某些动物所具有的合群性本能即社会本能里（例如，在和同伴的交往中寻求快乐、彼此提示危险、用各种方式维护和帮助同伴等）。在达尔文看来，人类的祖先类人猿也在自然进化中获得了这类"社会"属性，原始初民又继承了人类祖先的"社会"属性，而"种种社会性的本能——这是人的道德组成的最初的原则——在一些活跃的理智能力和习惯影响的协助之下，自然而然地会引向'你们愿意人怎样待你们，你们也要怎样待人'这一条金科玉律，而这也就是道德的基础了"①。达尔文的进化观把人类道德说成是动物本能的继续，没有看到高等动物的社会本能和劳动、思维萌芽与人类的劳动、思维及道德行为的本质区别，从而没有真正科学地揭示道德的起源，但却道出了道德得以起源的生理前提——动物的合群性本能。

道德起源的心理动因。"人类祖先的合群性本能为道德的起源提供了生理前提，而原始初民在与自然抗争过程中所产生的恐惧感，及在此基础上形成的对社会共同体的归属感和敬畏感乃是人类道德得以产生的心理动因。"②

原始社会初期，极端低下的生产力水平、科技水平和智力水平，使得原始初民所具有的只是一种浑然一体的原始意识。在他们的意识中，个体与氏族是联结为一体的，个体不是作为氏族的独立成员，而是作为有机整体的一个"粒子"而存在的。这种原始意识的对象只是外在事物，是自然界。面对自然界，原始初民不可能认识其中的奥秘；特别是在自然灾害面前，他们总是感到无能为力。于是，自然界被他们想象成为一种神秘的力量，时时刻刻在威胁着人类。原始初民对此感到恐惧和忧虑，从而将一些自然物作为本氏族的祖先或亲族加以崇拜，即图腾崇拜。根据人类学家的分析，建立图腾崇拜的目的是试图借此抵抗和控制自然，并力图使自然秩序化。然而，图腾崇拜产生后，它往往以巫术、祭礼等神秘的方式引发初民的惧怕心理，增强初民的敬畏感，并由此控制了人类，使人类自身秩序化。因为随着图腾崇拜的产生，出现了诸多禁忌。通过这些禁忌限制了初民的那些危及种族、部落生存的盲目欲念和冲动，强化了行动的一致性，从而为基本的生活秩序提供了保证。图腾崇拜又是通过各种祭礼仪式进行的，而各种祭礼仪式则强化了个体与氏族之间的联系，使人类祖先的动物合群性本能蒙上了社会性很强的色彩，从而使人类祖先在获得食物和抵御猛兽的过程中，群体成员之间在行动上的互相配合越来越完善，最终导致开始制造和使用工具，进行物质资料的生产劳动。

道德起源的社会基础。劳动使人成为道德的主体，促成了人的道德需要，创造了道德产生的必要性和动力。生产劳动是道德得以起源的社会基础和决定因素。

生产劳动把人和动物区别开来，创造了道德的主体。从人类祖先利用自己加工制作的第一件工具来获取生产资料，满足自己生存需要时起，人就开始脱离动物，从而以人类的名义进行活动。诚如马克思所说："一旦人们自己开始生产他们所必需的生活资料的时候

---

① 达尔文. 人类的由来：上册［M］. 潘光旦，胡寿文，译. 北京：商务印书馆，2009：190.
② 彭柏林，赖换初. 道德起源的三个视角［J］. 哲学动态，2003（11）：14-17.

（这一步是他们的肉体组织所决定的），他们就开始把自己和动物区分开来。"①在生产劳动中，人不仅使自己的形体、结构发生了根本变化，形成了人的手足、大脑和感觉器官，为人成为道德的主体创造了自然条件；而且由于在生产劳动中经常使用工具作用于对象，使本来是外在的东西变成了内在的影像。影像在量上的不断积累和在质上的不断提高，逐渐萌发出人类最初的意识。人类意识的产生不仅使人能够意识到自己活动的环境和对象，而且给人类满足需要的活动注入了一种意图和目的，一方面，使人类在改造自然界的过程中得以掌握"两种尺度"：人既按照他的本性即他的需要的主体尺度来对待自然界，同时又以对象的客观尺度即自然规律来改造自然界；另一方面，又使个人不仅意识到自己的存在和利益，而且也意识到他人和群体的存在和利益。于是，在原始氏族内部便逐步形成了比较明确的调整个人与群体关系的要求，即个人对群体利益应当怎样不应当怎样的行为准则，并通过群体的舆论使之趋于稳定。

生产劳动创造了道德产生和发展的必要性和动力。在人们进行物质生产过程中，人们相互之间的交往、协作和帮助，以及人的生产带来的交换和分配，使人与人之间必然形成一种社会关系。随着劳动分工的产生和剩余产品的出现，个人在劳动中的地位和作用逐渐地被凸现出来，个人的利益观念和追求也逐渐产生了。利益的追求造成了人与人的差别，导致了原始初民作为"类个体"存在的分解。于是，原始初民那种个人同群体的直接同一也遭到冲击，产生了个人同与之相互交往的他人和群体之间的利益矛盾。当这种矛盾关系不断地打破原来那种"天然秩序"而上升为社会的主导关系时，调整这种关系就成了社会的必然要求，它从两个方面促成了道德的产生：一方面，劳动活动必然使原始群体为了维持自身的存在而需要保持以前那种群体的和谐统一；另一方面，劳动活动又使个人为了实现自己的利益和发展而不得不依赖于这一群体的存在和统一。道德调整就是基于利益矛盾而发生的个人和社会群体这两种相互联系又相互区别的需要的产物。这就是道德得以产生的必要性。

2. 道德的内涵及本质

"道德是在一定社会群体中约定俗成的行为规范与品质规范之总和，受社会舆论和内在信念的直接维系推动，以善恶为基本评价词，负责为人提供善的为人处世方式，以满足人处理人际关系与实现自我的需求。"②这个定义应该说揭示出了道德的本质，因为这个定

---

① 中共中央马克思恩格斯列宁斯大林著作编译局. 马克思恩格斯全集：第3卷[M]. 北京：人民出版社，1960：42.
② 韩东屏. 道德究竟是什么——对道德起源与本质的追问[J]. 学术月刊，2011，43（9）：28-36.

义既将道德与一般习俗区别开来,也将真正的道德与"盗亦有道"之类的假道德区别开来。同时这个定义也点明了,道德作为工具满足的是人的生存发展需求中的那些特殊需求。

如果我们可以确认道德是通过提供善的为人处世方式来满足人的生存发展需求的规范类工具,那么我们就还可以进而由这种"道德工具论"的命题,合乎逻辑地推导出判断历史和现实中实存的各种道德规范之真伪的四条法则:

第一,只有对满足人的生存发展需求有益的行为规范与品质规范,才是真正的道德;相反,有害或有碍于人的生存发展需求的行为规范与品质规范,则不是真正的道德。例如,人类历史上出现过的各种压抑人性的禁欲主义道德和让人丧失主体性的异化道德,就不是真正的道德。

第二,人的生存发展需求是一种根本性的需求,由它又能派生出各种各样的具体需求。当人们将与人的某种具体需求之满足的有益方式指斥为恶的时候,其正当理由只能是这种方式在满足人的这种具体需求的同时,或是损害了人的另一种具体需求,或是损害了他人的某种需求。前一种情况如吸毒、酗酒之类,虽能给人带来一时的感官快乐,却以对自身身体的极大损害为代价;后一种情况如盗窃、抢劫之类,虽能满足自己对财富的欲望,却让他人失去了自己的财富。

第三,不存在与人的生存发展需求无关的本体化、神圣化的道德,也没有本身就是最高目的、最高价值的道德律令,因而在任何时候都不能将道德置于人之上,也不能为了道德而道德。这说明,无论是宗教的神谕道德还是康德所说的"绝对律令"之类,都是将道德变成神圣目的而将人变成受动工具的本末倒置。

第四,当某种道德曾经具有而现在不再具有于人的生存发展需求之满足的有益性质时,它便丧失了存在的根据和要求人们继续信从它的理由。例如,"父母在,不远游"的道德观念在没有养老社会保障体系的传统社会还是颇有道理的,而在有养老社会保障体系的现代社会则不再是明智的选择。

(二)一个社会需要什么样的道德

1. 什么是合乎人类社会发展规律的道德

从道德的本质出发,最根本在于什么样的道德能够反映先进生产力发展要求和进步阶级利益,什么样的道德能够真正促进社会和谐与人的全面自由发展。社会主义和共产主义道德,是人类道德合乎规律发展的必然产物,是人类道德发展史上的一种崭新类型的道德,是对人类道德传统的批判与继承,并必然随着社会的进步和实践的发展而与时俱进。

列宁在 1920 年的《青年团的任务》(列宁在俄国共产主义青年团第三次代表大会上的讲话)中提出了"共产主义道德"的概念。他对共产主义道德的阐释可以概括为一个宗旨,两点内涵。"一个宗旨是指共产主义道德是为巩固和完成共产主义事业而斗争"服务的。共产主义道德不以自身为目标,而以共产主义事业为目标,具有为目标而存在的工具性价值。这一点后来为施斯金、季塔连科等人大力阐发。两点内涵则是指团结和自觉劳动"成为共产主义道德的必然要求"。①

继列宁之后,苏联伦理学家施斯金在其《共产主义道德概论》(1955)中继续阐发、拓展列宁提出的共产主义道德观念。他继续将共产主义道德置于共产主义事业的语境下来阐发,认为"为共产主义而斗争——这就是共产主义道德的唯一正确、唯一科学的标准,因为它正确反映了现代社会的历史发展"。在这种阐释中,施斯金把共产主义道德原则细化成集体主义、爱国主义、国际主义和社会主义人道主义等具体原则。

通览共产主义道德的提出及其被赋予的内涵,不难发现由列宁提出并为后人所演绎的共产主义道德概念的一些实质和特点,即:一是结合马克思主义的基本原理进行推演,但这种推演不是教条式的,而是带有理论创新的推演;二是结合自身社会的实际需要进行理论的"思想再造",但这种思想再造不是纯粹的无中生有,而是基于现实的需要。

2. 与其他社会形态道德相比,社会主义道德的先进性在哪里

与以往社会的道德形态相比,社会主义道德具有显著的先进性特征。这种先进性主要体现在以下几个方面。首先,社会主义道德是社会主义经济基础的反映。在以生产资料公有制为主体的社会主义社会,广大人民不仅在政治上实现了当家作主,而且在道德上实现了由被动到主动的转变。其次,社会主义道德是对人类优秀道德资源的批判继承和创新发展。以当代中国的社会主义道德体系为例,我们今天倡导的社会主义道德规范,不仅与中华传统美德相承接,与中国共产党人在革命战争年代创立的革命道德相延续,同时也是对人类优秀道德成果的吸收和借鉴。最后,社会主义道德克服了以往阶级社会道德的片面性和局限性,坚持以为人民服务为核心,坚持以集体主义为原则,展现出真实而强大的道义力量。

(三)社会主义道德的核心

1. 什么是为人民服务

为人民服务是社会主义道德的核心,是区别其他社会形态道德的显著标志。为人服

---

① 林进平,林展翰. 共产主义道德:通往共产主义事业的理论创新[J]. 湖南师范大学社会科学学报,2022,51(1):25-32.

务是社会主义道德的核心。道德维护的是什么阶级的利益，决定着道德为什么人服务，体现着道德建设的根本性质和发展方向，规定并制约着道德领域中的所有道德现象，因此是道德的核心问题。社会主义社会维护的是人民的利益，决定着社会主义道德的核心是为人民服务，正确认识为人民服务的内涵，就要正确认识以下两个判断。

第一个判断，人民是不是一个集体概念？人民是一个集体概念，也就意味着任何个人都不能单独称为人民，我们通常所言张三是人民是指张三属于人民的范畴，人民不是某个人或某个群体，如若不是这样，就可能将为人民服务偷换成为我服务、为某些人服务等，造成新的不平等特权，导致腐败的出现。

第二个判断，人民是不是一个历史概念？人民是一个历史概念，是与时俱进的概念。"为人民服务"这句话是毛泽东在中央警备团追悼张思德会上的演讲中首次提出的。张思德生前是中央警备团战士。1933年参加革命，任劳任怨。1944年9月5日，在陕北山中烧炭，炭窑崩塌，因奋力将队友推出窑外，自己被埋而牺牲。毛泽东在演讲中说："我们的共产党和共产党所领导的八路军、新四军，是革命的队伍。我们这个队伍是完全为着解放人民的，是彻底地为人民的利益而工作的。"有同学就指出，为人民服务提出的背景是战争与和平，有其特定的含义，现在是和平与发展的年代，再提为人民服务过时了。实际上，人民是一个历史概念，在不同的历史时期有不同的内涵，抗日战争时期，一切参与抗日的阶级、阶层和社会集团都属于人民；解放战争时期，一切反对帝国主义、地主阶级、官僚资产阶级的阶级、阶层和社会集团都属于人民；改革开放以来，我国全体社会主义劳动者、社会主义事业建设者、拥护社会主义的爱国者、拥护祖国统一和致力于中华民族伟大复兴的爱国者都属于人民的范畴，人民是政治概念，是相对敌人而言的，因此，为人民服务中的人民是与时俱进的，并没有过时。

2. 为什么为人民服务是社会主义道德的核心

一是为人民服务是社会主义经济基础和人际关系的客观要求。在社会主义社会，每个劳动者和建设者都在为社会、为他人同时也是为自己而劳动和工作。各行各业的劳动者和建设者，只是社会分工不同，没有高低贵贱之分。权利和义务不再分属于两个对立的阶级，而是统一于人民自己身上，每个人都是服务对象，又都为他人服务，全体人民通过社会分工和相互服务来实现共同利益。在我国，以公有制为主体和以按劳分配为主体，是为人民服务的根本制度保证，在此基础上逐步形成的团结互助、平等友爱、共同进步的人际关系，是为人民服务的基础。

二是为人民服务是社会主义市场经济健康发展的要求。在社会主义市场经济条件下，市场主体必须通过向社会和他人提供一定数量和质量的产品，建立满足社会和他人需求的良好信誉。换句话说，社会主义市场经济，不仅不排斥为社会和他人服务，而且需要通过服务甚至是优质服务，才能实现市场主体的利益。为人民服务与社会主义市场经济并不必然对立。社会主义市场经济本质上要求为人民服务，不仅在于人们在一切经济活动中，应正确处理个人与社会、竞争与协作、效率与公平、先富与共富、经济效益与社会效益等关系，形成健康有序的经济和社会生活规范，更在于强调在社会主义物质文明和精神文明的引导下，每个市场主体都要有为人民服务的思想，自觉积极地为人民服务、为社会服务，更好使市场主体把自身的特殊利益同国家和人民的共同利益结合起来。

三是为人民服务是先进性要求和广泛性要求的统一。为人民服务，既伟大又平凡，既高尚又普通，它并非高不可攀、远不可及，而是可以通过不同层次、不同形式表现出来。"每个人的力量是有限的，但只要我们万众一心、众志成城，就没有克服不了的困难；每个人的工作时间是有限的，但全心全意为人民服务是无限的。"在今天，毫不利己、专门利人、无私奉献是为人民服务，顾全大局、先公后私、爱岗敬业、办事公道是为人民服务，同志间、师生间、同学间互相关心、互相爱护、互相帮助是为人民服务，热心公益、助人为乐、见义勇为、扶贫帮困、扶残助残也是为人民服务，遵纪守法、诚实劳动并获取正当的个人利益同样也是为人民服务。那种认为为人民服务只适于党员干部而不能推广到全体人民的看法是一种误解。一个有道德的人、一个具有为人民服务意识的人，必定会有为他人服务、为社会献身的精神，会时时处处想到别人、想到社会、想到国家，从而能够推己及人、与人为善，服务他人、奉献社会，使他人能够因自己的所作所为而得到益处，使社会可以因自己的努力而发生积极改变。只要一个人对社会、对他人尽了心、尽了力、尽了职，他的言行就具有道德价值。

（四）社会主义道德的原则

集体主义是社会主义道德的原则。集体主义强调国家利益、社会整体利益和个人利益的辩证统一；集体主义强调国家利益、社会整体利益高于个人利益；集体主义重视和保障个人的正当利益。集体主义分为三个层次的道德要求：一是无私奉献、一心为公，这是集体主义的最高层次，是共产党员、先进分子应努力达到的道德目标。二是先公后私、先人后己，具有较高社会主义道德觉悟的人能够达到的要求。三是顾全大局、遵纪守法、热爱祖国、诚实劳动，这是对公民最基本的道德要求。正确认识集体主义的内涵，就要正确认识下面的三种判断。

第一种判断，以集体主义否定正当的个人利益，或是以个人利益反对集体主义。这种观点显然是错误的认识。集体主义强调国家利益、社会整体利益和个人利益的辩证统一。在社会中，人既作为个体而存在，又作为集体中的一员而存在，集体和个人是不能分割的。一方面，个人离不开集体，集体把每个劳动者的智慧和力量凝聚在一起，形成巨大的创造力。另一方面，集体是由若干个人组成的，不调动个人的积极性，也就不会有集体的创造力。集体与个人，即"统"与"分"，是相互作用、相互依赖、互为前提的辩证统一关系。只有使二者有机地结合起来，才能使生产力保持旺盛的发展势头，偏废任何一方，都会造成大损失。在社会主义社会中，国家利益、社会整体利益和个人利益也是不能分割的。国家利益、社会整体利益体现着个人根本的、长远的利益，是所有社会成员共同利益的统一。同时，每个人的正当利益，又都是国家利益、社会整体利益不可分割的组成部分。国家社会的兴衰与个人利益得失息息相关。在现实生活中，国家利益、社会整体利益和个人利益是相辅相成的，不是靠抑制一方来发展另一方，而是要力求做到共同发展、相互增益、相得益彰。

第二种判断，将个人利益凌驾于国家利益和社会整体利益至上，这种判断是错误的。集体主义强调国家利益、社会整体利益高于个人利益。在实际生活中，个人利益和国家利益、社会整体利益难免会发生矛盾。这种矛盾，有的是可以缓和、化解的，有的则会发生或大或小的冲突。但是，集体主义强调，在个人利益与国家利益、社会整体利益发生矛盾冲突，尤其是发生激烈冲突的时候，必须坚持国家利益、社会整体利益高于个人利益的原则，即个人应当以大局为重，使个人利益服从国家利益、社会整体利益，在必要时作出牺牲。集体主义要求个人为国家、社会作出牺牲并不是任意的，只有在不牺牲个人利益就不能保全国家利益、社会整体利益的情况下，才要求个人为国家利益、社会整体利益作出牺牲。社会主义集体主义之所以强调个人利益要服从国家利益、社会整体利益，归根到底，既是为了维护国家、社会的共同利益，最终也是为了维护个人的根本利益和长远利益。

第三种判断，集体主义重视和保障个人的正当利益。集体主义促进和保障个人正当利益的实现，使个人的才能、价值得到充分的发挥。这不但与集体主义不矛盾，而且正是集体主义思想的应有之义。只有在国家、社会中个人才能获得全面发展，才可能有个人自由。那种把集体主义看作是对个人的压制、是对个性的束缚的思想，是与集体主义的本意相违背的。事实上，正是集体主义为培养个人的健全人格、鲜明个性和创新精神提供了道义保障。对于集体主义来说，只有个人的价值、尊严得到实现，个人的正当利益得到保证，集体才能有更强大的生命力和凝聚力。集体主义重视个人利益的实现，这是毫无疑义的，但这并不等于说，任何个人不分场合不分时间的利益需求，都应该无条件得到满足。社会主义集体主义所重视和保障的是个人的正当利益，而不是任何性质的个人利益，对于损人利己、损公肥私的行为，集体主义不但不保护，而且强烈反对和禁止。

三、经典案例分析

案例一　高铁霸座频出　道德底线何在

2018年8月21日，孙某作为一名高级知识分子，明知故犯，作出了霸座行为，"谁规定一定要按号入座？要么你自己站着，要么去坐我那个座位，要么自己去餐车坐。"高铁"座霸"的视频多家媒体报道后网友评论蜂拥而至，不守规矩，强占他人座位成为讨论的话题，在社会舆论的压力之下，孙某录视频表示：深感悔恨和自责，对当事人进行道歉。对于网上曝光本人乘高铁霸占座位这一事件，我深表悔恨和自责，在此，我向当事人和全国人民表示诚挚道歉，我深刻反思，我的这种行为严重违反了社会公德，对当事人造成了极大伤害，对社会造成了恶劣影响，痛定思痛，我保证在今后不再犯此类错误，一定加强个人修养，提高个人素质，也恳请全国人民给我一次改过自新的机会。

此后济南铁路局调查该男子高铁"霸座"事件通报情况如下：

"关于G334次列车乘客'霸座'事件的调查处理情况"，针对近期社会关注的乘客"霸座"事件，铁路公安部门已对事件调查、取证完结。济南铁路公安处依据《治安管理处罚法》第二十三条一款三项之规定，给予孙某治安罚款200元的处罚。铁路客运部门依据《关于在一定期限内适当限制特定严重失信人乘坐火车推动社会信用体系建设的意见》《关于限制铁路旅客运输领域严重失信人购买车票的管理办法》的规定，在铁路征信体系中记录该旅客信息，并在一定期限内限制其购票乘坐火车。

【案例分析】

同学们都知道，公民的基本道德规范是：爱国守法、明礼诚信、团结友善、勤俭自强、敬业奉献，这是道德对社会主义社会经济的正确反映，是道德的认识功能在发挥作用。在道德的指引下，我们都知道要与人为善、诚实守信等，不能无视社会公共秩序做无公德的事情，不能丧失个人的诚信，做缺私德的事情，这是道德的规范功能在发挥作用。孙某这个事件的发酵到处理结果，我们可以看到这个过程中道德的调节功能，网友的评论是一种社会舆论的力量在发挥作用,体现的是道德的评价功能,济南铁路局的处理结果,让社会大众明白,高铁属于公共交通,作为一名公民,乘坐高铁,就应该维护公共秩序,对号入座,这一效应是道德的教育导向功能。

案例二 焦裕禄：心中装着百姓 一切为了人民

人们都说,九曲黄河,最后一道弯就拐在了兰考。但大自然并未眷顾这个豫东小县,内涝、风沙、盐碱这"三害",曾让兰考人饱受饥荒贫穷之苦,兰考也成为中国贫困地区的一个缩影。春天风沙打毁了20万亩麦子,秋天水淹坏了30多万亩庄稼,盐碱地上有10万亩禾苗碱死,全县的粮食产量下降到了历史的最低水平。1962年冬天,焦裕禄来到兰考就任县委书记。展现在焦裕禄面前的兰考大地,是一幅多么严重的灾荒的景象呵！横贯全境的两条黄河故道,是一眼看不到边的黄沙；片片内涝的洼窝里,结着青色的冰凌；白茫茫的盐碱地上,枯草在寒风中抖动。排内涝、战风沙、治盐碱,他始终和老百姓一起奋战,即便是肝癌的剧痛,也击不垮他摘掉兰考穷帽子的信念。1964年,不满42岁周岁的焦裕禄去世了,却把焦裕禄精神永远地留在了天地之间。

【案例分析】

焦裕禄精神告诉人们,为人民服务的公仆情怀是什么——"心中装着全体人民、唯独没有他自己"；县委一位副书记在乡下患感冒,焦裕禄几次打电话,要他回来休息；组织部一位同志有慢性病,焦裕禄不给他分配工作,要他安心疗养；财委一位同志患病,焦裕禄多次催他到医院检查……焦裕禄心里,装着全体党员和全体人民,唯独没有他自己。

1964年春天,正当党领导着兰考人民同涝、沙、碱斗争胜利前进的时候,焦裕禄的肝病也越来越重了。很多人都发现,无论开会、作报告,他经常把右脚踩在椅子上,用右膝顶住肝部。他棉袄上的第二和第三个扣子是不扣的,左手经常揣在怀里。人们留心观察,原来他越来越多地用左手按着时时作痛的肝部,或者用一根硬东西顶在右边的椅靠上。日子久了,他办公坐的藤椅上,右边被顶出了一个大窟窿。他对自己的病,是从来不在意的。同志们问起来,他才说他对肝痛采取了一种压迫止痛法。县委的同志劝他疗养,他笑着说："病是个欺软怕硬的东西,你压住它,它就不欺侮你了。"焦裕禄暗中忍受了多大痛苦,连他的亲人也不清楚。他真是全心全意投到改变兰考面貌的斗争中去了。

焦裕禄精神告诉人们,为人民服务的求实作风是什么——凡事探求就里、"吃别人嚼过的馍没味道"。他下决心要把兰考县1800平方公里土地上的自然情况摸透,亲自去掂一据兰考的"三害"究竟有多大分量。根据这一想法,县委先后抽调了120名干部、老农和技术员,组成一支三结合的"三害"调查队,在全县展开了大规模的追洪水,查风口,探洪涝、流沙的调查研究工作。那时候,焦裕禄正患着慢性的肝病,许多同志担心他在大风大雨中奔波,会加剧病情的发展,劝他不要参加,但他毫不犹豫地拒绝了同志们的劝告,他说:"吃别人嚼过的馍没味道。"他不愿意坐在办公室里依靠别人的汇报来进行工作。送走了风沙滚滚的春天,又送走了暴雨连连的夏季,调查队在风里、雨里、沙窝里、激流里度过了一个月又一个月,方圆跋涉了5000余里,终于使县委抓到了兰考"三害"的第一手资料。全县有大小风口84个,经调查队一个个查清,编了号、绘了图;全县有大小沙丘1600个,也一个个经过丈量,编了号、绘了图;全县的千河万流,淤塞的河渠,阻水的路基、涵闸……也调查得清清楚楚,绘成了详细的排涝泄洪图。这种大规模的调查研究,使县委基本上掌握了水、沙、碱发生、发展的规律。

焦裕禄精神告诉人们,为人民服务的道德情操是什么——艰苦朴素、廉洁奉公、"任何时候都不搞特殊化"。有一次,他发现孩子很晚才回家。一问,原来是看戏去了。他问孩子:"哪里来的票?"孩子说:"收票叔叔向我要票,我说没有。叔叔问我是谁?我说焦书记是我爸爸。叔叔没有收票就叫我进去了。"焦裕禄听了非常生气,当即把一家人叫来"训"了一顿,命令孩子立即把票钱如数送给戏院。接着,他又建议县委起草了一个通知,不准任何干部搞特殊化,不准任何干部和他们的子弟"看白戏"……

案例三 公交车司机:在生命的最后一分钟

中央电视台《今日说法》曾报道:黄师傅是一名公交车司机,在行车途中突发心脏病,在生命的最后一分钟里,他做了三件事:

——把车缓缓地停在马路边,并用生命的最后力气拉下了手动刹车闸;

——把车门打开,让乘客安全地下车;

——将发动机熄火,确保了乘客和行人的安全。

他做完了这三件事,安详地趴在方向盘上停止了呼吸,他在生命的最后一分钟里所做的一切也许并不惊天动地,然而许多人却牢牢地记住了他的名字,因为他在生命的最后一刻,很好履行了他的职责。

贵州省安顺市公交车司机张某钢2020年7月7日12时12分,驾驶2路公交汽车,在行驶至西秀区虹山水库大坝时,突然转向加速,横穿对向车道,撞毁护栏冲入水库。公安、消防、交通、武警等部门第一时间组织开展搜救工作,最终造成21人死亡、15人受伤,公共财产遭受重大损失。

【案例分析】

上述两个案例是典型的集体主义与个人主义在现实生活中的体现。2020年4月2日，陕西咸阳淳化县明吉客运公司驻村司机马师傅行车途中突发脑出血，拼尽全力平稳停车。4月6日，安徽合肥公交集团驾驶员李师傅行车途中突发眩晕，在失去意识前几秒将车停下。4月7日，新疆乌鲁木齐快速公交驾驶员潘师傅驾驶途中突发心梗，生命最后一刻忍痛停车……公交车司机行车途中突发疾病，拼尽全力将车停稳，守护乘客生命安全的故事屡次牵动人心。他们在生命的最后一分钟，"教科书式的操作"，用恪尽职守、敬业奉献的美好品质，践行了社会主义道德集体主义的原则，时刻做到了心中有他人、有集体，胸怀大局，黄师傅在保全他人、集体的生命面前，选择放弃自我。而张某钢以自我为中心，因家庭不幸福，生活不如意和对拆除其承租公房不满，报复社会，视他人的生命为泄愤的工具，其极端的行为不利于和谐社会的建设，与社会主义倡导的道德大相径庭，必须坚决反对。

四、拓展阅读

（一）始终把人民放在心中最高位置——焦裕禄精神述评

1962年冬天，焦裕禄来到兰考，就任县委书记。475天，在兰考的日日夜夜，"他心中装着全体人民，唯独没有他自己"。他身先士卒，带领36万兰考人民初步制服内涝、风沙、盐碱"三害"，改变了兰考的贫困面貌。

群众身上有多少泥巴，焦裕禄身上就有多少泥巴，他始终保持着同人民群众的血肉联系。全心全意为人民服务是我们党的根本宗旨，也是焦裕禄精神的本质所在。亲民爱民是焦裕禄精神的基础和出发点。

焦裕禄精神犹如一座丰碑巍巍矗立。1966年2月26日，为了纪念这位把自己的生命奉献给这方土地和人民的英雄，也是遵照焦裕禄的遗愿，他的遗体被运回兰考，迁葬在兰考县城北黄河故堤的沙丘上。兰考人民在沙丘上修建了焦裕禄烈士陵园，白色大理石屏壁上，毛泽东同志题写的"为人民而死，虽死犹荣"金色大字熠熠生辉。

人民是历史的创造者，是推动历史发展的根本动力。任何时候任何情况下，我们都必须站稳人民立场、始终同人民在一起。这正是焦裕禄精神给我们的深刻启示。

焦裕禄干事业有股拼劲。焦裕禄在兰考的每一天，心里想的都是排内涝、战风沙、治盐碱，即便是肝癌的剧痛，也击不垮他摘掉兰考"穷帽子"的信念！

在焦裕禄纪念馆，陈列着一把焦裕禄用过的破洞藤椅，这是纪念馆的镇馆之宝。藤椅右侧有一个大洞，无声诉说着50多年前催人泪下的一幕。每当肝痛袭来时，焦裕禄就用茶缸、钢笔或者钥匙紧紧地顶在痛处，靠在藤椅上。时间久了，藤椅硬生生被顶出一个大洞。这把破旧的藤椅被评为国家二级文物。

1963年9月，焦裕禄的肝病已经很严重了，他讲话时经常用手按住肝部。"他越来越多地用手按着时时作痛的肝部，或者用一根硬东西顶在右边椅靠上。同志们问起来，他才说他对肝痛采取了一种压迫止痛法。"焦裕禄纪念园讲解员谢洁说。

在兰考的400多个日夜，焦裕禄说的最多的一句话就是："我是来工作的，我不是来休息的。"

"生也沙丘，死也沙丘，父老生死系。"

1964年，不满42周岁的焦裕禄去世了，临终留下遗愿："我死后只有一个要求，要求党组织把我运回兰考，埋在沙丘上。活着我没有治好沙丘，死了也要看着你们把沙丘治好！"

——节选自王胜昔，杜羽，冀文亚. 始终把人民放在心中最高位置——焦裕禄精神述评［N］. 光明日报，2021-08-19.

（二）从"为人民服务"到"以人民为中心"

全心全意为人民服务是中国共产党的根本宗旨，中国共产党自成立之日起，就确立了为人民服务的初心。随着时代的变迁，为人民服务思想不断丰富和发展：邓小平同志把它发展为"三个有利于标准"和"人民标准"，江泽民同志把它上升为党的建设的原则和目标，胡锦涛同志把它与发展观相结合，形成"以人为本，全面协调可持续"的科学发展观。党的十八大以来，习近平同志提出以人民为中心的思想，这一思想是为人民服务思想在新时代的继承和升华。以人民为中心的内涵和要求是：奋斗目标奔人民而去；手中权力为人民所用；根本利益为人民所谋；工作好坏由人民评定；心中位置数人民最高；人民和干部是主仆关系。从"为人民服务"到"以人民为中心"的演进过程表明，党的宗旨的内涵和要求既一脉相承又与时俱进，不断丰富和发展。

——节选自郑子君. 从"为人民服务"到"以人民为中心"［J］. 北京联合大学学报，2020（1）.

（三）集体主义在战"疫"中绽放光芒

集体主义强调国家利益、社会整体利益与个人利益的辩证统一。新冠肺炎疫情发生后，个人的生命安全受到威胁，社会生活受到影响，我们更加清楚认识到个人利益与集体利益休戚相关，更加自觉地将个人作为与集体贡献对接。14亿中国人响应政府号召履行各自义务，自觉将支持防控成为分内之事、应尽之责。

集体主义强调国家利益、社会整体利益高于个人利益。集体利益高于个人利益，是集体主义原则的根本出发点和归宿。在疫情期间，武汉人民识大体顾大局，全力以赴抗击疫情，这是对全国人民生命健康和国家利益的保护。疫情面前，医务工作者冲锋在前，科研人员强化攻关，建筑工人日夜奋战，防控人员坚守岗位，社会各方捐款捐物，普通民众自律禁足。300多支医疗队4.2万多名医疗队员为了14亿人的安危义无反顾驰援武汉，舍小家为大家，以生命践行使命，他们是守卫家国安宁的时代英雄。正是个体的甘于牺牲和无私奉献，保障了防疫工作全国上下一盘棋，成全了全国人民的集体福祉。

集体主义重视和保障个人正当利益。集体主义原则肯定集体利益高于个人利益，但更要求重视和保障个人正当利益。党中央始终把人民群众生命安全和身体健康放在首位。中央应对疫情工作领导小组出台了薪酬待遇、工伤认定等关爱医护人员10项措施。各地出台更有针对性的举措，确保一线医务人员健康安全。中央财政提前下拨千亿元保障困难民众基本生活，4月10日全国已经为6155万困难群众发放补贴18.8亿元。这生动体现了国家重视和保障个人正当利益。

集体主义精神在抗疫中迸发释放。面对传播迅速的新冠肺炎疫情，党中央统一集中领导，全国各地、各部门各司其职，集中全党、全社会力量，万众一心、团结一致，凝聚成联防联控、抗疫战"疫"的巨大合力。从个体到家庭、社区、城市乃至国家，从自我主动隔离、家庭服从抗疫安排到无疫情小区的实现，从全国各地纷纷启动应急预案封闭管理到武汉解封，都是集体主义精神在危机之中的释放和迸发。在抗疫斗争中，没有孤岛只有共济，没有你我只有我们。一个个最美逆行者，一份份请战书，一笔笔捐助款，上演着一幕幕中华大爱，凝聚起亿万人心，中国人民以"不破楼兰终不还"的决心与行动书写出集体主义恢宏篇章。各级财政安排疫情防控资金超千亿元；工信部立即安排中央医药储备紧急调用；国家发改委等部门建立重点医疗物资国家临时收储制度；海关总署为疫情防控物资入境开辟"绿色通道"……各部委全力调配，各省区市伸出援手。医护人员践行"疫情不退战斗到底"的承诺冲在前线；基层党员坚定"困难在前党员先行"的信念坚守基层；全国人民不给战"疫"添乱；基层社区群防群治构筑严密防线；防控物资相关生产企业及时复工全力保供；社会各方捐款捐物……抗疫中的每个个体都用行动诠释着勇敢无畏、牺牲奉献、舍己为人的集体主义精神，彰显出上下一条心全国一盘棋的中国优势和中国力量。

——节选自张丽．集体主义在战"疫"中绽放光芒．光明网，2020-06-14．

（四）集体主义是深入中华民族血脉的价值观

一些西方人很难理解：在一个国土面积接近整个欧洲、人口占世界五分之一的大国，为什么能够迅速形成这种一呼百应的协同力？不容忽视的一点，在于中国人骨子里强烈的集体主义价值观。人类历史上，存在两种基本的价值观念形态：个人主义与集体主义。总体而言，西方盛行个人主义，而中国则以集体主义为主导。在中国人的精神谱系中，国家与家庭、社会与个人，是密不可分的整体，在漫长的岁月中，无数次天灾战祸、兴衰危亡，早已塑造了我们同风共雨、守望相助的"共同体"情感，塑造了我们强调集体利益、强调个体责任的价值观念。无论是"天下大同、人人为公"的朴素理想，还是"修身、齐家、治国、平天下"的现实追求，无不浓缩着集体主义的文化基因。

在抗击新冠肺炎疫情的关键时刻，习近平总书记赴湖北省武汉市考察疫情防控工作。"武汉不愧为英雄的城市，武汉人民不愧为英雄的人民，必将通过打赢这次抗击新冠肺炎疫情斗争再次被载入史册！全党全国各族人民都为你们而感动、而赞叹！党和人民感谢武汉人民！"总书记这番感言，情真意切、鼓舞人心。

——节选自胡宇齐．集体主义是深入中华民族血脉的价值观［N］．北京日报，2020-03-13．

五、习题练习

1．（单选）在下列各种规范中，通过社会舆论、传统习俗和人们的内心信念来发挥作用的是（　）。

A．法律规范　　　B．政策规范　　　C．道德规范　　　D．宗教规范

【答案】C

2．（单选）（　）是人们的思想观念、政治立场、价值取向、道德情操和行为习惯等方面品质和能力的综合体现，反映着一个人的思想境界和道德风貌。

A．思想政治素质　B．道德素质　　　C．思想道德素质　D．法治素质

【答案】C

3.（单选）社会主义道德和资本主义道德的根本区别在于（　）。

A．所有制　　　B．政治思想　　　C．技术水平　　　D．社会信仰

【答案】A

4.（单选）人才的培养需要德智体美劳全面发展，人才素质的灵魂是（　）。

A．德　　　　B．智　　　　C．体　　　　D．美

E．劳

【答案】A

5.（单选）社会主义道德区别于其他社会形态道德的显著标志是（　）。

A．以自由主义为原则　　　　　　B．以明荣知耻为重点

C．以传统美德为特色　　　　　　D．以为人民服务为核心

【答案】D

6.（单选）毛泽东指出："张思德同志是为人民利益而死的，他的死是比泰山还要重的。"张思德的行为属于（　）。

A．无私奉献、一心为公　　　　　B．先公后私、先人后己

C．顾全大局、遵纪守法、热爱祖国、诚实劳动

【答案】A

7.（单选）为人民服务中的人民是一个什么概念（　）。

A．集合，政治　　B．集合，法律　　C．个体，政治　　D．个体，法律

【答案】A

8.（多选）一位社会学家发现大楼的一块玻璃坏了，起初他没太当回事，没过多久，他发现许多处窗户都破损了，经过调研后，他得出结论：一样东西如果有点破损，人们就会有意无意地加快它的破损速度，一样东西如果完好无损，或是及时维护，人们就会精心的护理。这就是著名的"破窗定律"。下列关于道德修养的名言与"破窗定律"内涵相近的是（　）。

A．非知之难，行之惟难；非行之难，终之斯难

B．善不可谓小而无益，不善不可谓小而无伤

C．小善虽无大益，而不可不为；细恶虽无近祸，而不可不去

D．见贤思齐焉，见不贤而内自省也

【答案】BC

专题八　社会主义道德规范与践行

一、学习目的

通过本专题的学习，帮助学生掌握社会公德、职业道德、家庭美德、个人品德的内涵与规范，深入理解道德规范对大学生成长成才的重要意义。

通过本专题的学习，引导学生遵守公民道德准则，在投身崇德向善的实践中自觉讲道德、尊道德、守道德，加强品德修养，锤炼道德品质，推进社会公德、职业道德、家庭美德、个人品德建设，努力做到向上向善、孝老爱亲，忠于祖国、忠于人民。

二、重难点解析

（一）如何遵守社会公德

1. 网络关系领域的社会公德困境

互联网的发展给人们的生产、生活带来了巨大改变，提供了无限方便与快捷，网络空间也成为社会交往和公共生活的重要领域，必须加强对网络空间的道德约束。但是，由于现代社会科技等领域的发展出现了传统伦理学视野以外的具有全新意义的活动领域和利益关系，而如何来调整和规范这些活动与关系，传统伦理学理论和道德规范是一种空白，正是这种空白会引起人们道德上的困境。加之网络空间的虚拟性，使得在处理人与网络关系及其背后的人与人关系时，往往感到无所适从，导致人与网络关系领域的社会公德困境。

人与网络关系领域的社会公德缺失主要表现在如下几方面："网络空间是非观念模糊，网络空间道德情感冷漠，网络空间信仰危机严重。"[①]

---

① 王维国. 当代中国社会公德困境治理探析[J]. 道德与文明，2022（1）：59-69.

网络空间是非观念模糊，面对网络上的一些不良现象，网民从众心理严重，极易被诱导，这使得一些缺乏社会阅历、辨别能力不强的网民陷入道德困境，进而出现道德选择偏差和价值迷失。网络空间道德情感冷漠，在网络空间，人机交流取代了人与人的直接交流，网民不必以真实身份承受现实交往时所产生的种种压力，更不必承担现实的责任。久而久之，造成网民"事不关己高高挂起"的思想蔓延，责任心与勇气缺失，最终导致道德情感冷漠。网络空间信仰危机严重，借助先进信息技术，西方国家在网络中肆意鼓吹所谓普世价值等社会思潮，攻击社会主义主流意识形态，潜移默化地影响着网民的理想信念、价值理念和道德观念。面对互联网五彩斑斓的"花花世界"，网民很容易沉溺其中、迷失自我，不能自拔。一旦离开网络就精神恍惚，无法接受现实。"网络的隐匿性和广泛性也为逃避社会公德风险提供方便之门，使得某些人在心理上有了某种释然。"[1]由此造成人们的网络行为失范，出现了网络语言暴力、网络谣言、网络诈骗、人肉搜索等网络公德问题。

2. 如何走出网络关系领域的社会公德困境

走出网络关系领域的社会公德困境，要加强网络道德的建设。

正确使用网络工具。当今世界，科技进步日新月异，互联网、云计算、大数据等现代信息技术深刻改变着人类的思维、生产、生活、学习方式，展示了世界发展的前景。人们通过网络获取信息的方式更加方便、多样，大部分人特别是年轻人越来越主要地依靠网络获取信息。与此同时，网上也充斥着越来越多的虚假、低俗甚至反动、淫秽和暴力等信息内容，特别是一些有组织的网上恶意攻击和思想渗透行为，更是严重地影响了网络生活秩序。大学生应当正确使用网络，提高信息的获取能力，加强信息的辨识能力，增进信息的应用能力，使网络成为开阔视野、提高能力的重要工具。

健康进行网络交往。网络已成为人际交往的重要媒介和工具，QQ、微信、微博等各种应用为人们提供了邮件收发、实时聊天、网上交友等途径。大学生应通过网络开展健康有益的人际交往，树立自我保护意识，不要轻易相信网友，避免受骗上当，避免给自己的人身和财产安全带来危害。同时，网络虽然拉近了自己与陌生人的距离，却有可能使自己疏远家人、同学、朋友等身边的人，这也在一定程度上会弱化现实的人际交往能力，因此不能以网络交往代替现实交往。

自觉避免沉迷网络。大学生通过网络接触到前所未有的广阔空间，能更加有效和广泛地获取信息、学习知识、交流情感和了解社会。但是，现实中也存在着一些青少年上网成

---

[1] 汤丽芳. 社会公德：当代中国道德建设中的道德难题［J］. 求索，2011（4）：117-118.

瘾，沉迷于网络尤其是网络游戏不能自拔，导致耽误学业甚至放弃学业的现象。一个人的时间和精力都是有限的，在网上消耗的时间多，在其他方面投入的时间就少。从网上得到的信息也并非越多越好，接受越多的信息越有可能干扰自己的思维和行动。大学生应当合理安排上网时间，约束上网行为，避免沉迷网络。

加强网络道德自律。网络空间同现实社会一样，既要提倡自由，也要保持秩序。网络的虚拟性以及行为主体的隐匿性，不利于发挥社会舆论的监督作用，使道德规范所具有的外在约束力明显降低。如果说享受互联网的自由是网民不可剥夺的权利，那么加强道德自律就应该成为网民不可推卸的义务。在这种情况下，个体的道德自律成为维护网络道德规范的基本保障。大学生应当在网络生活中培养自律精神，在缺少外在监督的网络空间里，做到自律而"不逾矩"，促进网络生活的健康与和谐。

积极引导网络舆论。纷繁复杂的网络言论如果得不到正确引导，势必会引发各种社会问题。社会需要正能量的舆论来鼓舞温暖人心，网络舆论的引导更需要激浊扬清，弘扬正气。作为新时代的大学生，应当带头引导网络舆论，对模糊认识要及时廓清，对怨气怨言要及时化解，对错误看法要及时引导和纠正，积极营造清朗网络空间。

（二）如何恪守医学职业道德

1. 医学生职业道德的内涵

习近平总书记指出："我国广大卫生与健康工作者要弘扬和践行社会主义核心价值观，强化医德医风建设和行业自律，为人民提供最好的卫生与健康服务。"1999年颁布的《中华人民共和国职业分类大典》对医德的概念作了明确定义：医生的职业道德也就是通常所说的医德，是医务工作者必须遵守的职业道德，它同医务人员的职业生活紧密联系着，是在医务工作实践中形成的，并依靠社会舆论和良心指导的，用以调整医务人员与服务对象之间、医务人员之间以及与社会之间相互关系的行为规范的总和。"医学生，是我国医疗卫生事业的接班人，其将来所从事的职业与普通大众的健康与生命息息相关。在全世界都将人的生命权与健康权看作基本人权的今天，人类无疑将对医学生的职业道德提出更加神圣与崇高的要求。"[①]

2. 当前医学生的职业道德困境

当前医学生职业道德困境主要包括以下四个方面："一是医学生职业道德的伦理基础

---

① 魏宝侃，康永彬，李贵霞. 论医学生职业道德的内涵与培育路径 [J]. 当代教育实践与教学研究，2019（11）：224-225.

不充分;二是医学生职业道德的价值基础不牢固;三是医学生职业道德的内在特质不显著;四是医学生职业道德的生命本体意识不强。"①

在社会"经济价值"高扬之际,医学生职业道德受到价值私人化、利益化、碎片化的冲击,若如此,职业道德伦理家园容易摇摆漂泊,精神皈依可能会无处安放。如若医学生职业道德的伦理基础不充分,少数医者"追名逐利"的私欲不断膨胀,往往会为了蝇头小利或者一己私利而行道德败坏之恶行。那么,这种"义利二分"的道德沦丧行为恰恰正是医学职业道德与少数医者个体之间"伦理精神"断裂所致。这种断裂对医学生职业道德伦理基础形成冲击,不断弱化医学生职业道德建设与社会伦理的同一性基础,从而成为医学生职业道德建设的障碍与绊脚石。

价值多元化与价值自由化是现代社会转型的一个重要后果,其与医学生职业道德价值基础之间存在着深刻的位移,使得"价值基础"与"道德共识"之间的矛盾成为医学生职业道德建设的深层间隙。医学生作为理性的医学职业行为者,其理性能力促使他能够认知、体悟这一职业的社会秩序,并在此秩序中发掘自身存在的价值与目的。但是,现实性击碎了这一道德价值基础,从而形成不牢固的价值秩序。这种价值错位偏移割裂了"公德"与"私德"的内在联系,在"价值应然"与"道德本然"之间形成难以逾越的鸿沟,如此,社会道德价值共识便可能从医学职业道德秩序中被驱逐出去,价值多元化与价值自由化取代医学行业思想价值共识,导致医学生职业道德建设的价值基础面临被侵蚀的风险。价值多元化与价值自由化所蕴含的深层次道德危机直接导致医学职业普遍性、统一性、客观性的伦理道德丧失,从而使行业的道德价值凝聚陷于破碎,这就为少数医学职业者放弃道德责任的恶行提供了价值合理的借口,进而打开了职业败德的方便之门。

缺少对医学生职业道德建设内在特质的深刻把握与有效彰显,是职业道德建构效果不显著的重要因素。职业道德特质是一种面对道德情境时行为主体自觉生成的行为意向,这样的意向是自动化的且是稳定的,里面包含着深刻的认知、情感和能动的过程。职业道德特质作为相对稳定的意识联结系统,指导着行为主体自觉地作出正确的决策与行为。技术理性与工具理性遮蔽了职业道德的内在特质,似乎一切变得技术化、世俗化,缺失了医学道德崇高的精神追求,缺少了精神的现代性超越。但是,医学生职业道德建设恰恰需要这样一种特殊的精神魅力,此种魅力也可以视为一种道德神圣性。若缺失了这样的精神特质,道德就会堕落为简单的、平缓的外在约束规范,失去存在其中的关键内核,形成一定程度

---

① 蔡伟毅. 医学生职业道德建设的现实困境与实现路径[J]. 鞍山师范学院学报, 2022, 24(1): 85-88.

上的道德危机。医学职业道德特质缺乏带来的弊端与局限性很明显,如医患关系紧张、医疗器械采购的腐败行径、少数医生的拜金主义、宗旨意识淡化、亵渎崇高与神圣等。

医学生职业道德建设需要对人类生命本质进行道德追问,对生命持续、对人类存在的本体价值与意义进行道德哲学解读。在现实当中,倘若缺乏对生命本体的认识,缺失对生命存在的终极思索,缺少对生命之根的精心呵护,很容易放逐自我于对医学知识与医疗技术的追求之中,进而弱化对人类生命本真存在的关切。在当前医学生职业道德建设中,更多的是体现一般意义上的道德建设,缺乏之于医学专业特殊性的培养意识,这样便容易损害生命本体与职业道德建设之间的纽带关系,导致医学生职业道德教育遮蔽了生命意义对于道德建设与精神发展的润泽作用。生命本体意识对于医学生职业道德建设具有监督与规诫的作用,如若缺失对生命应有的尊重与敬畏之心,便难以建构起具有生命终极关怀维度的医学生职业道德建设体系。

3. 医学生如何自觉践行职业道德

一是将伦理精神融入医学生职业道德体系。伦理精神浸润着医学生职业道德建设的内在文化底蕴和良善秩序,充盈着对医学生个体道德品质的深度关注与精神诉求。伦理是自由意志在社会方面的体现,需要走向伦理精神,深刻把握其间蕴含的文明、至善、价值等尺度,挖掘医学生职业道德建设的动能性与目的性的内在伦理精神基质和力量源泉,凸显出伦理精神之于医学生职业道德建设的特殊意义。在一定意义上,伦理精神构成医学生职业道德建设的精神目标与信仰观念,更牵引着国家医疗卫生事业向前发展,确证着医学生职业道德建设的内在规定性。因此,医学生职业道德建设不应是一个冷冰冰的过程,而是一个富有人文情感与伦理关怀的教化。医学生职业道德建设的责任在于建立一种适合医学生道德成长与伦理精神教化的医学道德教育体系,一方面要遵从医学生职业道德教育的本质要求与终极目的,另一方面要依托医学伦理精神作为内在的自身逻辑,这样才能形成一个神圣的道德实体来规约与教化医学生个体。为此,只有生成神圣的医学伦理精神,医学生职业道德建设的精神共识才能相应达致。当前,医学生职业道德建设有赖于伦理精神的同一性建构,并且要诉诸伦理精神的能动生成,只有持续用医学伦理精神滋养医学生的神圣精神家园,才能真正化解当前医学生职业道德建设的伦理病灶。

二是用社会主义核心价值观筑牢医学生职业道德根基。"核心价值观,其实就是一种德,既是个人的德,也是一种大德,就是国家的德、社会的德。"[①]社会主义核心价值观以

---

① 郭敏. 道德引领:社会主义核心价值观的实践指向[J]. 道德与文明,2019(1):116-120.

鲜明的价值取向，对科学认知和解决医学生职业道德建设过程中遇到的现实问题、理性应对具有重要的功能与作用，而且对筑牢医学生职业道德根基具有鲜活的时代价值。社会主义核心价值观将医学生职业道德从虚幻的价值多元化与价值自由化拉向了思想共识凝聚的真实价值基础，从根本上筑牢了医学生职业道德建设的根基。通过价值理性认同，自觉将社会主义核心价值观转为自身的精神信仰，在社会核心价值培育中实现道德澄明与道德显现，让医学生切实感悟到春风化雨式的价值魅力，引导医学生积极践行社会主义核心价值观，为提高医学生道德品行提供基本的价值遵循，并汇聚强大的精神动力与道德力量。

三是弘扬求真向善的医学美德特质。"人类不能缺失道德理想，道德理想永远不应灭失。"[1]医学生职业道德建设需要以求真为根本，以向善为目的，在求真向善的追求中又以立德树人为最终理想归宿。一个领域需要一套与之相匹配的美德，求真向善的医学美德擦亮了医学生职业道德建设的神圣性底色，彰显出医学生职业道德建设的崇高意蕴与内在特质。医学生职业道德建设的本性在于求真向善，其意义在于使医学生成为更加有信仰、有肩负使命感的人。求真向善美德是医学生职业道德建设的本质规定性，而这正是救死扶伤的医者所必须具备的高贵品质。缘于此，医学生职业道德建设成为推动医学生自我淬炼与精神洗礼的催化剂，引导着医学生形成秉持操守、向善而行的医学美德特质。正是这种求真向善的永恒精神追求，凝结成医学生职业道德建设源源不断的精神滋养与内在动力，使得医学生职业道德建设建立在坚实的精神基础之上，激励着医学生不断努力进取，为人类生命健康事业贡献应有的力量，实现职业道德建设应然与本然的回归。

四是从根本上唤醒医学生职业道德建设的生命诉求。医学生职业道德建设应诉诸对生命的尊重与敬畏，从理性层面突出对人类生命神圣的科学体认，进而回归尊重生命、敬畏生命的道德原点。需要将生命诉求作为医学生职业道德建设的出发点，将生命价值、生命意识、生命情感纳入职业道德建设的视野，从生命至上的高度予以关注。首先，需要从关切生命的视角与层次来重构医学生职业道德建设的逻辑，彰显职业道德建设的生命气息和崇高精神，搭建贯穿生命视角的解释框架。以珍视生命的角度建构医学生职业道德建设的价值逻辑与本真意蕴，使敬畏生命成为观照医学生思想道德建设与生命本体意识养成的重要因素。其次，需要建立医学生职业道德建设的生命诉求精神维度。把握精神维度空间构成的关节点在于多维思辨医学生职业道德建设的直接现实性与生命诉求精神机制实现的动能二者之间的逻辑同构关系。让医学生职业道德建设焕发出尊重和敬畏生命的特质，让医

---

[1] 左秋明，何云峰."道德金规则"的伦理本质、人性基础与道德理想[J].江苏社会科学，2019(4)：39-45.

学生的道德与生命共振，与生命共鸣，彼此之间相互激荡、相互融合。最后，需要形成生命终极关怀的话语体系。医学生职业道德建设需要建构富有生命诉求意味的话语体系，用生命的力量感召学生，以深厚的人类情感关怀感染学生，使医学生自觉形成对人类生命的尊重与敬畏，体现出医学生职业道德建设直面"生命"本身的独特性与根本性。

（三）弘扬家庭美德

1. 为什么要弘扬家庭美德

弘扬向上向善的家庭美德，"有助于个体获得其生存所必不可少的精神支持；有助于矫正家庭伦理失范问题，促进社会和谐弘扬向上向善的家庭美德；有助于培育和践行社会主义核心价值观；有助于传承中华优秀传统文化。"[①]

对于每一个个体的成长而言，物质层面的需求固然重要，但也离不开精神层面的需求。如果精神层面上的需求得不到满足，就有可能会导致我们片面、畸形的发展。家庭是我们每一个个体生活的依托。它不仅仅是我们生存的空间，为我们提供生存所必需的衣食住行，并且这些物质支撑着我们作为具体化的自然人的存在。同时，家庭更是家庭成员彼此之间进行交流的重要场域，给了我们强大的情感寄托。因而，在一定程度上可以说，没有家庭，就没有我们个体的存在。

一个充满正能量和希望的和谐社会，需要以千千万万个拥有向上向善家庭美德的和谐家庭为支撑。向上向善不仅是一个家庭生存样态的表征，也还是每位家庭成员孜孜以求的家庭目标。新时代，习近平总书记强调在家庭建设中对向上向善的家庭美德的弘扬，就是要将向上向善作为处理家庭成员间矛盾与纠纷的基本准则和价值取向，要求每位家庭成员以此来规范和调节自己的行为，渐渐地，这一良好美德将会由外在的约束"润物细无声"般内化为每位家庭成员的自主自愿行为，最终成为每位家庭成员待人处事的共同遵循。那么具有向上向善家庭美德的家庭，就会自觉做到孝老敬亲、夫妻和睦、兄友弟恭、家人相亲相爱、邻里团结。假使遇到矛盾和纠纷，也会以真诚、善意和包容来处理，从而使家庭矛盾和纠纷能够得以妥善解决，最终也将有助于社会的和谐发展。

社会主义核心价值观凝聚着全国各族人民的共同价值追求，是中国特色社会主义的精神支柱。家庭美德作为家庭层面上的核心价值观，是个人良好品行塑造和正确价值观树立

---

① 马素梅. 弘扬向上向善的家庭美德的时代意义及路径——学习习近平总书记关于家庭建设的重要论述[J]. 南方论刊，2021（2）：10-14.

的根基,"家庭的价值取向影响着整个社会的价值取向"①,因而培育和践行社会主义核心价值观,离不开对家庭美德的培育和弘扬。新时代,向上向善的家庭美德正是社会主义核心价值观的要求在家庭中的具体体现。向上向善代表着积极向上、爱国爱家,尊老爱幼、夫妻和睦、邻里团结彰显了文明和友善,男女平等体现了平等和公正。故而,在千千万万个家庭中培育向上向善的家庭美德,也就是在将践行社会主义核心价值观工作落细落小落实,从而使其在全社会生根发芽。

作为中华传统文化的重要组成部分,家庭文化积淀了中国人民独特的精神追求和价值观念,代表着中华民族独特的精神标识,是我们最深厚的文化软实力,是我们文化得以自信的基础。当前,我们将家庭放在新的时代背景下,倡导千千万万个家庭将家庭梦想与实现中华民族伟大复兴的国家梦想紧密结合起来,在广大家庭中培育尊老爱幼、男女平等、夫妻和睦、勤俭持家、邻里团结的传统家庭美德,促进广大家庭积极向上向善,这不仅为我国当前加强家庭建设明确了价值取向,更是在传承中华优秀传统文化。向上向善不仅集中体现了新时代的家庭美德,更代表了一种爱国爱家的家国一体,重视亲情、重视家庭和谐、重视孝道等的传统家庭文化。因而,新时代在广大家庭中培育向上向善的家庭美德,有助于将中华传统优秀文化发扬光大,树立文化自信,进而为实现中华民族伟大复兴的中国梦凝聚深厚的精神动力。

2. 怎样弘扬家庭美德

一是注重家庭、家教、家风建设。家庭和睦则社会安定,家庭幸福则社会祥和,家庭文明则社会文明。历史和现实告诉我们,家庭的前途命运同国家和民族的前途命运紧密相连。我们要认识到,千家万户都好,国家才能好,民族才能好。国家富强,民族复兴,人民幸福,不是抽象的,最终要体现在千千万万个家庭的幸福美满之上,体现在亿万人民生活的不断改善之上。同时,我们还要认识到,国家好,民族好,家庭才能好。只有实现中华民族伟大复兴的中国梦,家庭梦才能梦想成真。

注重家教。家庭是人生的第一个课堂,父母是孩子的第一任老师。家庭教育涉及很多方面,但最重要的是品德教育,是如何做人的教育,也就是古人说的"爱子,教之以义方","爱之不以道,适所以害之也"。家庭环境对下一代的影响很大,往往可以影响一个人的一生。注重家教,应该把美好的道德观念从小就传递给孩子,引导他们有做人的气节

---

① 刘亚玫,马焱. 新时代家庭建设的根本遵循——学习习近平总书记关于家庭建设的重要论述[J]. 妇女研究论丛,2018(6):6.

和骨气,帮助他们形成美好心灵,促使他们健康成长。

注重家风。家风是指一个家庭或家族的传统风尚或作风。良好的家风,对家庭成员的个人修养产生着重要的作用,也对整个社会道德风尚的形成产生着重要的影响。家风好,就能家道兴盛、和顺美满;家风差,难免殃及子孙、贻害社会,正所谓"积善之家,必有余庆;积不善之家,必有余殃"。诸葛亮诫子格言、颜氏家训、朱子家训等,都是在倡导一种家风。大学生要继承和弘扬优良家风,促进家庭和谐。

二是树立正确的恋爱观与婚姻观。大学时代是人生美好的时光。爱情的艳丽花朵,要精心照料才会绽放得更加绚烂多彩。对大学生来说,如果在大学时代与爱情相逢,那就要用心呵护,倍加珍惜。处理好恋爱中的各种关系,是对爱情的祝福,也是对自己的祝福,更是对未来人生幸福的祝福。

不能误把友谊当爱情。有些同学在与异性的交往中,不能准确区分友谊与爱情两种性质不同的感情体验,给双方增添许多烦恼。异性之间要理智地把握好友谊与爱情的界限,异性之间完全可以建立和保持健康的友谊。

不能错置爱情的地位。有些同学把爱情放在人生最高的地位,奉行爱情至上主义,沉湎于感情缠绵之中。这样的恋爱观,很容易导致对人生目标的误解,对需要将主要精力用于学习上的大学生来说危害甚大。

不能片面或功利化地对待恋爱。无论是在自己心中勾画出一个脱离现实的恋爱偶像,还是只追求外在形象,或者只看重对方的经济条件,或者仅仅把恋爱看成是摆脱孤独寂寞的方式,都无法产生真挚的感情,也得不到真正的爱情。

不能只重过程不顾后果。责任是爱情得以长久的重要保障,是坚贞爱情的试金石。自愿担当的责任,丰富了爱情的内涵,提升了爱情的境界。如果"不在乎天长地久,只在乎曾经拥有",把爱情当成游戏,既会伤害对方,也会伤及自己。

不能因失恋而迷失人生方向。恋爱过程是恋爱双方互相熟悉和情感协调的过程,恋爱成功与失败都是正常现象。大学生应该正确对待失恋,做到失恋不失志,失恋不失德,不影响学业和生活,不丧失对爱的憧憬和追求。

树立正确的恋爱观,大学生还要处理好这样几种关系:一是恋爱与学习的关系。学习是大学生的主要任务,大学生应把爱情作为奋发学习的动力,同时还应把是否有利于促进学习作为衡量爱情价值的一个重要而特殊的标准。二是恋爱与关心集体的关系。恋爱中的双方不应把自己禁锢在两个人的世界中。脱离集体,疏远同学,会妨碍自身的全面发展与进步。三是恋爱与关爱他人和社会的关系。爱的情感丰富博大,不仅有恋人之爱,还有对父母之爱、对兄弟姐妹之爱、对社会和国家之爱。只专注于对恋人的爱而忽视对他人和社会的爱，这样的爱情就会显得自私和庸俗；相反，对他人和社会具有爱心则会使爱情变得高尚和稳固。

（四）锤炼个人品德

1. 为什么要锤炼医学生个人品德

个人对道德规范具有主观能动性，即个人根据实际情况选择应履行的道德准则来指导具体实践。一个社会的道德原则和道德规范，只有被这个社会广泛的个体所接纳认可，内化为个人品德，才能够在道德行为中起到规范与约束的作用。个人品德的锤炼对提高道德主体的自我约束与道德自觉、帮助其主动践行医德规范具有重要作用，将直接影响社会公德、职业道德和家庭美德建设。医学生职业道德建设最终需要落实到个体的道德品质，才能够真实有效地影响其道德修养在职业领域的实践。因此，"个人品德建设是一切道德建设的根底，与其他'三德'共同支撑起社会主义公民道德建设的大厦"。

个人品德对道德和法律作用的发挥具有重要的推动作用。个人品德是道德和法律作用发挥的推动力量。社会道德和法律要求只有内化为个人品德，才能成为现实的规范力量。同时，个人品德提升的过程也是能动地作用于社会道德和法律的过程，它能够为社会道德和法律的发展进步创造条件、提供动力。

个人品德是个体人格完善的重要标志。在个人的素质结构中，个人品德是一个非常重要的组成部分，才智等其他素质的完善和成就，也离不开品德力量的支持。一方面，个人品德决定着一个人在实际生活和社会实践中的行为选择，以及对各种关系的协调和处理，直接显示出个人境界和素质的高低；另一方面，个人品德又为自我整体素质的修养、锻炼和完善规划目标指明方向，为个人成长提供指引和调控。

个人品德是经济社会发展进程中重要的主体精神力量。社会是由通过各种不同的社会关系联结起来的社会成员组成的，社会道德状况也是由相互影响的每个社会成员的个人品德体现出来的。个人品德的提升，不但直接成为社会道德水平的有机组成部分，而且还可以通过自身的影响和带动，为社会道德更大程度的发展进步开辟道路、提供动力。在中国特色社会主义新时代，充分发挥个人品德的功能和作用的意义显得更加突出。作为社会主义道德建设的落脚点，个人品德状况影响着社会主义市场经济制度的完善和社会主义民主政治的进程。社会成员的思想观念和道德素质普遍得到提高，是全面建成小康社会、实现中华民族伟大复兴中国梦的前提和保障。

2. 如何锤炼医学生个人品德

一是认知层面。通过虚心学习，积极思索，辨别善恶，学善戒恶，养成良好的德行。在提升个人品德的过程中，首先要善于学习各种道德理论和知识，尤其是社会主义道德理论和知识。同时要善于思考，并且把善于学习和善于思考有机地统一起来。孔子说："学而不思则罔，思而不学则殆"，只有坚持既不断学习又深入思考的修养方式，才能对人为什么要讲道德、讲什么样的道德和怎样讲道德形成全面而深刻的认识，产生道德智慧，过有意义的生活。

二是情感层面。激发正向的道德认同和道德情感。医学生在道德修养中激发正向的情感认同，总体而言就是要亲近真善美，抵制假恶丑，体验道德的愉悦，追求高尚的快乐。通过尊崇道德模范、学习道德模范，具体而言，就是学习道德模范助人为乐、关爱他人的高尚情怀，在关心他人、帮助他人的过程中创造人生价值；学习他们见义勇为、勇于担当的无畏精神，在危难和考验关头挺身而出；学习他们以诚待人、守信践诺的崇高品格，老老实实做人、踏踏实实做事；学习他们敬业奉献、勤勉做事的职业操守，干一行爱一行，钻一行精一行；学习他们孝老爱亲、血脉相依的至美真情，常怀感恩之心、敬爱之情。从而激发正向的道德认同与道德情感，具体而言，就是要自觉培育对家庭成员的亲亲之情，对病患、医疗卫生事业的关心关爱，增强社会责任感、国家认同感、民族归属感、时代使命感，在与祖国同呼吸、与民族同步伐、与人民心连心的高尚情怀中，陶冶道德情操。

三是意志层面。强化坚定的道德意志和道德信念。道德修养重在践行，但有些大学生存在知而不行的现象，也就是尽管掌握了许多道德知识，却没有落实在自己的实际行动上，导致知行脱节。在道德认知向道德行为转化的过程中，道德意志和道德信念是关键环节。道德意志和道德信念是人们在践履道德原则、规范的过程中表现出的自觉克服一切困难和障碍的毅力，通过道德意志和信念的坚守，道德行为才能体现出恒久性。大学生需要明白"从善如登"的深刻道理，磨炼道德意志，坚定道德信念，学会克服学习、生活、交往、成长中的各种困难和挫折，远离干扰、避免懈怠、战胜诱惑，在砥砺中前行，在拼搏中进取，并做到持之以恒、久久为功，从而成就高尚的道德品格。新时代的大学生，要有为国家民族奋斗、为人类事业献身的情怀和担当，不懈追求共产主义的崇高道德信念和高尚道德境界。

四是践行层面。要知行合一，即把提高道德认识与躬行道德实践统一起来，以促进道德要求内化为个人的道德品质，外化为实际的道德行为。医学生应带头学红医精神，做红医精神的种子，把红医精神广播在祖国大地上；积极参加志愿服务活动，在深入社会、体察民情、关爱他人、奉献社会的道德实践中感受善的力量，以实际行动书写新时代的红医故事，为实现中国梦发光发热。可见，道德修养并不是脱离实际的闭门思索，而是人们联系社会实践在道德上的自我反省和自我升华。

三、经典案例分析

案例一 "可怕的网络键盘侠"

河北寻亲男孩刘某在微博上发了一篇名为《生来即轻，还时亦净》的文章后，选择服用大量药物的方式，结束了自己15岁的生命。刘某在遗书中写道："这几天一直有人抖音、微博私信攻击我、骂我，而我想去解释的时候，发现百分之九十以上都是小号和私密账号。"2022年1月28日，新浪微博发布公告称，关于网上热议的寻亲男孩刘某遭受私信网暴事件，自1月12日当事人收到私信以来，至24日0点，共有1239个与当事人有私信往来的用户。1239个账号中，有个别用户存在人身攻击言论。

【案例分析】

网络暴力作为一种网络道德失范行为，反映了网民的道德失范。网民的道德失范是指网民对既有道德规范的无视与违背，表现为网民道德意识、道德情感、道德行为等方面的偏差，即有道德规范不能对其产生有效的约束力。匿名网民很容易披着"伸张正义"的外衣，很多的私信，共同针对同一个对象，过激的侮辱谩骂、谣言传播等不当言论便集中起来，给作为当事人的刘某带来了巨大的精神、心理上的压迫，是压垮少年的最后一根稻草。刘某被网暴自杀，反映了网民以责任意识为主的道德意识的缺乏，反映了网民以正义感为主的道德情感的极端，是典型的网民道德行为失范所造成的无法挽回的后果。

网络是公共生活的一部分，是它的自然延伸，网络暴力是网络道德失范的典型代表，除此外当前网络色情信息泛滥，严重危害青少年的身心健康；软件、游戏、影视作品、音乐、书籍和论文等知识产权受到盗版行为的严重侵犯；电子商务活动中的欺诈与失信现象时有发生；计算机病毒的传播和黑客对网络的破坏日益严重；等等。因此，在网络生活中要加强网络道德自律，共守网络底线，培养自律精神，做到自律而"不逾矩"，促进网络生活的健康与和谐；拒绝网络暴力，不做"键盘侠"；通过网络开展健康有益的人际交往，积极参与网络文化的建设与管理，进行有利于个人身心健康和品德培养的网络交往；对模糊认识要及时廓清，对怨气怨言要及时化解，对错误看法要及时引导和纠正，积极营造清朗网络空间。

案例二　吴孟超：中国肝胆外科之父

2004年，肝部长了巨型肿瘤的王女士曾引发了各大媒体的报道，她肝脏的肿瘤比篮球还大，大到所有人都认为只有肝移植一条路可以保命！尽管好心的人们为她凑出了医药费，但是没有医院敢为她做手术。绝望之下她来到上海找到肝胆外科专家吴孟超，吴孟超反对肝移植，建议手术摘除，但是王女士的肿瘤紧紧挨着肝动脉，手术难度极大，稍有不慎就会引起大出血，很有可能下不了手术台。有人劝吴孟超，这样风险大的手术，如果病人没挺过去，那他的英名就毁于一旦了，但在当时已经82岁的吴孟超眼里，什么都比不上"人命关天"四个字，手术花了10个多小时，成功摘除了一个重达4.5公斤的肿瘤，将王女士救了回来。

【案例分析】

吴孟超院士以高尚的医德彰显对人民群众的医者仁心。吴孟超院士总说："我想背着每一位病人过河。"他是这么说的也是这么做的，案例中的王女士只是吴孟超院士从医70多年、近1.6万肝胆病人中的一个，在肝胆病人眼中，吴孟超院士就是白衣天使。响应国家的号召，到需要的地方去。大学毕业之后，吴孟超成为第二军医大学医生，在他选择专攻方向时，恩师裘法祖的一句话影响了他整个职业生涯。裘法祖对他说：我国的肝脏外科几乎是一片空白，你可以朝这个方向发展。因为这句话，此后的几十年里，他毅然决然，开始了在我国肝胆内科大片的空白里攻坚克难。

以高超的医术和高尚的职业道德，吴孟超院士从医以来取得了无数的成就。20世纪50年代，他最先提出中国人肝脏解剖五叶四段新见解；60年代，他首创常温下间歇肝门阻断切肝法，并率先突破人体中肝叶手术禁区；70年代，他建立起完整的肝脏海绵状血管瘤和小肝癌的早期诊治体系，较早应用肝动脉结扎法和肝动脉栓塞法治疗中、晚期肝癌；80年代，他建立了常温下无血切肝术、肝癌复发再切除和肝癌二期手术技术；90年代，他在中、晚期肝癌的基因免疫治疗、肝移植等方面取得了重大进展，并首先开展腹腔镜下肝切除和肝动脉结扎术。

吴孟超院士创造了中国医学界乃至世界医学肝胆外科领域的无数个第一，见证中国肝胆外科从无到有、从有到精的卓绝探索。

利他主义推动我国医学事业发展的传承。吴孟超院士说："我的身体还可以，还能救更多的人；我还希望能多带学生、多教年轻人！我的平台有了，接班人也有了，我的心就定了。"1997年,吴孟超靠个人积蓄30万元和社会捐赠共500万元,成立"吴孟超肝胆外科医学技术基金"。2006年,他又把国家最高科技奖500万元全部用于科学研究和人才培养。

案例三 用知识的力量关爱社会、奉献爱心

2021年7月17日至23日,河南省郑州市特大暴雨,远在上海财经大学金融学院就读的2017级本科生李同学,在朋友圈发布了想为家乡做点事,随即就有30多名同学参与进来,大家分工合作整理了这份名为"待救援人员信息"文档,这是民间救援组织在腾讯文档上进行救援信息收集的在线表格,7月21日21点文档创建24小时之内已经"自发"更新至第270多版共有250多万次访问量,其突破了当天访问纪录。在这一天多的时间里一位84岁的老人被成功救援;被困一天没喝水的孩子得到了救助;一位被困几小时待产的孕妇,被安全送到了医院。

【案例分析】

以李同学为代表的大学生,用志愿者服务活动呈现出如何锤炼个人品德。一是到最需要的地方去。2021年7月17日至23日,河南省郑州市遭遇历史罕见特大暴雨,发生严重洪涝灾害,急需相关人力、物力、财力,李同学虽身在上海,但是以网络的形式贡献个人力量。二是帮助弱势群体。李同学的在线求助文档是一份救命文档,将求助信息、愿意救助人群、物资支援、医疗救护等整合起来,打通了信息孤岛,连接起了官方和民间的救助力量,一天时间里通过文档里的信息成功救援了一名发高烧的女生、一位84岁的老人、被困一天没喝水的小宝宝和被困几小时待产的孕妇等许多人。三是做力所能及的事,贡献自己的力量。李同学用自己所学所长组建了30余人的河南远程救援小分队,之后,群聊迅速扩充为4个200~400人的微信群,并跟当地的线下救援力量和专业救助机构取得了联系,是当代大学生用科技的力量关爱社会、奉献爱心的重要表现。

四、拓展阅读

(一)抓好网络空间道德建设

第一,加强网络内容建设。网络信息内容广泛影响着人们的思想观念和道德行为。要深入实施网络内容建设工程,弘扬主旋律,激发正能量,让科学理论、正确舆论、优秀文

化充盈网络空间。发展积极向上的网络文化，引导互联网企业和网民创作生产传播格调健康的网络文学、网络音乐、网络表演、网络电影、网络剧、网络音视频、网络动漫、网络游戏等。加强网上热点话题和突发事件的正确引导、有效引导，明辨是非、分清善恶，让正确道德取向成为网络空间的主流。

第二，培养文明自律网络行为。网上行为主体的文明自律是网络空间道德建设的基础。要建立和完善网络行为规范，明确网络是非观念，培育符合互联网发展规律、体现社会主义精神文明建设要求的网络伦理、网络道德。倡导文明办网，推动互联网企业自觉履行主体责任、主动承担社会责任，依法依规经营，加强网络从业人员教育培训，坚决打击网上有害信息传播行为，依法规范管理传播渠道。倡导文明上网，广泛开展争做中国好网民活动，推进网民网络素养教育，引导广大网民尊德守法、文明互动、理性表达，远离不良网站，防止网络沉迷，自觉维护良好网络秩序。

第三，丰富网上道德实践。互联网为道德实践提供了新的空间、新的载体。要积极培育和引导互联网公益力量，壮大网络公益队伍，形成线上线下踊跃参与公益事业的生动局面。加强网络公益宣传，引导人们随时、随地、随手做公益，推动形成关爱他人、奉献社会的良好风尚。拓展"互联网+公益""互联网+慈善"模式，广泛开展形式多样的网络公益、网络慈善活动，激发全社会热心公益、参与慈善的热情。加强网络公益规范化运行和管理，完善相关法规制度，促进网络公益健康有序发展。

第四，营造良好网络道德环境。加强互联网管理，正能量是总要求，管得住是硬道理，用得好是真本事。要严格依法管网治网，加强互联网领域立法执法，强化网络综合治理，加强网络社交平台、各类公众账号等管理，重视个人信息安全，建立完善新技术新应用道德评估制度，维护网络道德秩序。开展网络治理专项行动，加大对网上突出问题的整治力度，清理网络欺诈、造谣、诽谤、谩骂、歧视、色情、低俗等内容，反对网络暴力行为，依法惩治网络违法犯罪，促进网络空间日益清朗。

——节选自新时代公民道德建设实施纲要. 新华网, 2019-10-28.

（二）论"工匠精神"

从本质上讲，"工匠精神"是一种职业精神，它是职业道德、职业能力、职业品质的体现，是从业者的一种职业价值取向和行为表现。在新的时代弘扬和践行"工匠精神"，须深入把握其基本内涵、当代价值与培育途径。"工匠精神"的基本内涵包括敬业、精益、专注、创新等方面的内容。

其一，敬业。敬业是从业者基于对职业的敬畏和热爱而产生的一种全身心投入的认认真真、尽职尽责的职业精神状态。中华民族历来有"敬业乐群""忠于职守"的传统，敬业是中国人的传统美德，也是当今社会主义核心价值观的基本要求之一。早在春秋时期，孔子就主张人在一生中始终要"执事敬""事思敬""修己以敬"。"执事敬"，是指行事要严肃认真不怠慢；"事思敬"，是指临事要专心致志不懈怠；"修己以敬"，是指加强自身修养保持恭敬谦逊的态度。宋代大思想家朱熹将敬业解释为"专心致志，以事其业"。

其二，精益。精益就是精益求精，是从业者对每件产品、每道工序都凝神聚力、精益求精、追求极致的职业品质。所谓精益求精，是指已经做得很好了，还要求做得更好，"即使做一颗螺丝钉也要做到最好"。正如老子所说，"天下大事，必作于细"。能基业长青的企业，无不是精益求精才获得成功的。瑞士手表得以誉满天下、畅销世界、成为经典，靠的就是制表匠们对每一个零件、每一道工序都精心打磨、专心雕琢的精益精神。

其三，专注。专注就是内心笃定而着眼于细节的耐心、执着、坚持的精神，这是一切"大国工匠"所必须具备的精神特质。从中外实践经验来看，工匠精神都意味着一种执着，即一种几十年如一日的坚持与韧性。德国除了有人们耳熟能详的奔驰、宝马、奥迪、西门子等知名品牌之外，还有数以千计普通消费者没有听说过的中小企业，它们大部分"术业有专攻"，一旦选定行业，就一门心思扎根下去，心无旁骛，在一个细分产品上不断积累优势，在各自领域成为"领头羊"。其实，在中国早就有"艺痴者技必良"的说法。古代工匠大多穷其一生只专注于做一件事，或几件内容相近的事情。《庄子》中记载的游刃有余的"庖丁解牛"、《核舟记》中记载的奇巧人王叔远等大抵如此。

其四，创新。"工匠精神"强调执着、坚持、专注甚至是陶醉、痴迷，但绝不等同于因循守旧、拘泥一格的"匠气"，其中包括着追求突破、追求革新的创新内蕴。这意味着，工匠必须把"匠心"融入生产的每个环节，既要对职业有敬畏、对质量够精准，又要富有追求突破、追求革新的创新活力。事实上，古往今来，热衷于创新和发明的工匠们一直是世界科技进步的重要推动力量。新中国成立初期，我国涌现出一大批优秀的工匠，如倪志福、郝建秀等，他们为社会主义建设事业作出了突出贡献。改革开放以来，"汉字激光照排系统之父"王选、"中国第一、全球第二的充电电池制造商"王传福、从事高铁研制生产的铁路工人和从事特高压、智能电网研究运行的电力工人等都是"工匠精神"的优秀传承者，他们让中国创新重新影响了世界。

——节选自徐耀强. 论"工匠精神"[J]. 红旗文稿，2017（10）.

(三)做守家庭美德的好成员

习近平总书记强调:"家庭教育涉及很多方面,但最重要的是品德教育,是如何做人的教育。"作为公民道德建设的关键一环,家庭的作用不可或缺。中共中央、国务院印发的《新时代公民道德建设实施纲要》,明确提出"推动践行以尊老爱幼、男女平等、夫妻和睦、勤俭持家、邻里互助为主要内容的家庭美德,鼓励人们在家庭里做一个好成员"。新时代新征程,培育家庭美德,崇尚良好家风,才能为家庭谋和谐、为他人送温暖、为社会作贡献。

家庭不仅是婚姻关系、血缘关系的呈现,也是道德践履的平台、品德养成的起点。在古代,孝悌恭敬是伦理道德的重要范畴,立业兴家是人生奋斗的基本追求。今天的生活格局虽然发生巨变,但作为拔苗育穗的温室、幸福生活的港湾、安享晚年的依托,家庭的功能没有变化,"家和万事兴"的道理并未过时,家庭美德建设依然至关重要。作为社会生活的"练兵场",从价值观到财富观,从文明习惯到是非判断,家庭生活在潜移默化中塑造着每个人的行为方式。亲子、夫妻、兄弟姐妹各自担起自己的家庭责任,一方容身之所才称得上温暖和睦的"家庭"。

有什么样的家风,就有什么样的家庭。"积善之家,必有余庆。"家风中既有传统文化的延续传承,也有现代生活的生成聚合。家庭美德建设,不仅需注重发扬光大中华民族传统家庭美德,也要紧密结合培育和弘扬社会主义核心价值观。《新时代公民道德建设实施纲要》明确提出:要弘扬中华民族传统家庭美德,倡导现代家庭文明观念,推动形成爱国爱家、相亲相爱、向上向善、共建共享的社会主义家庭文明新风尚,让美德在家庭中生根、在亲情中升华。一方面传承中华孝道,养成孝敬父母、尊敬长辈的良好品质,另一方面倡导忠诚、责任、亲情、学习、公益的理念,让家庭成员相互影响、共同提高,就能涵养好家风,建设好家庭。

有什么样的家教,就有什么样的个人。家庭是人生的第一所学校,追求家庭和顺美满,关键要用良好家教家风涵育道德品行。爱国华侨陈嘉庚兴巨资办学却对家人很"抠门",勤俭家教让子女养成了和他一样的公益情怀;人民教育家于漪耕耘教坛60多年,儿子、孙女在她的熏陶下相继走上教师岗位。家教家风与家庭美德绝不仅仅是居家生活的相处之道,更连通着国家发展和社会和谐。缺少必要的正确家教,家庭就会成为人性弱点的避风港、不良风气的滋生地。重言传、重身教,教知识、育品德,以身作则、耳濡目染,用正确道德观念塑造美好心灵,新时代的家庭就将绽放出美丽的道德光芒。

——节选自石羚. 做守家庭美德的好成员[N]. 人民日报, 2019-10-31.

五、习题练习

1.（单选）全面提高公民道德素质，要坚持依法治国和以德治国相结合，加强社会公德、职业道德、家庭美德、个人品德教育，弘扬中华传统美德，弘扬时代新风。下列选项中，既是道德规范又是法律原则的是（　　）。

A．爱岗敬业　　　B．诚实守信　　　C．助人为乐　　　D．勤俭持家

【答案】B

2.（多选）个人品德是通过社会道德教育和个人自觉的道德修养所形成的稳定的心理状态和行为习惯。它是个体对某种道德要求认同和践履的结果，集中体现了道德认知、道德情感、道德意志和道德行为的内在统一。这表明个人品德是（　　）。

A．在实践活动锤炼而成的特殊品质

B．在实践活动表现出来的行为的稳定倾向

C．偶然的、短暂的道德行为现象

D．个人行为的统一整体及知、情、意、行的综合体现

【答案】ABD

3.（多选）卫生职业道德的建设的内容包括（　　）。

A．医德教育、医德修养　　　　　B．完善各项规章制度，建立自我约束机制

C．加强行风建设，强化社会监督　　D．舆论制约和社会监督

【答案】AD

4.（多选）以下选项属于医德修养四要素的是（　　）。

A．医德认识　　　B．医德情感　　　C．医德意志　　　D．医德信念

【答案】ABCD

5.（多选）下列属于医护工作者要发扬的行业风尚的是（　　）。

A．乐于助人　　　B．救死扶伤　　　C．爱岗敬业　　　D．治病救人

【答案】ABCD

专题九　社会主义法律的本质特征和运行

一、学习目的

本专题主要通过学习法律的概念及其历史发展、社会主义法律的本质特征，分析社会主义法律如何运行，引导学生从法律的含义、特征、产生与发展四个方面对"法律"进行阐释，使学生对"法律"有全面深刻的理解；引导学生从法律的创制、实施，法律借以产生的物质生活条件，法律内容所体现的意志等角度来思考法律，旨在使大学生深刻理解法律的本质含义。

大学生学习社会主义法律，要在理解法律及其历史发展的基础上，准确把握社会主义法律的本质特征和运行机制，正确认识中国特色社会主义法律的发展规律和时代价值，不断增强建设社会主义法治国家的责任感和使命感。

二、重难点解析

（一）法律的含义

关于法律含义的探讨，古罗马著名政治家、哲学家西塞罗曾言："法律乃是自然中固有的最高理性，它允许做该做的事情，禁止相反的行为。当这确立于认得心智并得到实现，便是法律。"[①]从某种意义而言，法律就是人类自我创造出来并运用于人类社会的、引导并规范人类行为的伟大发明。

法律与我们的日常生活息息相关，但对于什么是法律，不同领域的学者们从诸多角度给出了不同认识与见解。从普遍概念而言，法律是由国家制定或认可并由国家强制力保证

---

① 西塞罗. 国家篇法律篇［M］. 北京：商务印书馆，2011：286.

实施的，反映由特定社会物质生活条件所决定的统治阶级意志的规范体系。[①]具体来讲，法律是以权利和义务为内容，以确认、保护和发展对统治阶级有利的社会关系和社会秩序为目的的行为规范体系。

从法律的含义出发，可以看出法律具备如下特点：

一是法律是由国家创制和实施的行为规范。国家创制法律规范的方式主要有两种，包括国家机关在法定的职权范围内依照法律程序，制定、修改、废止规范性法律文件的活动；以及国家机关赋予某些既存社会规范以法律效力，或者赋予先前的判例以法律效力的活动。法律不但由国家制定和认可，而且由国家强制力保证实施。也就是说，法律具有国家强制性，既表现为国家对合法行为的肯定和保护，也表现为国家对违法行为的否定和制裁。在保证法律实施的过程中，法律意识、道德观念、价值观念、纪律观念等也发挥着重要作用。

二是法律由一定的社会物质生活条件所决定。法律作为上层建筑的重要组成部分，不是凭空出现的，而是产生于特定社会物质生活条件基础之上。社会物质生活条件是指与人类生存相关的物质资料生产方式、地理环境和人口因素等。其中，物质资料的生产方式既是决定社会面貌、性质和发展的根本因素，也是决定法律本质、内容和发展方向的根本因素。物质资料的生产方式包括生产力与生产关系两个方面，对法律产生决定性影响。同时，生产力的发展水平也制约着法律的发展程度。

三是法律是统治阶级意志的体现。法律所体现的统治阶级意志具有整体性，不是统治阶级内部个别人的意志，也不是统治者个人意志的简单相加。统治阶级不仅迫使被统治阶级服从和遵守法律，而且要求统治阶级的成员也遵守法律。法律所体现的统治阶级意志，并不是统治阶级意志的全部，而仅仅是上升为国家意志的那部分意志。因为统治阶级的意志还体现在国家政策、统治阶级的道德、最高统治者的言论等形式之中，并不是所有的意志都必须通过法律这一形式进行体现。其中，重点要辨别国家意志和统治阶级意志。法是统治阶级的意志。国家意志是指国家为了存在和为了维护存在所必要具有的诉求，这些诉求就是国家的意志，即国家的意愿和国家的行动。国家意志指的是整个国家公民的公共意志、公共意愿、公共追求。法所体现的统治阶级意志，是其中上升为国家意志的那部分，即马克思恩格斯所指出的"被奉为法律"的那部分统治阶级意志。法只能体现统治阶级的意志，而不可能体现被统治阶级的意志，这是阶级对立社会法的阶级性的集中体现。

---

① 本书编写组. 思想道德与法治[M]. 北京：高等教育出版社，2021：183.

法律是维护国家稳定、各项事业蓬勃发展的最强有力的武器，是捍卫人民群众权利和利益的工具，也是统治者统治被统治者的手段。在一个法制健全的国家中，创造和解释法律的核心机构为三大部门：科学民主的立法机关、公正不倚的司法机关和高效负责的行政机关，而军事、警力和监狱则是执行法律并让法律为人民服务的重要组成部分。除此之外，若要支持整个法律系统的运作，同时带动法律的进步，则独立自主的法律专业人员和崇尚法律的公民社会也是不可或缺的一部分。

（二）法律的历史发展

法律不是从来就有的，也不是永恒存在的。它随着私有制、阶级和国家的产生而产生，也将随着私有制、阶级和国家的消亡而消亡。法律产生的经济原因在于生产力的发展和社会分工出现，随之而来的产品交换，以及在此基础上的私有制的产生。经济的发展催生了代表不同利益的阶级，尤其是奴隶主与奴隶两大对立阶级出现，使得阶级关系逐渐取代血缘关系成为主流，法律成为维护奴隶主阶级利益的重要工具。此外，文字的出现及其广泛使用，也为法律产生创造了必要条件。

法律作为上层建筑的重要组成部分，其基本内容和性质总是与所在社会的生产关系相适应。在奴隶制社会的经济结构中，奴隶主阶级占有生产资料，同时也占有作为生产劳动者的奴隶。因此，奴隶制法律是奴隶主阶级专政的国家意志的表现，是奴隶主阶级对广大奴隶实行统治的工具。奴隶制法律通常采用最极端的经济剥削和政治压迫的方式，其主要特征包括具有明显的原始习惯残留痕迹，否认奴隶的法律人格，存在严格的等级划分，以及刑罚方式极其残酷。

封建社会是以农业为基础的自然经济占主导地位的社会。在封建社会的经济结构中，封建地主阶级占有生产资料，同时不完全占有作为生产劳动者的农奴或农民。封建制法律是封建地主阶级意志的体现，是统治农民阶级的工具，目的在于维护封建地主阶级的共同利益。封建制法律的基本特征包括确立农民对封建地主的人身依附关系，实行封建等级制度，维护专制皇权，刑罚严酷。

资本主义法律是资产阶级共同意志的体现，是统治工人阶级和其他劳动人民的工具，其根本任务是维护资产阶级的政治、经济和社会秩序。资本主义法律规定的自由、民主、平等价值原则是形式上的，归根结底是维护资产阶级根本利益，所以属于剥削阶级类型的法律。资本主义法律的基本特征主要体现为四个原则：一是与资本主义私有制相适应的私有财产神圣不可侵犯原则；二是与资本主义市场经济相适应的契约自由原则；三是与资本主义民主政治相适应的法律面前人人平等原则；四是与资产阶级人道主义相适应的人权保障原则。

社会主义法律是新型的法律制度，有着与以往剥削阶级类型法律制度不同的经济基础与阶级本质。社会主义法律以公有制为经济基础，保障全体劳动者共同占有生产资料，通过解放生产力和发展生产力来推动社会物质财富和精神财富的日益丰富，从而实现人的全面发展和全体社会成员的共同富裕。社会主义法律是最广大人民群众意志的集中体现，是实现人民当家作主、实行人民民主专政的重要保证。社会主义法律反映了社会主义生产关系的本质要求，为实现普遍意义的平等、自由奠定了坚实基础，开辟了广阔空间，实现了对历史上各种类型法律制度的超越。

（三）我国社会主义法律的本质特征

了解社会主义法律的本质特征，可以结合不同社会形态中的法律对比来看。封建社会法律由代表地主阶级利益的国王或者大臣制定；资本主义社会法律由代表资产阶级利益的议会制定；社会主义社会的法律由代表无产阶级利益的人民议会制定，如我国的法律是由代表广大人民利益的全国人民代表大会制定。这就是法律的基本精神，即它所代表的利益阶层、革命和改革都是围绕着这一主题。

封建社会的人治也是因为法律的基本精神不在于人民，而仅仅是为了维护封建地主的统治秩序，而弥补其不足。社会主义国家的法律由人民而立，并保护人民的利益，这是社会主义社会法律的基本精神。法律的基本精神既体现国家性质，也反映社会矛盾。

法律是最高的社会规则，掌控法律就等于掌握人类社会的前途命运。社会主义国家的法律应该由人民来制定，社会主义国家的法律应该被人民所掌握，如此才可确保国家性质的纯粹性、调和社会矛盾的有效性。

我国社会主义法律，是在中国共产党领导新民主主义革命时期孕育的并在社会主义革命和社会主义建设特别是改革开放后不断形成和发展起来的。

我国根据社会主义初级阶段的基本国情，确立了公有制为主体、多种所有制经济共同发展的基本经济制度，探索出了中国特色社会主义道路。在此条件下，人民的具体范围实际上涵盖了社会主义劳动者、社会主义事业建设者、拥护社会主义的爱国者、拥护祖国统一和致力于中华民族伟大复兴的爱国者。事实上，只要符合马克思主义进步性原则，只要拥护中国共产党的领导并对社会发展起到推动作用，广大社会成员都可以被视为"人民"的组成部分。我国社会主义法律的本质特征既符合一般意义上法的本质特征，也符合社会主义法律的一般特征，同时也呈现出十分鲜明的中国特色，主要表现为党的主张和人民意志的统一、科学性和先进性的统一，是中国特色社会主义建设的重要保障。

1. 党的主张和人民意志的统一

我国社会主义法律的本质特征体现为党的主张和人民意志的统一。从逻辑关系上讲，中国共产党是中国工人阶级的先锋队，同时是中国人民和中华民族的先锋队，是中国特色社会主义事业的领导核心，代表中国先进生产力的发展要求，代表中国先进文化的前进方向，代表中国最广大人民的根本利益。因此，党的主张和人民意志从内在逻辑讲是一致的。

人民意志的主体是人民，从体量上看，是指多数人的意志，但它不是单个人意志的简单叠加，而是一个有机的集体意志；从本质上看，人民意志在生产资料公有制基础上形成，虽然是统治阶级的意志，但是不带有剥削性。因而党的主张同样具有鲜明的阶级属性，和人民意志具有高度一致性。在我国社会主义法律中贯彻党的主张，实际上就是坚持党对法治的领导，正如习近平总书记所强调的："党的领导是中国特色社会主义最本质的特征，是社会主义法治最根本的保证。""坚持党的领导，是社会主义法治的根本要求，是全面推进依法治国的题中应有之义。"[①]

党的主张和人民意志为什么要实现统一呢？马克思指出，充分表达"人民意志"，并非是每个个体都以政治介入的方式直接表达意志，而是需要最坚决的且始终起推动作用的部分即其政党组织作为代表来表达意志。另外，人民意志包括两个部分，一部分是人民能够意识到的，另一部分是人民尚未意识到的。对于人民尚未意识到的那部分人民意志，只有借助其执政党才能够进行凝聚，在我国作为先锋队的中国共产党能够启发人民认识、识别自己的利益和意志，最终使人民能够完全识别人民意志、正确表达人民意志。习近平总书记也对此问题进行过精辟阐释，他指出："我们党的政策和国家法律都是人民根本意志的反映，在本质上是一致的。……要善于通过法定程序使党的主张成为国家意志、形成法律，通过法律保障党的政策有效实施，确保党发挥总揽全局、协调各方的领导核心作用。"[②]因此，我们说党的主张和人民意志的统一是必然的，也是必须的。

2. 科学性和先进性的统一

社会主义法律的科学性体现在它能够正确反映客观规律。马克思说："立法者应该把自

---

① 中共中央文献研究室. 习近平关于全面依法治国论述摘编［M］. 北京：中央文献出版社，2015：23.
② 中共中央文献研究室. 习近平关于全面依法治国论述摘编［M］. 北京：中央文献出版社，2015：20.

己看作一个自然科学家。他不是在创造法律，不是在发明法律，而仅仅是在表述法律。"[1]法律作为阶级意志的集中体现，不是对客观规律的生硬照搬，而是对客观规律的意志化体现，反映了立法者的意愿。因此，要保证法的科学性，需要在正确认识客观规律的基础上，通过实践使之顺应客观规律，也就是说，法的科学性既要依靠正确揭示客观规律的科学理论指导，也要依靠无产阶级和人民的实践使之符合人类社会发展的一般规律。

我国社会主义法律之所以具有科学性，也满足下述两个条件。其一，我国社会主义法律是以正确揭示客观规律的科学理论——马克思主义理论为指导的，马克思主义理论是对自然科学、社会科学、思维科学的概括和总结，揭示了自然界和人类社会发展的客观规律，科学回答了法的产生、法的本质，彻底打破了法的唯心化、神秘化，在这种正确理论的指引下，我国社会主义法律相比历史上任何时期的法律都更加科学。其二，中国共产党以科学的态度和实践领导立法，使得我国法律符合时代要求，符合客观规律。从中华人民共和国成立至今，我国法律的制定、修改基本秉承了科学的态度。以宪法为例，在1954年制定新中国第一部宪法时，毛泽东就明确强调："有人说，宪法草案中删掉个别条文是由于有些人特别谦虚。不能这样解释。这不是谦虚，而是因为那样写不适当，不合理，不科学。……搞宪法是搞科学。"[2]党的十八大以来，以习近平同志为核心的党中央高度重视法治工作，在对待宪法修改的问题上，坚持"搞宪法就是搞科学"的观点，以科学严谨的态度对宪法进行了修改。正如习近平总书记所指出的："通过修改使我国宪法更好体现人民意志，更好体现中国特色社会主义制度的优势，更好适应提高中国共产党长期执政能力、推进全面依法治国、推进国家治理体系和治理能力现代化的要求，为新时代坚持和发展中国特色社会主义提供宪法保障。"[3]

我国社会主义法律具有先进性。首先，它的先进性得益于中国共产党的领导。中国共产党是先进的政党，因为中国共产党始终代表先进生产力的发展要求、始终代表先进文化的前进方向、始终代表中国最广大人民的根本利益，在党的领导下制定的法律，因而带有体现其阶级基础的先进性。其次，它的先进性得益于中国特色社会主义制度的先进性。中国特色社会主义制度是符合我国国情的社会主义制度，它具有无可比拟的优越性，在这种制度

---

[1] 中共中央马克思恩格斯列宁斯大林著作编译局. 马克思恩格斯全集：第1卷[M].北京：人民出版社，1995：347.
[2] 毛泽东著作选读：下册[M].北京：人民出版社，1986：712-713.
[3] 习近平. 习近平谈治国理政：第3卷[M].北京：外文出版社，2020：281.

框架下设计、完善我国的法律，也会使得我国的法律更加符合我国社会发展的需要，具有先进性。最后，它的先进性也得益于吸收了我国历史上先进的法的合理部分，如吸收了中华法系"援法断罪"的平等观念、"天下无讼"的价值追求、"明德慎罚"的慎刑思想等。

正因如此，我国社会主义法律具有一系列的先进性，如确保人民享有真实广泛的权利，确保经济社会平稳健康发展，确保国家治理能力和治理体系不断走向现代化，确保社会公平正义，确保生态文明建设稳步推进等，这一系列的先进性都指向国家富强、民族振兴、人民幸福。

3. 中国特色社会主义建设的重要保障

法的社会作用是从法在社会生活中要实现的目的角度来认识的。我国法律的社会作用体现了社会主义的本质要求，经济发展、政治清明、文化昌盛、社会公正、生态良好，都离不开社会主义法律的引领、规范和保障。

经济建设方面，我国法律维护和巩固社会主义市场经济制度，促进社会主义市场经济持续健康发展，保障现代化经济体系建设顺利推进。

政治建设方面，我国法律维护和巩固社会主义政治制度，保障社会主义民主政治顺利推进，保证人民享有广泛的民主权利和自由，巩固人民民主专政。

文化建设方面，我国法律巩固社会主义意识形态，维护社会主义核心价值观，弘扬社会主义道德，促进文化事业和文化产业的发展，推动社会主义文化繁荣兴盛。

社会建设方面，我国法律确保让改革发展成果更多更公平惠及全体人民，促进社会公平正义，形成有效的社会治理、良好的社会秩序，使人民获得感、幸福感、安全感更加充实、更有保障、更可持续。我国社会主义法律维护社会的公平正义，协调人与人、人与社会的关系，维护和谐、稳定的社会秩序。我国高度重视社会建设领域立法，制定和颁布了一系列法律，在保障人民权益、维护社会稳定方面发挥了积极作用。

生态文明建设方面，我国法律倡导尊重自然、顺应自然、保护自然的理念，引导形成节约资源和保护环境的空间格局、产业结构、生产方式、生活方式，推动绿色发展，促进人与自然和谐共生。近些年来，人民对环境方面的要求日益增长，我国加强了环境保护方面的立法，颁布了《中华人民共和国环境保护法》《中华人民共和国水污染防治法》《建设项目环境保护管理条例》《排污费征收使用管理条例》等一系列法律法规，对保护环境、推动绿色发展起到了重要作用。

（四）我国社会主义法律的运行

法律的运行是一个从创制、实施到实现的过程。这个过程主要包括法律制定、法律执行、法律适用、法律遵守等环节。法律制定是国家对权利和义务，即社会利益和负担进行的权威性分配；法律的遵守、执行、适用则是把法定的权利和义务转化为现实的权利和义务，把文本上的法律转化为现实中的法律。我国社会主义法律的运行主要包括以下四个环节：

1. 法律制定

法律制定是指有立法权的国家机关依照法定职权和程序制定规范性法律文件的活动，是法律运行的起始性和关键性环节。根据我国《宪法》《立法法》等的规定，全国人民代表大会及其常务委员会行使国家立法权。国务院有权根据《宪法》和法律制定行政法规。国务院各部门可以根据《宪法》、法律和行政法规，在本部门的权限范围内，制定部门规章。省、自治区、直辖市的人民代表大会及其常委会根据本行政区域的具体情况和实际需要，在不同《宪法》、法律和行政法规相抵触的前提下，可以制定地方性法规。较大的市的人民代表大会及其常委会根据本市的具体情况和实际需要，在不同《宪法》、法律、行政法规和本省、自治区的地方性法规相抵触的前提下，可以制定地方性法规，报省、自治区的人民代表大会常委会批准后施行。省、自治区、直辖市、较大的市的人民政府可以根据法律、行政法规和本省、自治区、直辖市的地方性法规，制定地方政府规章。自治区、自治州、自治县的人民代表大会可以根据当地民族的具体情况制定自治条例和单行条例。特别行政区立法机关有权根据特别行政区基本法自主地制定本行政区的法律。

2. 法律执行

在广义上，法律执行是指国家机关及其公职人员，在国家和公共事务管理中依照法定职权和程序，贯彻和实施法律的活动。在狭义上，法律执行则是指国家行政机关执行法律的活动，也被称为行政执法。行政执法是法律实施和实现的重要环节。在我国，大部分的法律法规都是由行政机关贯彻执行的。在法律运行中，行政执法是最大量、最经常的工作，是实现国家职能和法律价值的重要环节。

行政执法的主体通常是国家行政机关及其公职人员。在我国，行政执法的主体大体分为两类：一类是中央和地方各级政府，包括国务院和地方各级人民政府；另一类是各级政府中享有执法权的下属行政机构。此外，法律授权的社会组织、行政机关依法委托的社会组织可以在一定范围内执行法律。

法律条文是死的，人是活的，法律是为了规范活着的人而不是死去的人。法律工具主义者把法律当成僵化的工具、不变的教条，它违反民主法治的基本精神。法律是人类社会创造的客体，也是人类解放自身的工具，它反过来影响人类社会的发展。要避免法律和人类社会主客体地位颠倒情况的发生，确立起人的主体地位和对法律制度的深刻反思。因此执法者执法过程中，不仅要熟记法律制度还要深谙法律的基本精神，例如，法律的基本精神就是要在分清事实、分清是非的基础上，弘扬正气、匡扶正义。法律的基本精神是所有权。社会主义国家的法律是为人民服务的工具，而不是统治阶级统治人民的工具。

3. 法律适用

法律适用是指国家司法机关及其公职人员依照法定职权和程序适用法律处理案件的专门活动。在我国，司法机关是指国家检察机关和审判机关。人民检察院代表国家行使法律监督权，人民法院代表国家行使审判权。其他任何国家机关、社会组织和个人，不得行使国家司法权。人民法院和人民检察院根据法律法规，公正司法，保护公民、法人和其他组织的合法权利，解决法律纠纷，惩治违法犯罪行为，从而捍卫法律权威，维护法律秩序。

4. 法律遵守

法律遵守是指国家机关、社会组织和公民个人依照法律规定行使权力和权利以及履行职责和义务的活动。依法办事包括两层含义：一是依法享有并行使权利，二是依法承担并履行义务。在法律运行过程中，守法是法律实施和实现的基本途径。在社会主义国家，一切组织和个人都是守法的主体。

三、经典案例分析

案例一 知法——复旦大学研究生投毒案

复旦大学研究生投毒案，是指2013年4月复旦大学上海医学院研究生黄某遭他人投毒后死亡的案件。犯罪嫌疑人林某某是被害人黄某的室友，投毒药品为某种剧毒化学品。2013年4月16日，被害人黄某经抢救无效，于当日在复旦大学附属中山医院去世。2014年2月18日，上海市第二中级人民法院一审宣判，被告人林某某犯故意杀人罪，判处死刑，剥夺政治权利终身。2015年1月8日，上海市高级人民法院对该案进行二审宣判，裁定驳回上诉，维持原判，并依法报请最高人民法院核准。2015年12月11日，上海市第二中级人民法院遵照最高人民法院院长签发的死刑执行命令，对罪犯林某某执行死刑。

此案中林某某与黄某均为复旦大学上海医学院2010级硕士研究生，分属不同的医学专业。2010年8月起，林某某入住复旦大学某宿舍楼。一年后，黄某调入该寝室。之后，林某某因琐事对黄某不满，逐渐怀恨在心。2013年3月29日，林某某在大学宿舍听黄某和其他同学调侃说愚人节即将到来，想做节目整人。林某某看到黄某笑得很得意，便联想起其他学校用毒整人的事件，便计划投毒"整"黄某，让同学难受。

最高人民法院经复核确认：被告人林某某与被害人黄某分别为复旦大学上海医学院2010级硕士研究生，同住一间宿舍。林某某因日常琐事对被害人黄某不满，决意采用投放毒物的方式加害黄某。此为本案案件动机。

【案例分析】

为何在被誉为象牙塔的高校校园会发生如此令人扼腕的事件？我们有必要先弄清事实，抛开身份标签——高校、研究生、医学等，事件还剩下什么呢？真要追问的话，"谁""怎样"去杀人，远不如"为什么"更有意义。对生命的轻贱与冷漠，也许比剧毒的化学物质更凶险。

复旦大学研究生投毒案也好，任何公共事件也罢，推理或演绎，总得依托于确凿的是非、明晰的真假之上，轻漫解读，不仅无益于弄清真相，也容易模糊很多真正值得反思与警醒的地方。专业知识丰富的名校生守不住基本的道德和人性底线，这背后反映的是教育中存在忽视最基本健康人格培养的现象，从亲密室友到下毒伤人，该反思的应该是在教育问题上，如何能够正确引领新时代大学生真正敬畏生命、敬畏法律。另外，从大学生的角度出发，知法守法，需要深化对法律的认知，培养法治思维，提升法律素养。

案例二　懂法——霍某与前女友分手风波　索要"分手费"是否涉罪要视情况而定

歌手霍某前女友陈某因涉嫌敲诈勒索被采取刑事强制措施后又被取保候审的新闻曾引起公众关注。明星与他人在结束感情纠葛后，被对方索要一定数额的金钱补偿，或者对方因双方曾有经济往来，而索要自己"应得利益"的新闻屡见不鲜，有的人还因此被控敲诈勒索罪。而如何从法律角度看待这类现象也颇受公众关注。

【案例分析】

根据《中华人民共和国刑法》规定，敲诈勒索罪，是指以非法占有为目的，对他人以实施一定暴力或者胁迫（恐吓）相要挟，使之交付数额较大的财物或财产性利益的行为。

对于敲诈勒索的认定，主要在于两点：一是敲诈者是否非法占有他人财物或者财产性利益；二是是否让对方产生恐惧心理。就前者而言，重点在于其占有他人财物有没有合法的来源和依据，如果是基于某种合法理由，那么至少不构成敲诈勒索罪。如妇女被他人性侵后以举报相威胁索要一定的赔偿，不能构成敲诈勒索罪。因为该妇女被性侵后依法享有索要民事赔偿的权利。而在明星艺人被敲诈的案件中，索要巨额"分手费"的"前任"是否属于行使正当权利，仍然需要具体分析。

司法实践中，"分手费"被认为是男女双方同居、恋爱结束分手时，一方给予另外一方一定数额的财产或精神损失补偿。我国法律没有就"分手费"进行明确规定，但在精神损害赔偿愈发得到社会认可的情势下，从公平原则出发，司法对"'出轨'一方主动给予另一方一定的经济补偿"存在认同的趋势。一般说来，若双方均无配偶，自愿约定因恋爱终止给予一定的"分手费"合法有效，但如果承诺后实际并没有给予，司法实践中也不支持继续支付。以媒体报道的陈某案为例，若真如报道所言，双方涉及数百万"分手费"，那么在这种情况下，即使陈某一方持有证明记录，但如果霍某不进行支付，陈某的主张也难以获得司法支持。

不过，如果陈某认为霍某的行为对其身体或者精神造成了巨大损害，亦有权利主张对方给付一定数额的补偿，况且陈某的索要行为还有对方承诺为证。至于数额多少，完全是其个人诉讼权利，其行使民事请求权本身并不违法。哪怕索取再大的数额，对方也可以不理，由法院裁决即可。

其实，在此类案件中，争议较大的部分恐怕还在于第二点，即一方以恶害相通告，让对方产生恐惧心理。实践当中，由于此类案件双方具有特殊身份关系，一般不存在以暴力相威胁，更为常见的要挟方式是举报对方涉嫌违法犯罪，或者对具有道德瑕疵的个人隐私（如出轨）进行曝光等，以此让对方感受到名誉即将受到严重损害的危险。

在法律上，由于要挟的本质是让对方产生恐惧心理，所以，这种以恶害相通告，只要足以使人产生恐惧心理即可。而且，以恶害相通告，并不要求要挟行为自身具有违法性，如敲诈者知道对方犯罪的事实，遂以向司法机关告发威胁而索取财物，即使举报合法，同样构成敲诈勒索。也就是说，要挟（即以恶害相通告）的法律性质没有限制，既可以是合法的内容，也可以是违法的内容。

一般来说，公众对娱乐圈公众人物具有较普通人严苛的道德评判标准。在这种情况下，事件中的一方如果通过剪辑截图等方式刻意对关键信息进行隐瞒，从而引导舆论导向，使得公众人物作为"过错方"遭到"网暴"，的确会使其产生恐惧心理。但如前文所述，构成敲诈勒索罪还需具有非法占有财物的目的,一方是否有足够的证据证明自己有理由和依据向另一方索要"分手费"等利益,也需要司法机关仔细查明。

其实,司法机关已经注意到,在明星艺人被索要"分手费"等财产利益的案件中,无论是对非法占有目的的判断,还是对要挟手段的认定都有其特殊性,一刀切地界定为敲诈勒索犯罪未必妥当。刑法是司法救济的最后一道防线,让这样的纠葛去走民事诉讼途径,该起诉索赔的起诉索赔,该请求赔偿名誉损害的去请求名誉损害,或许会有更好的法律效果和社会效果。

案例三 守法——大学生掏鸟被判十年冤不冤?

大学生掏鸟案是指2014年7月14日,河南某学院大一学生闫某和朋友王某,暑假期间在河南省新乡市辉县市高庄乡土楼村先后掏了两窝小鸟共16只,分别卖给郑州、洛阳等地的买鸟人,获利1080元,而被辉县市森林公安局刑事拘留的案件。同年二人被批准逮捕。

此案具体经过为2014年7月14日,河南某学院大一学生闫某和朋友王某去河边洗澡时,在邻居家门口发现鸟窝,于是二人拿梯子攀爬上去掏了一窝小鸟共12只。饲养过程中逃跑一只,死亡一只。后来,闫某将鸟的照片上传到朋友圈和QQ群,有网友与他取得联系,说愿意购买小鸟。他以800元7只的价格卖给郑州一个买鸟人贠某,280元2只的价格卖给洛阳一个买鸟人,还有1只卖给了辉县市另一买鸟人。2014年二人又发现一个鸟窝,掏出4只鸟。不过这4只鸟刚拿到闫某家就引来了辉县市森林公安局民警。第二天二人被刑事拘留,同年二人被批准逮捕。2014年新乡市辉县市检察院向辉县市法院提起公诉。新乡市辉县市法院三次公开开庭审理了此案,认定他们掏的鸟是燕隼,属于国家二级保护动物。2015年新乡市辉县市法院一审判决,以非法收购、猎捕珍贵濒危野生动物罪判处闫某有期徒刑10年半,以非法猎捕珍贵濒危野生动物罪判处王某有期徒刑10年,并分别处罚金1万元和5000元。贠某因犯非法收购珍贵濒危野生动物罪获刑1年,并处罚金5000元。2015年新乡市中院对此案作出裁决,维持了新乡市辉县市法院一审判决。

【案例分析】

此案中,值得注意的一环是媒体舆论的裹挟。2015年年末,"掏鸟窝被判十年半"的新闻一经报道就引起了广泛热议。通篇读来,不过是无知少年在家门口抓几只鸟,就要被关上10年。从客观方面分析,闫某实施了猎捕、出售濒危动物的行为,符合《中华人民共和国刑法》第三百四十一条关于"非法猎捕珍贵濒危野生动物罪;非法收购珍贵濒危野生生动物罪"的规定。主观上,闫某明知捕获、出售动物的违法,仍然多次进行抓捕、倒卖燕隼,存在犯罪故意;同时不存在正当防卫、被害人承诺等阻却事由。综上,闫某的行为构成了非法猎捕珍贵濒危野生动物罪和非法收购珍贵濒危野生动物罪。关于量刑方面,闫某的情形符合《中华人民共和国刑法》第三百四十一条对"情节严重"的规定,相关司法解释也作出了进一步的解释。据此,法院的定罪量刑合法合理,并不存在枉法裁判的情形。再度审视引发舆论之争的那篇报道,混淆了"非法猎捕"与"掏鸟窝"的概念,将与闫某共同犯罪的农民王某硬说成是大学生,把闫某两人专门去"树林里"抓燕隼说成是"在家门口"掏鸟窝,甚至是裁剪审判结果,张口就说"掏鸟窝判了十年"。新闻报道最重要的就是简明扼要地说明事实。但是因为追求报纸销量、表达个人情感等诸多因素的影响,呈现在读者面前的文字描述可能会与实际情况存在差异。这篇报道标题醒目,字里行间透着对大学生的同情,极易引发读者的共鸣。歪曲事实的报道自然会对公众的认识产生误导,进而左右舆论、中伤司法。从民众对该案件的关切程度不难看出,人们维护权利、参与公共管理的意识十分强烈,舆论监督成为人们实现上述权能的重要途径。协调新闻自由与司法独立的关系、平衡舆论监督与司法公正的矛盾冲突,成为当代法治社会的重要话题。

现代社会,无处不在的媒体对人们的生活产生了越来越大的影响,并且这种影响也延伸到舆论对司法的监督这一领域。即使在审判活动中法官有一定的自由裁量权,也需要对外公开,接受舆论的监督和检验。司法活动需要社会舆论的监督,同时舆论监督有利于促进司法公正,进而构建司法权威,为司法公正保驾护航。另外,司法公正也促进舆论监督体系的完善,如此循环往复。但是,舆论监督权不能肆意扩张,监督也不能毫无底线,舆论监督必须在科学的体系内运行,才能对司法公正起到促进作用,保证两者的平衡需要营造合理的环境。因此,懂法、守法,是当代大学生在面对类似"大学生掏鸟案"的舆论闹剧中,保持客观理性的重要保证。

案例四 执法——上海钓鱼执法案

2009年,上海的白领张军(化名)因为动了恻隐之心去救助路边的行人,不料此举竟然引来了"非法营运"的横祸。张军在上班途中,因路人"胃痛"动了恻隐之心而搭其上路,结果张军按其要求停车时,"搭客"拔了他的车钥匙,车外七八个身着制服的人将张军拖出车外,还被双手反扣、卡住脖子,搜走驾驶证和行驶证。对方告诉张军,他们是城市交通执法大队的工作人员,要他交钱才能拿回车,在各种压力下,最后张军交了1万元才取回车。

【案例分析】

"钓鱼式执法"案件引发社会关注。从法律上来说,张军此类行为属于偶发性民事交易行为,并非商业行为,依法不得处罚。相对于法律而言,"钓鱼式执法"属违法行为。对社会风尚的影响而言,这是泯灭社会善良风俗、导致道德沦丧的行为。但从更深层次的角度来讲,对非法营运的黑车进行处罚,是基于社会管理的需要。其处罚的对象是"非法营运行为"。"非法营运"的基本构成要件一是非法进行,二是属于营运行为。构成营运,必须是一种经营行为,即必须是经常性行为,偶发性的民事交易行为,并非经营行为。对于这种偶发性的民事交易行为,即使存在支付对价现象,也不得处罚。例如,公民偶尔到车站退票行为,即不属于倒票行为、不属于"票贩子"。偶发性民事交易行为,在人民日常生活中,天天发生。不让人民进行这样的交易行为,人民如何生活?

因此,按照这样的法律基本原理,执法部门要查处"黑车",必须要证明处罚对象存在"营运行为"。执法部门仅能证明某人有一次"提供有偿服务"行为,不得认定其为黑车,不得予以处罚。据此,即使收取适当费用,也非"营运行为",属于偶发性民事交易行为,不得处罚。

四、拓展阅读

(一)从《论语》看古代对执法者的规范

关于为政执法者所应遵循的道德准则、行为规范,我国古代贤哲多有所讨论,孔子即为其中之一。《论语》等典籍所记述的孔子相关论说甚为精辟,内涵丰富。

1. 律己正人 以身作则

孔子强调为政者对民众的身教示范作用,认为为政者身体力行,带头遵循规范,守持正道,则上行下效,民众莫不从之:"上好礼,则民莫敢不敬;上好义,则民莫敢不服;上好信,则民莫敢不用情。"(《论语·子路》,下引《论语》只注篇名)故为政执法之人应知法守法,严于律己,做遵礼循法的表率,正身以帅下:"其身正,不令而行;其身不正,虽令不从。""苟正其身矣,于从政乎何有?不能正其身,如正人何?"(《子路》)"子帅以正,孰敢不正?"(《颜渊》)

综观孔子的这些言论可知,为政执法者如果正人先正己,以身示范,则能增强政令法度的公信力和权威性,达到令行禁止或不令而行的目的;否则三令五申亦无人听从,犹似形不正而求影直，终不可得。鲁国的权臣季康子困扰于国内的盗贼之害，求教于孔子，孔子说："苟子之不欲，虽赏之不窃。"（《颜渊》）意思是说，如果你自己不贪求财货，就算你奖励百姓去盗窃，也不会有人行窃。相近的表述还有东汉荀悦《申鉴》所言"善禁者，先禁其身而后人；不善禁者，先禁人而后身"。说明执法者正身律己、率先垂范，方能居己之善而禁人之恶，以收公法行而私曲止的成效，反之则不然。

2. 正直无私　公平正义

孔子认为，"刑罚不中，则民无所措手足"（《子路》），因而执法者在司法实践中应刚直不阿，秉公去私，不枉不纵，以维护法律的公平正义。鲁国的柳下惠曾为士师，掌管刑狱，"直道而事人"，多次遭罢免，仍不枉道求进。对这样一位直道而行、秉公执法的小官，孔子以"贤"许之，并为他不被举荐、重用的遭际抱不平："臧文仲其窃位者与！知柳下惠之贤，而不与立也。"（《卫灵公》）孔子是将"直"视为执法者应具的职业操守。

据《左传·昭公十四年》载，晋国大夫叔向的弟弟叔鱼担任法官时，接受当事人的贿赂而枉法裁判，引发命案，叔向乃"三数叔鱼之恶"，主张对叔鱼论以死罪。孔子评论此事说："叔向，古之遗直也。治国制刑，不隐于亲。"这也说明，孔子主张执法者不得曲情枉法、徇私废公，而应当有叔向那样不隐于亲、廉正无私的"直"，以此来成就司法的公平正义。

要达到公平公正，为政执法者还须尊重客观事实，务求其真，做到"毋意、毋必、毋固、毋我"（《子罕》），也就是做到不主观臆断、不绝对肯定、不拘泥固执、不唯我独是。孔子在鲁国做司寇时正是如此而行的："据法听讼，无有所阿……断狱屯屯，与众共之，不敢自专。"（董仲舒《春秋繁露》）可见，孔子在听讼断案时公正严谨，善于听取他人的意见，而不独断擅行。

孔子的为政执法思想在古代法制史上产生过深远影响，在今天仍有借鉴意义。

——节选自曹奕阳. 从《论语》看古代对执法者的规范［N］. 人民法院报，2022-02-25.

（二）传承中华优秀传统法律文化　夯实法治根基

悠悠文明，积厚流光。在5000多年漫长文明发展史中，中国人民创造了璀璨夺目的中华文明，留下了灿若星河的优秀传统法律文化遗产。诸如"法令既行，纪律自正，则无不治之国，无不化之民""奉法者强则国强，奉法者弱则国弱""自古皆有死，民无信不立"等思想和文化精神，至今仍闪烁着智慧的光芒，源源不断地为中国特色社会主义法治建设提供着养分。

"求木之长者，必固其根本；欲流之远者，必浚其泉源。"社会主义法治文化是中国特色社会主义文化的重要组成部分，是社会主义法治国家建设的重要支撑。2021年4月，中共中央办公厅、国务院办公厅印发的《关于加强社会主义法治文化建设的意见》（以下简称《意见》）将"推动中华优秀传统法律文化创造性转化、创新性发展"列为加强社会主义法治文化建设的一项主要任务，并指明了具体实施路径。比如，挖掘中华传统法律文化精华，根据时代精神加以转化；加强对我国法律文化历史遗迹的保护，弘扬代表性人物的事迹和精神；加强对法律文化典籍、文物的保护和整理；挖掘善良风俗、家规家训中的优秀法治内容……传承中华法系的优秀思想和理念，研究我国古代法制传统和成败得失，加快打造优秀传统法律文化传承新阵地、新载体，既是加强社会主义法治文化建设的内在要求，也是推动全体人民信仰法治、厉行法治的重要举措。这方面的工作势在必行且意义重大。

党的十八大以来，在习近平法治思想的科学指引下，中国特色社会主义法治体系不断健全，法治中国建设迈出坚实步伐，全面依法治国取得历史性成就、发生历史性变革。但应当看到，现实中，部分社会成员尊法学法守法用法意识不强，信关系不信法、信人情不信法、信闹不信法的现象在一定程度上仍然存在……这也提醒我们，以传承中华优秀传统法律文化为抓手，深入推进社会主义法治文化建设，进一步造浓法治氛围，增强公民的法治理念、法治素养和道德素质，既非常重要，也十分必要。

党的二十大报告提出，弘扬社会主义法治精神，传承中华优秀传统法律文化。各地应当认真落实《意见》提出的各项目标和要求，深入挖掘和传承我国传统法律文化中有关家国情怀、德法相辅等法治理念与精神，从民为邦本、礼法并用、以和为贵、明德慎罚、执法如山等中华传统法律文化精华中汲取养分，择善而用，做到"穷理以致其知，反躬以践其实"，让中华优秀传统法律文化进一步活起来、传下去、润人心，为全面依法治国提供强大精神动力。

文化兴则国运兴，文化强则民族强。传承中华优秀传统法律文化，既是党的二十大总结实践经验、顺应加强新时代法治建设需要提出的重要课题，也是增强文化自觉、坚定文化自信，弘扬中华优秀传统法律文化的内在要求。各地要主动作为，强化担当，建立健全社会主义法治文化建设工作机制，进一步压紧压实责任，积极推行优秀法治文化作品鼓励支持政策，加大对法治文艺精品和法治文化基地的扶持力度，努力促进法治文化作品创作和传播，推动中华优秀传统法律文化创造性转化、创新性发展，充分发挥"春风化雨、润物无声"的作用，凝心聚力夯实法治根基，更好地为"中国之治"加力赋能。

——节选自杨维立.传承中华优秀传统法律文化 夯实法治根基[N].人民法院报,2022-11-08.

(三）恋爱期间的借款和赠与如何区别与认定

"赠与"是赠与人将自己的财产无偿给予受赠人，受赠人表示接受的一种行为。恋爱期间特别是婚约期间的财物赠送，当事人的真实意图是为了缔结婚姻关系，系附条件的赠与。附条件的赠与只有在所附条件成就时生效，如果所附条件未成就，赠与不发生法律效力，赠与物应当返还。

恋爱期间的赠与与借款既有区别又有一定联系，情侣之间相互进行财产赠与的情况普遍存在，容易将借款与赠与混淆。当男女双方结束恋爱关系时，极易发生财产纠纷，法律对基于恋爱期间形成的财产关系予以保护，但当事人要完成相应的举证责任。主张恋爱期间的借款，鉴于其关系的特殊性，在互相转款时要有明确的转款附言，并在微信、短信聊天中对转账性质予以确认。

恋爱期间花费金额的性质认定：对于合理范围内的较小金额，在不能证明系为结婚而特意赠送等情况下，应认定为一般的赠与，具体可以包括以下情况：第一，日常生活中价值较小的一部分赠与，如购买衣服、箱包，吃饭等；第二，特殊日期，如情人节、七夕节、生日、纪念日等给付的财物；第三，特殊金额，如520、521、1314等金额以及其他小额赠与。以上均可以推定为双方表达爱意培养感情的赠与财产，赠与方一经交付，不能要求返还。

对于男女双方之间贵重物品如房产、汽车或较大金额的现金、银行卡，微信、支付宝转账等赠与，由于所涉金额较大，一般是基于结婚目的的赠与，可推定为彩礼，应承担返还责任。

对于一些没有明显意图金额不大的转账行为，也没有显示该转账行为系借款或附条件的赠与，法院会结合双方共同生活的情形来认定，如对方抗辩称在共同生活期间产生的共同消费，法院一般不予认定该部分费用，不支持返还；因恋爱关系终止或同居关系解除，对当事人以曾同居为由提出以"青春损失费""精神损害赔偿费"来抵消的抗辩，不予支持。在司法实践中，有的财产赠与需要依据赠与人的财产状况、双方赠与的以往惯例等情况，再具体分析认定。

——节选自恋爱期间的借款和赠与如何区别与认定．中国普法网，2022-03-21．

（四）开具处方不能由人工智能代劳

近年来，随着疫情防控常态化的推进与国家政策的引领，我国在线医疗领域得到了迅猛发展。2018年年初，全国的互联网医院加起来不过百家，但截至目前，我国互联网医院总数已超1600家，在线医疗用户规模达2.98亿。互联网诊疗的快速发展，对于优化医疗资源配置、提升诊疗服务效率、创新医疗服务模式、缓解百姓"看病难"等发挥了积极作用。不过，在实践中，线上处方应用、处方药销售等不规范问题也开始凸显。

为了规范互联网诊疗行为，2018年以来，我国发布了《互联网诊疗管理办法（试行）》《互联网医院管理办法（试行）》《远程医疗服务管理规范（试行）》等规范性文件，就互联网诊疗服务中涉及的医疗机构资质、从业人员资质、设备设施保障、服务流程规范等提出要求。本次细则对互联网诊疗活动予以进一步规范，其中特别针对处方出具行为作出规定。这是因为处方作为患者用药凭证的医疗文书，决定着患者用什么样的药、怎么用药、用药的效果好不好。特别是在互联网诊疗中，公众对网络购药不像对医院购药那样抱有足够的信任感，社会上呼吁规范互联网诊疗处方开具行为的呼声很高，这也促使了细则这一特别规定的诞生。

质量与安全是医疗行业永恒的主题。为了确保患者的用药安全，此前我国《处方管理办法》《医疗机构处方审核规范》均明确规定，医师在诊疗活动中为患者开具药方后，药师要进行审核，但相关规范并未对"自动生成处方"这一行为进行明文禁止。"法无禁止即可为"，规范制定不明确，地方实践就会乱象丛生。现实中，一些平台选择"AI开方，客户直接取药"的模式，跳过传统的处方开具、审核环节，把开方直接变成了"卖药"。这类行为严重违反我国药品管理制度，也给患者用药安全埋下了风险隐患。此次细则明确处方必须由接诊医师本人开具，禁止自动生成处方，符合目前互联网诊疗"回归严肃医疗"的主旋律，有助于将行业发展引回"保障人民健康福祉"的正轨。

——节选自邓勇.开具处方不能由人工智能代劳［N］.法治日报，2022-06-15.

五、习题练习

1.（单选）法律作为上层建筑的重要组成部分，不是凭空产生的，也不是永恒存在的，是由一定的社会物质生活条件所决定的。决定法律本质、内容和发展方向的根本因素是（　　）。

A. 地理环境　　　B. 物质资料的生产方式　　C. 人口素质　　D. 统治阶级的意志

【答案】B

2.（单选）习近平总书记在《关于〈中共中央关于全面推进依法治国若干重大问题的决定〉的说明》中引用英国哲学家培根的一段话："一次不公正的审判，其恶果甚至超过十次犯罪。因为犯罪虽是无视法律——好比污染了水流,而不公正的审判则毁坏法律——好比污染了水源。"这说明公正司法的重要性。公正司法是( )。

A. 社会公正的唯一标准　　B. 社会公正的最终目标

C. 维护社会公平正义的最后一道防线　　D. 维护社会公平正义的决定因素

【答案】C

3.（多选）中国特色社会主义法治道路的一个鲜明特点,就是坚持依法治国和以德治国的结合。法治和德治,是治国理政不可或缺的两种方式。这是因为法治和德治( )。

A. 发挥作用方式不同　　B. 实现途径不同

C. 所处地位不同　　D. 调整范围不同

【答案】ABCD

4.（多选）有位法学家曾经说过:"法律必须被信仰,否则等于形同虚设。"这句话表明,一个人只有从内心深处真正认同、信任和信仰法律,才会自觉维护法律的权威。由此可见( )。

A. 法律的内在说服力是法律权威的内在基础

B. 法律权威不可能完全建立在外在强制力的基础之上

C. 法律信仰与宗教信仰没有本质的区别

D. 法律信仰是法律制定和执行的根本依据

【答案】AB

5.（多选）法律权威是指法律在社会生活中的作用力、影响力和公信力,是法律应有的尊严和生命。法律是否具有权威取决于( )。

A. 法律在国家和社会治理体系中的地位和作用

B. 法律本身的科学程度　　C. 法律在实践中的实施程度

D. 法律被国际社会认可和尊崇的程度

【答案】ABC

6.（多选）法律规定公民有表达权,但权力要依法行使,尤其是"自媒体"时代,从都有"麦克风",处处都是"直播间",这支"麦克风"并不是可以随心所欲使用的,应以法律的相关规定为界限,对行使法律界限的正确理解是( )。

A. 权力行使的方式具有唯一性　　B. 权力行使要有目的的正当性

C. 权力行使不能超过法定的限度　　D. 权力行使要遵循程序正当的原则

【答案】BCD

专题十　中国特色社会主义法律体系

一、学习目的

本专题在学生了解基础法律知识的前提下，旨在让学生掌握中国特色社会主义法律体系基本内容，掌握宪法确立的基本原则，了解我国宪法确立的根本制度和基本制度，总体了解我国法律部门的实体法律体系和程序法律体系。理解完善以宪法为核心的中国特色社会主义法律体系，领会全面依法治国的重要内容，领会全面依法治国是建设中国特色社会主义法治体系的前提和基础。

在此基础上，使得大学生充分理解我国宪法地位和确立的基本原则，全面了解我国法律体系的构成，懂得各个法律部门及重要法律的基本功能，深化对法治中国的制度认知，增强推动法治中国建设的实践本领。

二、重难点解析

（一）中国特色社会主义法律体系基本内容

2011年3月10日，全国人民代表大会常务委员会委员长吴邦国同志向十一届全国人民代表大会四次会议作全国人大常委会工作报告时庄严宣布：一个立足中国国情和实际、适应改革开放和社会主义现代化建设需要、集中体现党和人民意志的，以宪法为统帅，以宪法相关法、民法商法等多个法律部门的法律为主干，由法律、行政法规、地方性法规与自治条例、单行条例等三个层次的法律规范构成的中国特色社会主义法律体系已经形成。这表明中国已在根本上实现从无法可依到有法可依的历史性转变，各项事业发展步入法治化轨道，郑重宣示了中国坚定不移实施"依法治国"基本方略，建设社会主义法治国家。

中国特色社会主义法律体系是中国特色社会主义永葆本色的法制根基，是中国特色社会主义创新实践的法制体现，是中国特色社会主义兴旺发达的保障。

1. 中国特色社会主义法律体系构成

中国特色社会主义法律体系由在宪法统领下的宪法及其相关法、民法商法、行政法、经济法、社会法、刑法、诉讼与非诉讼程序法等七个部分构成，包括法律、行政法规、地方性法规三个层次。

（1）宪法及其相关法。宪法是国家的根本大法。宪法相关法是与宪法配套、直接保障宪法实施的宪法性法律规范的总和，包括《中华人民共和国全国人民代表大会组织法》《中华人民共和国民族区域自治法》《中华人民共和国香港特别行政区基本法》《中华人民共和国澳门特别行政区基本法》《中华人民共和国立法法》《中华人民共和国全国人民代表大会和地方各级人民代表大会选举法》《中华人民共和国全国人民代表大会和地方各级人民代表大会代表法》《中华人民共和国国旗法》《中华人民共和国国徽法》等。

（2）民法商法。《中华人民共和国民法典》颁布前，我国是以《中华人民共和国民法通则》为基本法律，辅之以其他单行民事法律，包括《中华人民共和国物权法》《中华人民共和国合同法》《中华人民共和国担保法》《中华人民共和国拍卖法》《中华人民共和国商标法》《中华人民共和国专利法》《中华人民共和国著作权法》《中华人民共和国婚姻法》《中华人民共和国继承法》《中华人民共和国收养法》等。我国商法主要有《中华人民共和国公司法》《中华人民共和国保险法》《中华人民共和国票据法》《中华人民共和国证券法》等。2020年5月28日，十三届全国人大三次会议表决通过了《中华人民共和国民法典》，自2021年1月1日起施行。《中华人民共和国婚姻法》《中华人民共和国继承法》《中华人民共和国民法通则》《中华人民共和国收养法》《中华人民共和国担保法》《中华人民共和国合同法》《中华人民共和国物权法》《中华人民共和国侵权责任法》《中华人民共和国民法总则》同时废止。

（3）行政法。一般行政法是指有关行政主体、行政行为、行政程序、行政责任等一般规定的法律法规，如《中华人民共和国公务员法》《中华人民共和国行政处罚法》《中华人民共和国行政复议法》。特别行政法是指适用于各专门行政职能部门管理活动的法律法规，包括国防、外交、人事、民政、公安、国家安全、民族、宗教、侨务、教育、科学技术、文化、体育、医药卫生、城市建设、环境保护等行政管理方面的法律法规。

（4）经济法。主要是指创造平等竞争环境、维护市场秩序方面的法律，我国现已制定《中华人民共和国反不正当竞争法》《中华人民共和国消费者权益保护法》《中华人民共和国产品质量法》《中华人民共和国广告法》等。此外，还包括国家宏观调控和经济管理方面的法律，我国现已制定的《中华人民共和国预算法》《中华人民共和国审计法》《中华人民共和国会计法》《中华人民共和国中国人民银行法》《中华人民共和国价格法》《中华人民共和国税收征收管理法》《中华人民共和国个人所得税法》《中华人民共和国城市房地产管理法》《中华人民共和国土地管理法》等。

（5）社会法。包括《中华人民共和国劳动法》《中华人民共和国劳动合同法》《中华人民共和国工会法》《中华人民共和国未成年人保护法》《中华人民共和国老年人权益保障法》《中华人民共和国妇女权益保障法》《中华人民共和国残疾人保障法》《中华人民共和国矿山安全法》《中华人民共和国红十字会法》《中华人民共和国公益事业捐赠法》等。

（6）刑法。包括1997年3月14日修订后的《中华人民共和国刑法》和此后的刑法修正案，以及全国人民代表大会常务委员会制定的有关惩治犯罪的决定等。

（7）诉讼与非诉讼程序法。主要有《中华人民共和国刑事诉讼法》《中华人民共和国民事诉讼法》《中华人民共和国行政诉讼法》《中华人民共和国海事诉讼特别程序法》《中华人民共和国仲裁法》等。

2. 中国特色社会主义法律体系特征

中国特色社会主义法律体系，是中国特色社会主义伟大事业的重要组成部分，是全面实施依法治国基本方略、建设社会主义法治国家的基础，是中华人民共和国成立70多年特别是改革开放40多年来经济社会发展实践经验制度化、法律化的集中体现，具有十分鲜明的特征。

中国特色社会主义法律体系具有鲜明的政治性。回顾中国特色社会主义法律体系的形成和发展过程，党的领导始终发挥着根本政治保证的作用。中华人民共和国成立前夕，中共中央发布《关于废除国民党的六法全书与确定解放区的司法原则的指示》，实际上提出了构建新中国法律体系的任务。1954年，党领导人民制定第一部宪法，标志着社会主义法律体系建设的全面展开。1956年，党的八大提出，"国家必须根据需要，逐步地系统地制定完备的法律"①，为此后十余年法律体系的完善指明了目标方向。1978年，党的十一届三中全会明确提出，"从现在起，应当把立法工作摆到全国人民代表大会及其常务委员会的重要议程上来"②，由此开启了社会主义民主法制建设的新时期。1997年，党的十五大

---

① 中央档案馆，中共中央文献研究室. 中共中央文件选集（一九四九年十月——一九六六年五月）：第24册 [M]. 北京：人民出版社，2013：279.

② 中国共产党第十一届中央委员会第三次全体会议公报 [M]. 北京：三联出版社，1978：13.

正式提出"提高立法质量，到2010年形成有中国特色社会主义法律体系"[①]，在依法治国的基本方略之下明确了法律体系建设的目标要求。2011年1月，中国特色社会主义法律体系宣告形成。党的十八届四中全会在全面推进依法治国的目标要求下，提出要完善以宪法为核心的中国特色社会主义法律体系。立法机关坚持立、改、废、释、纂并举，不断丰富创新法律体系的完善形式。如通过首部以"法典"命名的民法典，采取修正案方式修改刑法，采取"决定+立法"方式出台香港国安法等。积极推进科学立法、民主立法、依法立法：借用"外脑"集思广益，对立法进行科学论证和评估；深入基层开展调研，主动问需于民、问计于民、问法于民；加强顶层设计，完善立法体制机制。重点领域、新兴领域、涉外领域的立法不断推进和加强，中国特色社会主义法律体系内部进一步实现了科学完备、统一权威。可见，中国特色社会主义法律体系始终在中国共产党的坚强领导下，有目的、有目标地逐渐形成和完善。

我国法律体系具有鲜明的政治性，是由社会主义建设和发展的实际需求所决定的。在不同的历史时期，我们始终都有明确的国家中心任务和重点工作，为了充分服务和保障这些任务工作的开展，需要党作为领导核心，领导立法机关进行相应的法律体系建设和完善工作，从而为社会主义事业的发展奠定坚实法律基础。例如，1953年年底，中央提出在大规模的有计划的经济建设已经开始的情况下，应该加强立法工作和司法工作，特别是保卫经济建设的立法工作。此后一个时期，法律体系构建的重心转向保卫社会主义经济建设。另外，1979年上半年，全国人大在三个月内起草了七部法律，其中四部法律涉及国家机构。这些事例充分证明，中国特色社会主义法律体系必须在党的领导下进行自觉而理性的构建，不能盲目地进行所谓的"自发演化"。进入新时代，法律体系的完善更要紧跟党中央重大决策部署，紧贴人民群众美好生活对法治建设的呼声期盼，紧扣国家治理现代化提出的法律实际需求。

中国特色社会主义法律体系具有鲜明的本土性。中国特色社会主义法律体系始终扎根我国实际。回顾我国法律体系的发展历程，我们始终坚持在建设中国特色社会主义的伟大实践中推进法律体系的建设和完善。在法律体系的建设路径上，我们既不是盲目照搬照抄他国，也不是由立法者凭空拍脑袋决定。20世纪50年代初期，社会主义建设刚刚起步，许多新情况、新问题尚不明朗，只能在探索中前进。在改革开放之后，我国法律体系的建设也始终紧紧围绕经济社会发展的实际需要。实践中需要什么法律就制定什么法律，急需

[①] 应松年. 依法行政读本［M］. 北京：人民出版社，2004：24.

哪些法律就优先制定哪些法律，如果条件尚不成熟就开展先行先试。在法律体系的结构划分上，既不同于英美法系的普通法与衡平法，也不同于大陆法系的所谓"六法全书"，而是从我国实际出发划分成七个法律部门。从各个法律部门在法律体系中的具体比例来看，行政法部门和经济法部门的占比最高，这也充分反映出发展社会主义民主政治和社会主义市场经济的任务在法律体系形成过程中的重要影响。

我国法律体系具有鲜明的本土性，是由正反两方面的经验教训所决定的。从反面教训来看，旧中国试图直接照搬照抄他国有关法律，这种生硬的法律移植最终被证明是失败的。在列强的压力之下，为了延续专制统治、阻止革命爆发，清政府被迫开启了立宪和修律之路。1908年，清政府颁布《钦定宪法大纲》，内容基本抄自1898年的日本帝国宪法，并未给予人民真正的民主权利，激起朝野普遍不满。1905年起，清政府开始制定新刑律，但新刑律草案在1910年奏交有关方面核议之后，"签驳者众"，修订法律馆不得不将此草案收回，其背后的核心原因就在于新刑律草案背离了中国传统的价值理念和刑法制度。这一系列失败的立法证明，他国法律理论和制度无论多么先进，如果只是对其生搬硬套，都注定只能是空中楼阁。从正面经验来看，中国传统法律文化积累了非常丰富的法律理念，值得在构建中国特色社会主义法律体系的过程中予以借鉴和吸收。中国古代法制文明中有诸多超越时空、具有普遍价值的合理元素，例如，注重法律的人文精神，强调以人为本、以民为本、社会和合；注重礼法互补，主张德治与法治并存，强调明德慎刑；注重以和谐、和睦的方式化解矛盾纠纷等。在我国的立法过程中，只有注重吸收传统法律文化中的合理元素，才能真正产出良法、实现善治。

中国特色社会主义法律体系具有鲜明的人民性。回顾中国特色社会主义法律体系的发展历程，我们始终坚持人民主体地位，恪守以民为本、立法为民的理念。在法律体系的宏观设计上，坚持反映我国广大人民的根本利益，保障关系到每个人生存发展的经济、社会和文化权利。如《中华人民共和国民法典》体现了对生命健康、财产安全、生活幸福、人格尊严等各方面权利的平等保护，对依法维护人民权益、推动我国人权事业发展具有重要意义；基本医疗卫生与健康促进法、食品安全法、传染病防治法、体育法等法律法规为维护公民生命权、健康权作出细致规定；刑法、刑事诉讼法确立罪刑法定、无罪推定、非法证据排除、禁止刑讯逼供等旨在保障人权的原则规则。在法律体系的创制和实施过程中，充分发扬人民民主，注重调查研究，确保法律资源配置的民主化。

我国法律体系具有鲜明的人民性，是由全过程人民民主的重大理念所决定的。立法是实现人民当家作主的重要途径，立法的过程就是代表人民意志、表达人民意愿、实现人民利益的过程。只有让人民群众在立法工作中有更多话语权，加大民意在立法工作中的权重，才能保证中国特色社会主义法律体系的发展和完善始终在正确的轨道上前进。

（二）中国特色社会主义法律体系的核心——宪法

中国特色社会主义法律体系以宪法为统帅。宪法是国家的根本大法，通常规定一个国家的社会制度和国家制度的基本原则、国家机关的组织和活动的基本原则，公民的基本权利和义务等重要内容，有的还规定国旗、国歌、国徽和首都以及统治阶级认为重要的其他制度，涉及国家生活的各个方面。宪法具有最高法律效力，是制定其他法律的依据，一切法律、法规都不得同宪法相抵触。

在我国，《中华人民共和国宪法》是我国的根本大法，规定拥有最高法律效力。中华人民共和国成立后，曾于1954年9月20日、1975年1月17日、1978年3月5日和1982年12月4日通过四个《中华人民共和国宪法》，现行宪法为1982年《中华人民共和国宪法》，并历经1988年、1993年、1999年、2004年、2018年五次修订。

宪法作为中国民主制度的法律化，是国家组织和活动的总章程，是国家法制的自身基础和核心，所以修改宪法方式的规定必须考虑宪法的稳定性。根据《中华人民共和国宪法》的规定，中华人民共和国全国人民代表大会为最高国家权力机关，是唯一有权修改宪法的机关。为保持宪法的权威性和稳定性，宪法的修改需要按照特别的程序来进行，比修改普通法律更加严格。全国人民代表大会常务委员会是我国法律规定的行使解释宪法职权的机关。

于国家而言，必须真正敬畏宪法规定的公民权利，把权力关进制度的笼子，以保障公民权利作为行动的出发点。党的十八届四中全会通过的《中共中央关于全面推进依法治国若干重大问题的决定》明确要求，坚持依法治国首先要坚持依宪治国，坚持依法执政首先要坚持依宪执政。2020年11月16日至17日的中央全面依法治国工作会议也再次重申了这一条。公权力的行使，必须以宪法为根本的活动准则，绝不允许任何组织、任何人以任何借口任何形式以言代法、以权压法、徇私枉法，做任何有悖于人民利益的事情。

对大学生而言，必须充分相信宪法、主动运用宪法，成为宪法的坚定捍卫者，让宪法成为保障自身权利的最有力武器。公民权利的产生有起点，但发展和实现都没有终点。当前和今后一个时期推进全面依法治国进程中，要积极回应人民群众新要求新期待，系统研究谋划和解决法治领域人民群众反映强烈的突出问题，不断增强人民群众获得感、幸福感、安全感，用法治保障人民安居乐业。其中，大学生应该按照人民当家作主这一宪法精神的指引，树立宪法意识，培养法治思维，积极用法治维护和争取自己享有的公民权利，监督宪法实施，保证宪法规定的公民权利超越文本层面，成为能够切身感知的、温暖的、真实的存在。

（三）中国特色社会主义法律体系重要组成——民法典

2020年5月28日，十三届全国人大三次会议表决通过了《中华人民共和国民法典》，自2021年1月1日起施行。《中华人民共和国婚姻法》《中华人民共和国继承法》《中华人民共和国民法通则》《中华人民共和国收养法》《中华人民共和国担保法》《中华人民共和国合同法》《中华人民共和国物权法》《中华人民共和国侵权责任法》《中华人民共和国民法总则》同时废止。《中华人民共和国民法典》被称为"社会生活的百科全书"，是新中国第一部以法典命名的法律，在法律体系中居于基础性地位，也是市场经济的基本法。

从内容上看，《中华人民共和国民法典》共7编、1260条，各编依次为总则、物权、合同、人格权、婚姻家庭、继承、侵权责任，以及附则。通篇贯穿以人民为中心的发展思想，着眼满足人民对美好生活的需要，对公民的人身权、财产权、人格权等作出明确翔实的规定，并规定侵权责任，明确权利受到削弱、减损、侵害时的请求权和救济权等，体现了对人民权利的充分保障，被誉为"新时代人民权利的宣言书"。

习近平总书记在十九届中央政治局第二十次集体学习时的讲话中提出，民法典在中国特色社会主义法律体系中具有重要地位，是一部固根本、稳预期、利长远的基础性法律，对推进全面依法治国、加快建设社会主义法治国家，对发展社会主义市场经济、巩固社会主义基本经济制度，对坚持以人民为中心的发展思想、依法维护人民权益、推动我国人权事业发展，对推进国家治理体系和治理能力现代化，都具有重大意义。

三、经典案例分析

案例一　齐某某被顶替上学案

齐某某案被誉为中国宪法司法化第一案，就是人民法院用宪法作为法律依据，审理案件，并且依据宪法作出了判决。该案件具体情况如下：

1990年，原告齐某某与被告之一陈某某都是山东省某中学初中学生，都参加了中等专科学校的预选考试。陈某某在预选考试中成绩不合格，失去继续参加统一招生考试的资格。而齐某某通过预选考试后，又在当年的统一招生考试中取得了超过委培生录取分数线的成绩。山东省某校给齐某某发出录取通知书,由其所在中学转交。陈某某从所在中学领取齐某某的录取通知书,并在其父的策划下,运用各种手段,以齐某某的名义到其录取院校就读直至毕业。毕业后,陈某某仍然使用齐某某的姓名,在中国银行工作。齐某某发现陈某某冒用其姓名后提起民事诉讼,被告为陈某某、陈某某的父亲、本应就读的录取院校、就读中学和山东省某市教育委员会。原告诉称:由于各被告共同弄虚作假,促成被告陈某某冒用原告的姓名进入院校学习,致使原告的姓名权、受教育权以及其他相关权益被侵犯。请求法院判令被告停止侵害、赔礼道歉,并赔偿原告经济损失 16 万元、精神损失 40 万元。

在该案中,1999 年得知真相的齐某某以姓名权和受教育权被侵犯为由提起诉讼。同年,该市中级人民法院一审判决陈某某停止对齐某某姓名权的侵害;赔偿精神损失费 3.5 万元。但齐某某主张的受教育权,法院认为属于公民一般人格权的范畴,齐某某已实际放弃了这一权利,故其诉请陈某某等侵犯受教育权不能成立。原告对一审判决不服,向山东省高级人民法院上诉。此后,就有了山东省高级人民法院就侵犯受教育权民事赔偿问题向最高人民法院的请示和最高人民法院的司法解释。10 年前的偷梁换柱导致 10 年命运的截然不同。但 10 年后,法律终于给出了公正的说法,还受害者一个公道。1999 年 8 月 23 日,山东省高级人民法院对我国首例受教育权侵犯案作出终审判决。被人冒名顶替上学,被人侵犯受教育权利的齐某某最终胜诉,她依法获得了直接、间接经济损失和精神损害赔偿近 10 万元。

【案例分析】

从此案的发生经过看,对于齐某某而言,关键之处在于法院是否支持其关于受教育权被侵犯的诉求,因为这决定了齐某某可以得到的赔偿数额。按照初审法院、二审法院对待侵权赔偿救济的方法,若法院不予支持,齐某某只能得到其姓名权的损害赔偿,即精神损害赔偿;若法院予以支持,齐某某就可以得到一切与其受教育权被侵害有着因果关系的物质损失、精神损失。然而,由于民法通则没有规定受教育权,而此案又是一个民事诉讼案件,山东省高级人民法院故而认为法律的适用是疑难问题,向最高人民法院请求解释。最高法院于是作出批复,认定陈某某等侵犯了齐某某依据宪法享有的受教育权。此批复,乃直接针对正在审理中(二审阶段)的齐某某案,因涉及具体争议点而具备司法性质,其与最高法院另一类颇具立法色彩的司法解释迥异;并且,在当事的侵权一方是否应承担民事责任这一问题上,法院未以其他具体法律为依据而直接地、单一地适用宪法。就此两点而言，司法界、学术界、媒体多称此案为"宪法司法化第一案"。

法律界人士普遍认为，近年来我国公民权利意识不断增强，公民因在宪法所享有的基本权利受到侵害而产生的纠纷接连涌现，而在普通法律规范中却又缺乏具体适用的依据。因此，实现宪法司法化，审判机关在诉讼过程中将宪法引入司法程序，使之直接成为法院裁判案件的法律依据，已显得十分必要。

案例二　无偿搭乘亲友私家车出事故　依法减轻赔偿责任

买了私家车，顺路送朋友回家，对很多人来说是一脚油门的举手之劳。但如果搭车路上出了事故，伤者希望得到赔偿，司机却本也是好心，这个责任又该如何分担？现在我们从一真实案例中加以分析。

小凡与小胡系同乡。在一次电话闲聊中，小凡得知小胡要回老家但没买到票，热情的小凡邀请小胡免费搭乘其车辆回家。由于路途较远且小凡对路况不熟，在经过一个交叉路口时，小凡没有按照规定让行，以致与小阎驾驶的车辆相撞，事故造成小胡受伤。经交警部门认定，小凡负事故主要责任，小阎负事故次要责任，小胡无责任。关于赔偿问题，三人各执一词。无奈之下，小胡将小凡、小阎及小阎车辆的交强险及商业三者险承保公司诉至法院，要求赔偿医疗费、残疾赔偿金等各项损失。小凡收到法院传票感觉很委屈，认可交通事故责任认定，但也同时认为如果没让小胡搭车就没有这么多事了。

【案例分析】

法院经审理后认为，在本起事故中，小凡应负事故主要责任，需承担交强险承保范围外的赔偿责任的约70%。但考虑到小凡系无偿搭乘小胡，事发时小凡除"通过交叉路口时未按规定让行"的违法行为外不存在其他不当行为，现有证据亦不足以认定小凡对事故的发生存在故意或重大过失，故依法酌情减轻小凡的赔偿责任，认定小凡在原本需承担70%的赔偿责任的基础上依法酌定减轻10%，即小凡在交强险范围之外需对小胡的各项损失承担63%的责任。

对小凡"好意同乘"的行为表示肯定，体现了中华民族的传统美德。综上，依据《中华人民共和国民法典》第一千二百一十七条的规定，判令小阎车辆投保的保险公司在交强险范围内赔偿小胡各项损失近6万元，在商业三者险范围内赔偿小胡各项损失13万余元，小凡赔偿小胡各项损失28万余元。

法官对此解释为：无偿搭乘，也叫好意同乘，是社会成员之间互相帮助、助人为乐的情谊行为。发生交通事故后，提供搭乘一方往往自己也受伤、车辆还受损，在此情况下若还需全额赔偿搭乘人的损失，则不仅违反公平和善良风俗原则，也与法律追求的社会效果不符。

因而《中华人民共和国民法典》在总结司法实践经验的基础上，确立了"无偿搭乘"的法律规则，明确规定"应当减轻"提供搭乘一方的赔偿责任，为公众提供行为指引，以增进社会成员之间的互信，形成符合社会主义核心价值观内在要求的社会风气。

案例三 游戏"外挂脚本"被封号 玩家起诉游戏公司被驳回

2020年1月，原告马某注册了K网站代理的某知名网络游戏账号，之后通过充值及任务升级等方式获取了一定数量的稀有游戏道具。2020年，该游戏国内代理商由K网站更换为二被告，2020年9月4日该游戏网站的公告栏中发布了《〈某网游〉使用脚本惩罚机制》，告知玩家使用脚本的处罚措施，并在实施前给予了最后一次的"7天封禁"缓冲措施，之后于2021年3月以原告使用非法脚本为由永久封禁原告游戏账号，并拒绝了原告要求退赔账号余额的申请。

庭审中二被告提交了后台数据以证明原告存在多次连续长时间且不间断的游戏行为，不完全举例如下：2020年12月12日至2020年12月15日，存在超过连续82小时，不间断游戏的行为。2021年1月4日到2021年1月10日，存在连续7日几乎不间断的游戏行为，中间仅有少量暂停。2021年1月12日到2021年1月20日，存在连续9日几乎不间断的游戏行为，中间仅有少量暂停。2021年2月12日到2021年2月15日，存在超过连续77小时不间断游戏的行为。

【案例分析】

本案争议焦点为：第一，涉案《游戏服务及许可协议》及其补充协议是否合法有效；第二，原告是否存在使用脚本的违规行为；第三，二被告对原告的处罚是否合理。

法院经审理认为：第一，涉案相关协议合法有效，二被告针对"封号"条款已尽到充分提示义务，"封号"措施具有合理性和必要性；第二，原告游戏时间曲线严重不符合人类"生理规律"，运行规律更近似于由自动化脚本执行完成；第三，原告行为有违诚信原则，二被告"封号"措施有利于营造诚信的网络游戏环境。

此案最终裁判结果为：北京互联网法院一审判决，驳回原告马某全部诉讼请求。目前，该案判决已生效。

网络游戏虽是虚拟世界，但并非法外之地，游戏玩家仍应遵循诚实信用原则，遵守服务协议和游戏规则，唯有如此才能营造出健康公平的竞技环境。总而言之，契约是当事人之间的法律，无论何时何地我们都应当抱诚守真，依约而行，否则必然会受到相应的惩处。

四、拓展阅读

（一）坚持全面依法治国，推进法治中国建设

全面依法治国是国家治理的一场深刻革命，关系党执政兴国，关系人民幸福安康，关系党和国家长治久安。必须更好发挥法治固根本、稳预期、利长远的保障作用，在法治轨道上全面建设社会主义现代化国家。

我们要坚持走中国特色社会主义法治道路，建设中国特色社会主义法治体系、建设社会主义法治国家，围绕保障和促进社会公平正义，坚持依法治国、依法执政、依法行政共同推进，坚持法治国家、法治政府、法治社会一体建设，全面推进科学立法、严格执法、公正司法、全民守法，全面推进国家各方面工作法治化。

完善以宪法为核心的中国特色社会主义法律体系。坚持依法治国首先要坚持依宪治国，坚持依法执政首先要坚持依宪执政，坚持宪法确定的中国共产党领导地位不动摇，坚持宪法确定的人民民主专政的国体和人民代表大会制度的政体不动摇。加强宪法实施和监督，健全保证宪法全面实施的制度体系，更好发挥宪法在治国理政中的重要作用，维护宪法权威。加强重点领域、新兴领域、涉外领域立法，统筹推进国内法治和涉外法治，以良法促进发展、保障善治。推进科学立法、民主立法、依法立法，统筹立改废释纂，增强立法系统性、整体性、协同性、时效性。完善和加强备案审查制度。坚持科学决策、民主决策、依法决策，全面落实重大决策程序制度。

扎实推进依法行政。法治政府建设是全面依法治国的重点任务和主体工程。转变政府职能，优化政府职责体系和组织结构，推进机构、职能、权限、程序、责任法定化，提高行政效率和公信力。深化事业单位改革。深化行政执法体制改革，全面推进严格规范公正文明执法，加大关系群众切身利益的重点领域执法力度，完善行政执法程序，健全行政裁量基准。强化行政执法监督机制和能力建设，严格落实行政执法责任制和责任追究制度。完善基层综合执法体制机制。

严格公正司法。公正司法是维护社会公平正义的最后一道防线。深化司法体制综合配套改革,全面准确落实司法责任制,加快建设公正高效权威的社会主义司法制度,努力让人民群众在每一个司法案件中感受到公平正义。规范司法权力运行,健全公安机关、检察机关、审判机关、司法行政机关各司其职、相互配合、相互制约的体制机制。强化对司法活动的制约监督,促进司法公正。加强检察机关法律监督工作。完善公益诉讼制度。

加快建设法治社会。法治社会是构筑法治国家的基础。弘扬社会主义法治精神,传承中华优秀传统法律文化,引导全体人民做社会主义法治的忠实崇尚者、自觉遵守者、坚定捍卫者。建设覆盖城乡的现代公共法律服务体系,深入开展法治宣传教育,增强全民法治观念。推进多层次多领域依法治理,提升社会治理法治化水平。发挥领导干部示范带头作用,努力使尊法学法守法用法在全社会蔚然成风。

——节选自高举中国特色社会主义伟大旗帜 为全面建设社会主义现代化国家而团结奋斗[M].北京:人民出版社,2022.

(二)坚持走中国特色社会主义法治道路,建设中国特色社会主义法治体系

依法治国,是坚持和发展中国特色社会主义的本质要求和重要保障,是实现国家治理体系和治理能力现代化的必然要求,事关我们党执政兴国,事关人民幸福安康,事关党和国家长治久安。

全面建成小康社会、实现中华民族伟大复兴的中国梦,全面深化改革、完善和发展中国特色社会主义制度,提高党的执政能力和执政水平,必须全面推进依法治国。

我国正处于社会主义初级阶段,全面建成小康社会进入决定性阶段,改革进入攻坚期和深水区,国际形势复杂多变,我们党面对的改革发展稳定任务之重前所未有、矛盾风险挑战之多前所未有,依法治国在党和国家工作全局中的地位更加突出、作用更加重大。面对新形势新任务,我们党要更好统筹国内国际两个大局,更好维护和运用我国发展的重要战略机遇期,更好统筹社会力量、平衡社会利益、调节社会关系、规范社会行为,使我国社会在深刻变革中既生机勃勃又井然有序,实现经济发展、政治清明、文化昌盛、社会公正、生态良好,实现我国和平发展的战略目标,必须更好发挥法治的引领和规范作用。

我们党高度重视法治建设。长期以来,特别是党的十一届三中全会以来,我们党深刻总结我国社会主义法治建设的成功经验和深刻教训,提出为了保障人民民主,必须加强法治,必须使民主制度化、法律化,把依法治国确定为党领导人民治理国家的基本方略,把

依法执政确定为党治国理政的基本方式,积极建设社会主义法治,取得历史性成就。目前,中国特色社会主义法律体系已经形成,法治政府建设稳步推进,司法体制不断完善,全社会法治观念明显增强。

同时,必须清醒看到,同党和国家事业发展要求相比,同人民群众期待相比,同推进国家治理体系和治理能力现代化目标相比,法治建设还存在许多不适应、不符合的问题,主要表现为:有的法律法规未能全面反映客观规律和人民意愿,针对性、可操作性不强,立法工作中部门化倾向、争权诿责现象较为突出;有法不依、执法不严、违法不究现象比较严重,执法体制权责脱节、多头执法、选择性执法现象仍然存在,执法司法不规范、不严格、不透明、不文明现象较为突出,群众对执法司法不公和腐败问题反映强烈;部分社会成员尊法信法守法用法、依法维权意识不强,一些国家工作人员特别是领导干部依法办事观念不强、能力不足,知法犯法、以言代法、以权压法、徇私枉法现象依然存在。这些问题,违背社会主义法治原则,损害人民群众利益,妨碍党和国家事业发展,必须下大气力加以解决。

全面推进依法治国,必须贯彻落实党的十八大和十八届三中全会精神,高举中国特色社会主义伟大旗帜,以马克思列宁主义、毛泽东思想、邓小平理论、"三个代表"重要思想、科学发展观为指导,深入贯彻习近平总书记系列重要讲话精神,坚持党的领导、人民当家作主、依法治国有机统一,坚定不移走中国特色社会主义法治道路,坚决维护宪法法律权威,依法维护人民权益、维护社会公平正义、维护国家安全稳定,为实现"两个一百年"奋斗目标、实现中华民族伟大复兴的中国梦提供有力法治保障。

全面推进依法治国,总目标是建设中国特色社会主义法治体系,建设社会主义法治国家。这就是,在中国共产党领导下,坚持中国特色社会主义制度,贯彻中国特色社会主义法治理论,形成完备的法律规范体系、高效的法治实施体系、严密的法治监督体系、有力的法治保障体系,形成完善的党内法规体系,坚持依法治国、依法执政、依法行政共同推进,坚持法治国家、法治政府、法治社会一体建设,实现科学立法、严格执法、公正司法、全民守法,促进国家治理体系和治理能力现代化。

——节选自中共中央关于全面推进依法治国的若干重大问题的决定[M].北京:人民出版社,2014.

(三)习近平在首都各界纪念现行宪法公布施行 30 周年大会上的讲话

党的十八大强调,依法治国是党领导人民治理国家的基本方略,法治是治国理政的基本方式,要更加注重发挥法治在国家治理和社会管理中的重要作用,全面推进依法治国,加快建设社会主义法治国家。实现这个目标要求，必须全面贯彻实施宪法。

全面贯彻实施宪法，是建设社会主义法治国家的首要任务和基础性工作。宪法是国家的根本法，是治国安邦的总章程，具有最高的法律地位、法律权威、法律效力，具有根本性、全局性、稳定性、长期性。全国各族人民、一切国家机关和武装力量、各政党和各社会团体、各企业事业组织，都必须以宪法为根本的活动准则，并且负有维护宪法尊严、保证宪法实施的职责。任何组织或者个人，都不得有超越宪法和法律的特权。一切违反宪法和法律的行为，都必须予以追究。

宪法的生命在于实施，宪法的权威也在于实施。我们要坚持不懈抓好宪法实施工作，把全面贯彻实施宪法提高到一个新水平。

——节选自习近平在首都各界纪念现行宪法公布施行 30 周年大会上的讲话［N］.人民日报，2012-12-05.

（四）坚持维护国家法治统一，增强法律体系的系统性、整体性、协同性

法律体系的系统性、整体性、协同性是国家法治统一的前提条件。习近平总书记强调："维护国家法治统一，是一个严肃的政治问题。我国是单一制国家，维护国家法治统一至关重要。"

宪法是法律体系的压舱石，是法治统一的定盘星。实现国家法治统一，必须切实增强宪法意识，发挥宪法统领作用。应坚持以宪法精神和原则塑造中国特色社会主义法律体系的气质品质，以宪法条文和规范指引中国特色社会主义法律体系的完善发展。同时，健全合宪性审查机制，推进合宪性审查工作，对一切违反宪法的法律、行政法规、监察法规、地方性法规、行政规章等规范性文件必须坚决予以纠正和撤销。

做好立法衔接配套工作是增强法律体系系统性、整体性的应有之义。要准确把握不同层次立法权限和功能定位，正确处理好人大立法与政府立法、中央立法与地方立法、创制性立法与实施性立法的关系，形成不同层次和形式立法彼此衔接的格局。要强化系统思维和系统观念，在重要法律法规出台后，应及时出台或修改配套规定，防止因配套规定久拖不决、滞后落伍而影响法律法规实施效果。

备案审查是防范和消减法律体系内部矛盾冲突的重要机制。加强党委、人大、政府备案审查工作机构之间的衔接联动，提升备案审查工作整体成效。完善主动审查的机制和方式，及时开展专项审查工作，加大主动审查力度。积极发挥备案审查专家委员会作用，加强备案审查理论研究，做好培训交流工作，提升备案审查工作能力水平。

立法技术水平是影响法律体系协调性和统一性的重要因素。进一步完善立法技术规范，统一法律文本的名称、层次、结构、符号等表达方式方法，为立法工作提供明确的操作指引。加强对立法语言文字表达技术的研究，深入把握和严格遵循法言法语的构造规律与逻辑规则，增强立法语言的专业性、规范性、精确性、严谨性、庄重性。

——节选自黄文艺.完善以宪法为核心的中国特色社会主义法律体系[N].学习时报,2022-07-19.

（五）中国特色社会主义法律体系形成

2011年3月14日，第十一届全国人民代表大会第四次会议批准的全国人大常委会工作报告宣布：以宪法为统帅，以宪法相关法、民法商法等多个法律部门的法律为主干，由法律、行政法规、地方性法规等多个层次的法律规范构成的中国特色社会主义法律体系已经形成，国家经济建设、政治建设、文化建设、社会建设以及生态文明建设的各个方面实现有法可依，党的十五大提出到2010年形成中国特色社会主义法律体系的立法工作目标如期完成。

新中国成立以来特别是改革开放以来，在中国共产党的正确领导下，经过各方面坚持不懈的共同努力，我国立法工作取得了举世瞩目的巨大成就。1982年通过了现行宪法，此后又根据客观形势的发展需要，先后通过了五个宪法修正案。到2010年年底，我国已制定现行有效法律236件、行政法规690多件、地方性法规8600多件，并全面完成对现行法律和行政法规、地方性法规的集中清理工作。涵盖社会关系各个方面的法律部门已经齐全，各法律部门中基本的、主要的法律已经制定，相应的行政法规和地方性法规比较完备，法律体系内部总体做到科学和谐统一。

中国特色社会主义法律体系体现了中国特色社会主义的本质要求，改革开放和社会主义现代化建设的时代要求，结构内在统一而又多层次的国情要求，继承中国法制文化优秀传统和借鉴人类法制文明成果的文化要求以及动态、开放、与时俱进的发展要求。

中国特色社会主义法律体系是中国特色社会主义永葆本色的法制根基、创新实践的法制体现、兴旺发达的法制保障。它的形成，是中国社会主义民主法制建设的一个重要里程碑，体现了改革开放和社会主义现代化建设的伟大成果，具有重大的现实意义和深远的历史意义。

——节选自新中国峥嵘岁月 中国特色社会主义法律体系形成.新华网，2019-11-22.

五、习题练习

1.（单选）《中华人民共和国反外国制裁法》于2021年6月10日起施行，这是一部指向性、针对性颇强的专门法律，共有16条。这部法律主要针对的是（ ）。

   A．西方某些大国近年来对我国的"贸易战"

   B．少数国家操纵国际组织挑起的"货币战"

   C．资本主义大国对社会主义国家的"新冷战"

   D．外国干涉中国内政的所谓"单边制裁"

【答案】D

2.（多选）我国民法通则、合同法、物权法中，都有要求民事主体在进行民事活动时应当遵守社会公德，不得损害公共利益和经济秩序的内容，已经具有"公序良俗"的含义。2017年10月1日起施行的民法总则明确规定"民事主体从事民事活动。不得违反法律，不得违背公序良俗"，从民法基本原则的高度确立了禁止违反公序良俗的原则。这一规定体现了（ ）。

   A．依法治国和以德治国的有机统一

   B．法律为道德建设提供制度保障

   C．对传统民法上的公序良俗原则的继承和发展

   D．道德为法律提供价值基础

【答案】ABCD

3.（多选）2020年颁布的《中华人民共和国民法典》是新中国第一部以法典命名的法律，这部法典共7编，1260条，包括总则、物权、合同、人格权、婚姻家庭、继承、侵权责任，以及附则。被称为"社会生活的百科全书"。它系统地整合了中华人民共和国成立70多年来司法实践中形成的民事法律规范，汲取和借鉴了中外优势法治建设的有益成果，是一部具有鲜明中国特色、实践特色、时代特色的民法典，开创了我国法典编纂立法的先河。编纂民法典的重大意义是（ ）。

   A．推进全面依法治国，推进国家法律体系和治理能力现代化的重大举措

   B．坚持和完善中国特色社会主义制度的现实需求

   C．坚持和完善社会主义基本经济制度、推动经济高质量发展的客观要求

D. 增进人民福祉，维护广大人民根本利益的必然要求

【答案】ABCD

4.（多选）2020年我国颁布的《中华人民共和国民法典》具有鲜明道德导向。如第7条"民事主体从事民事活动，应当遵循诚信原则，秉持诚实，恪守承诺"。第8条"民事主体从事民事活动，不得违反法律，不得违背公序良俗"。第184条"因自愿实施紧急救助行为造成受助人损害的，救助人不承担民事责任"。法律对道德的导向主要表现为（　　）。

A. 法律助推个人品德养成　　　　B. 法律决定道德传承的效果
C. 法律助推社会公德水平提升　　D. 法律为弘扬美德提供保障

【答案】ACD

5.（多选）刑法的基本原则是指刑法特有的在刑法的立法、解释和适用过程中所必须普遍遵循的具有全局性、根本性的准则。我国刑法明文规定的基本原则有（　　）。

A. 罪刑法定原则　　　　　　　　B. 疑罪从无原则
C. 罪刑相当原则　　　　　　　　D. 适用刑法一律平等原则

【答案】ACD

6.（多选）2020年6月30日，十三届全国人大常委会第二十次会议表决通过的《中华人民共和国香港特别行政区维护国家安全法》，是新形势下坚持和完善"一国两制"制度体系的标志性法律。其重大作用在于（　　）。

A. 弥补香港国安方面的立法缺失　　B. 确保国家主权在香港受到严格保护
C. 有效应对各种反中乱港势力　　　D. 保障香港长治久安和长期繁荣稳定

【答案】ABCD

专题十一　坚持全面依法治国

一、学习目的

引导和帮助学生正确认识习近平法治思想的科学内涵和重大意义,深刻理解全面依法治国的目标与原则,把握全面依法治国的基本要求,增强中国特色社会主义法治道路自信,逐步养成自觉守法、遇事找法、解决问题靠法的习惯。

二、重难点解析

(一)习近平法治思想为什么是全面依法治国的根本遵循

在即将全面建成小康社会、即将开启全面建设社会主义现代化国家新征程的重要时刻,党中央首次召开中央全面依法治国工作会议提出习近平法治思想,理由根据充分、时机条件成熟、顺乎党心民意,是全面贯彻习近平新时代中国特色社会主义思想、巩固马克思主义在意识形态领域指导地位的应有之义,是加快建设中国特色社会主义法治体系、建设社会主义法治国家的必然要求。习近平法治思想是经过长期发展而形成的内涵丰富、论述深刻、逻辑严密、系统完备的法治理论体系。我们党在长期的革命、建设、改革实践中,坚持将马克思主义基本原理同中国实际相结合,持续推进马克思主义法治理论中国化进程。党的十八大以来,以习近平同志为核心的党中央,坚持立足全局观法治、着眼整体谋法治、胸怀天下论法治,从历史和现实相贯通、国际和国内相关联、理论和实际相结合上深刻回答了新时代为什么实行全面依法治国、怎样实行全面依法治国等一系列重大问题,形成了习近平法治思想。

习近平法治思想覆盖改革发展稳定、内政外交国防、治党治国治军等各方面的法治问题,在范畴上系统集成、逻辑上有机衔接、话语上自成一体,展现出深厚的理论底蕴、缜密的逻辑架构和统一的价值指向,是我们党迄今为止最为全面、系统、科学的法治理论体系。习近平法治思想是习近平总书记以非凡理论勇气、卓越政治智慧、强烈使命担当创立和发展的法治理论体系。习近平总书记是新时代中国特色社会主义的开创者,是实现中华民族伟大复兴中国梦的领航者,一以贯之地高度重视并亲自谋划推进法治建设。在长期的领导实践中,习近平总书记积累了依法治县、依法治市、依法治省、依法治国的丰富经验,提出了许多立时代之潮头、发时代之先声的法治新思想新论断,展现出深邃思考力、敏锐判断力、卓越领导力。特别是党的十八大以来,习近平总书记以厉行法治的坚定意志、奉法强国的雄才大略、依规治党的远见卓识,创造性提出了一系列新思想新理念新战略,形成了习近平法治思想。习近平总书记是这一思想的主要创立者,对这一思想的形成和发展发挥了决定性作用、作出了决定性贡献。

习近平法治思想是在实践进步中彰显强大感召力、创新力、引领力的法治理论体系。习近平法治思想是经过实践证明、富有实践伟力的强大思想武器,是指引全党全国人民在复杂形势中守正创新、在矛盾风险中胜利前进、在法治轨道上治理国家的科学行动指南。党的十八大以来,以习近平同志为核心的党中央把全面依法治国提升为新时代坚持和发展中国特色社会主义的基本方略,作出了一系列重大决策部署,解决了许多长期想解决而没有解决的难题,办成了许多过去想办而没有办成的大事,有力促进了中国特色社会主义制度更加完善,有力推进了国家治理体系和治理能力现代化,有力保障了中国经济快速发展奇迹和社会长期稳定奇迹,有力提升了中国法治在全球治理中的影响力。这些重大成就的取得,根本在于习近平法治思想的正确指引,也有力证明了习近平法治思想的科学真理性。

(二)为什么走中国特色社会主义法治道路

中国特色社会主义法治道路,是历史的必然结论。要不要走法治道路、走什么样的法治道路,是近代以来中国人民面临的历史性课题。鸦片战争后,许多仁人志士也曾想变法图强,但都以失败告终,法治只是镜花水月。中国共产党在领导中国人民进行新民主主义革命的伟大斗争中,不断探索适合中国国情的法治道路,制定了《中华苏维埃共和国宪法大纲》以及大量法律法令,创造了"马锡五审判方式"。中华人民共和国成立后,在社会主义革命、社会主义建设时期,我们党领导人民制定了"五四宪法"和国家机构组织法、选举法、婚姻法等一系列重要法律法规,建立起社会主义法制框架体系,确立了社会主义司法制度。进入改革开放历史新时期,我们党提出"有法可依、有法必依、执法必严、违法必究"的方针,强调依法治国是党领导人民治理国家的基本方略、依法执政是党治国理政的基本方式,不断推进社会主义法治建设,最终走出了一条中国特色社会主义法治道路。党的十八大以来,以习近平同志为核心的党中央把全面依法治国作为新时代坚持和发展中国特色社会主义"四个全面"战略布局的重要组成部分,始终强调加强党的集中统一领导,坚持党领导立法、保证执法、支持司法、带头守法,在新时代不断坚持和拓展了中国特色社会主义法治道路。

走中国特色社会主义法治道路,是由我国社会主义国家性质所决定的。我国宪法明确规定,社会主义制度是中华人民共和国的根本制度。这一根本制度保证了人民当家作主的主体地位,也保证了人民在全面依法治国中的中心地位,这是我们的最大制度优势。中国特色社会主义法治道路坚持人民主体地位,坚持法律面前人人平等,能够保证人民在党的领导下,依照法律规定,通过各种途径和形式管理国家事务,管理经济和文化事业,管理社会事务,本质上是中国特色社会主义道路在法治领域的具体体现。只有始终坚持以人民为中心,才能真正实现法治保障人民权益的根本目的。

走中国特色社会主义法治道路,是立足我国基本国情的必然选择。走什么样的法治道路,脱离不开一个国家的基本国情。从已经实现现代化的国家发展历程看,英国、美国、法国等西方国家适应资本主义市场经济和现代化发展需要,经过一二百年乃至二三百年内生演化,逐步实行法治化。就我们这个14亿多人口的社会主义大国而言,要在较短时间内建成法治国家,必须走中国特色社会主义法治道路。我们有自己的历史文化传统,有长期积累的经验和优势。中国特色社会主义法治道路的一个鲜明特点,就是坚持依法治国和以德治国相结合。从国情实际出发,不等于关起门来搞法治,我们要坚持以我为主、为我所用,认真鉴别、合理吸收世界上优秀的法治文明成果。

(三)中国特色社会主义法治体系的鲜明特点和突出优势

党的十八大以来,习近平总书记提出"中国特色社会主义法治体系",作为全面推进依法治国的总抓手和总目标,并发表一系列重要论述深刻揭示了其重大意义和基本内涵。中国特色社会主义法治体系的特点和优势极为丰富,其鲜明特点和突出优势是坚持党的领导、坚持中国特色社会主义制度、坚持依法治国和依规治党有机统一、坚持依法治国和以德治国相结合四个方面。

1. 坚持党的领导

党的领导是中国特色社会主义法治之魂。中国共产党的领导是中国特色社会主义最本质的特征,是中国特色社会主义制度的最大优势。党政军民学,东西南北中,党是领导一切的。建设中国特色社会主义法治体系作为全面推进依法治国的总抓手和总目标,必须坚持党的领导。党的领导是建设中国特色社会主义法治体系区别于其他西方国家的鲜明特点。没有党的领导这个突出优势,中国特色社会主义法治体系根本建不起来。正如习近平总书记指出:"党的领导是中国特色社会主义法治之魂,是我们的法治同西方资本主义国家的法治最大的区别。"① 离开了中国共产党的领导,中国特色社会主义法治体系、社会主义法治国家就建不起来。

2. 坚持中国特色社会主义制度

中国特色社会主义制度与中国特色社会主义法治体系的关系。中国特色社会主义法治体系是中国特色社会主义制度的重要组成部分。党的十九届四中全会明确提出了坚持和完善中国特色社会主义制度、推进国家治理体系和治理能力现代化的"十三个坚持和完善"。其中一个就是"坚持和完善中国特色社会主义法治体系,提高党依法治国、依法执政能力"。可见,中国特色社会主义法治体系不仅要围绕巩固中国特色社会主义制度的战略需要来建设,也是中国特色社会主义制度的重要组成部分。中国特色社会主义制度是中国特色社会主义法治体系的根本制度基础。我国国家治理的一切工作和活动都依照中国特色社会主义制度展开。全面依法治国作为我国国家治理的一项重大工作、重大活动,是国家治理领域的一场深刻革命。因此,建设中国特色社会主义法治体系必须依照中国特色社会主义制度展开。中国特色社会主义制度的根本制度、基本制度和重要制度,是建设中国特色社会主义法治体系的前提条件。

3. 坚持依法治国和依规治党有机统一

以"大法治"格局谋划中国特色社会主义法治体系。党的十八届四中全会强调,要"形成完备的法律规范体系、高效的法治实施体系、严密的法治监督体系、有力的法治保障体系,形成完善的党内法规体系",明确把党内法规体系纳入中国特色社会主义法治体系。可见,"大法治"格局下的中国特色社会主义法治体系,同时包括国家法治体系和党内法规体系。这在世界法治实践中独一无二,是中国特色社会主义法治体系相较其他国家法治体系的鲜明特点和突出优势。党的十八大以来,以习近平同志为核心的党中央坚持依法治国与制度治党、依规治党统筹推进、一体建设,使两套相对独立又密切联系的法体系

---

① 中共中央宣传部. 习近平新时代中国特色社会主义思想学习纲要[M]. 北京:学习出版社,人民出版社,2019:13.

协同形成国家治理的强大合力。尤其是党内法规制度建设取得前所未有的大发展,党内法规作为党领导人民探索出来的政党治理新道路,彰显出强大的执政兴国治理效能,成为"中国之治"的一个独特治理密码、呈现中国特色社会主义制度优势的一张金色名片。习近平总书记指出要"坚持依法治国和依规治党有机统一",强调要"形成国家法律和党内法规相辅相成的格局"。这为我们在把握依法治国、依规治党区别点和联系点的基础上促进两者有机统一,更好彰显中国特色社会主义法治体系的鲜明特点和突出优势,提出了明确要求和建设方向。

4. 坚持依法治国和以德治国相结合

法律与道德密切相关、属性兼容。习近平总书记指出:"法律是成文的道德,道德是内心的法律。"①可见,法律和道德虽然不同,但具有内在一致性;法律是底线的道德,道德可以蕴含在法律之中。从本质上来说,法律和道德都属于规则范畴,皆具有规范社会行为、调节社会关系、维护社会秩序的重要作用。在功能上,法治和德治能够相互补充、相互促进、相得益彰。换句话说,两者协同发力能够在国家治理中发挥一加一大于二的系统集成效能。这是党以史为鉴、在治国实践中探索出来的法治规律。党领导人民探索出来的中国特色社会主义法治道路,一个鲜明特点就是"坚持依法治国和以德治国相结合,强调法治和德治两手抓、两手都要硬"。

如何坚持依法治国和以德治国相结合。要以道德支撑法治。习近平总书记指出:"坚持依法治国和以德治国相结合,就要重视发挥道德的教化作用,提高全社会文明程度,为全面依法治国创造良好人文环境。"②道德是法律的基础,道德滋养对于法律信仰、法治观念、规则意识的培养具有基础性作用。合乎道德、具有深厚道德基础的法律,才能为更多人所自觉遵行。也就是说,只有以道德支撑法治,法治之治才能具备坚实的社会基础。要以法治保障道德。道德大多依赖于人们的自觉遵循,无法强制纠正和大力惩戒失德行为。而法治具有强制性和稳定性,能够让败德违法者受到惩治、付出代价。因此,习近平总书记指出:"以法治承载道德理念,道德才有可靠制度支撑。"③他还强调,要注意把一些基本道德规范转化为法律规范,使法律法规更多体现道德理念和人文关怀,通过法律的强制力来强化道德作用、确保道德底线,推动全社会道德素质提升。

---

① 习近平. 论坚持全面依法治国 [M]. 北京:中央文献出版社,2020:165.
② 习近平. 论坚持全面依法治国 [M]. 北京:中央文献出版社,2020:166.
③ 习近平. 论坚持全面依法治国 [M]. 北京:中央文献出版社,2020:166.

三、经典案例分析

案例一 西方法治模式为什么在我国行不通？

如果从英国资产阶级革命算起，西方国家的法治模式迄今已有300多年的历史。尽管西方国家的法治理论和法治实践对人类法治文明产生过重要影响，对其他国家的法治现代化具有一定的借鉴意义，但世界上的法治模式并不会因此而定于一尊，也不会只接受一种标准的评判。那么，西方法治模式为什么在我国行不通？

【案例分析】

每一种法治形态都不会脱离其产生的历史文化土壤，都不能与这片土壤所孕育的国情条件背道而驰。西方国家的法治模式扎根于其特定的历史传统之中，而广大发展中国家的历史传统与之完全不同。看看历史可以知道，一些西方国家通过殖民扩张和全球贸易侵略别国、掠夺资源，积累起自身发展的条件，并以此获得了在国际政治经济秩序中的支配地位和竞争优势，其影响至今仍存在。发展中国家则是在摆脱殖民统治、赢得国家独立后，才开始自己的法治建设，与西方国家法治的历史起点不同，国情条件更是迥然有别。

就是在这种不可否认的客观差别之下，300多年来，一些西方国家却先后使用各种各样的办法，把包括其法治模式在内的制度模式向其他发展中国家推介甚至强加。早先是通过殖民活动进行武力征服，把许多发展中国家变为殖民地或半殖民地，然后强制推行他们的制度模式。殖民主义体系终结之后，对获得独立的发展中国家又通过合作援助、文化交流，甚至通过介入他国纷争、策动颜色革命、武装干涉等手段，诱导、逼迫这些国家采用他们的发展模式和法治模式。例如，把对发展中国家的经济援助与按照西方国家要求进行各种政治法律改革捆绑起来。

可是效果如何呢？当今世界共有200多个国家和地区，经联合国认可的发达国家仅为20多个，这些国家多是发达资本主义国家，其人口总和约占世界总人口的12%多一点。这表明，资本主义制度用了300多年的努力，仅仅使20多个国家和约十分之一的世界人口迈进发达国家的行列，剩下近90%的人口仍生活在发展中国家。西方国家的法治模式并没有在促进发展中国家摆脱不发达状态中起到显著作用。原因何在呢？

说到底，西方国家的法治模式是从他们的经济社会条件、客观国情中历史地生长起来的，不能直接"移栽"到别国土壤上。这一法治模式扎根的经济基础是发达的资本主义私有制经济，所依托的政治环境是需要"分化"选民以争夺选票的两党制、多党制，其核心价值观念是个人被摆在最优先位置的个人主义。一些西方国家的模式输出给广大发展中国家留下了沉重的历史包袱，困扰和阻碍了其现代化进程。应当看到，一些西方发达国家实际上并不愿意让发展中国家真正发展起来。

我国是世界最大的发展中国家和社会主义国家。历史和现实都表明，西方国家的法治模式不适合我国，我们必须按照本国的国情和发展需要，走出一条适合自己、行之有效的法治道路。

案例二　为什么说"党大还是法大"是个伪命题？

在推进全面依法治国的进程中，有些人会产生这样的疑惑：中国共产党是领导核心，但又强调宪法法律至上，那么党的领导和法治之间到底是什么关系？有人就此提出所谓"党大还是法大"的问题。少数人别有用心地炒作这一命题，其"醉翁之意不在酒"，实质是把党的领导和法治割裂开来、对立起来，最终达到否定、取消党的领导，否定中国特色社会主义制度的目的。这种观点在思想上是错误的，在政治上是十分危险的。习近平总书记一针见血地指出："'党大还是法大'是一个政治陷阱，是一个伪命题。"①在这个问题上，我们绝不能含糊其词、语焉不详，必须讲清楚、讲透彻，做到正本清源、明辨是非。

【案例分析】

党和法、党的领导和依法治国是高度统一的。党和法的关系是一个根本问题，法是党的主张和人民意愿的统一体现，党既领导人民制定宪法法律，也领导人民遵守宪法法律，党自身必须在宪法法律范围内活动。习近平总书记强调："党的领导是中国特色社会主义最本质的特征，是社会主义法治最根本的保证。"②这一论断抓住了党和法关系的要害。依法治国是我们党提出来的，把依法治国上升为党领导人民治理国家的基本方略也是我们党提出来的，党一直带领人民深入推进依法治国，善于通过党的政策指导国家立法、执法、司法活动，国家和社会生活法治化有序推进。历史和实践证明，党和法的关系处理得好，则法治兴、党兴、国家兴；处理得不好，则法治衰、党衰、国家衰。当年，苏共垮台和苏

---

① 中共中央宣传部. 习近平新时代中国特色社会主义思想学习纲要 [M]. 北京：学习出版社，人民出版社，2019：15.

② 中共中央宣传部. 习近平新时代中国特色社会主义思想学习纲要 [M]. 北京：学习出版社，人民出版社，2019：13.

联解体的一个重要原因，就是在西方势力的鼓动下，苏联从宪法中取消了坚持苏共领导地位的第六条，结果是苏共领导"违宪"，最后只能解散，导致亡党亡国。这个教训极其深刻。在社会主义国家，法治必须坚持党的领导，党的领导必须依靠法治。党和法不存在谁大谁小的问题，不能简单比较。

党和法的关系是政治和法治关系的集中反映。法治当中有政治，没有脱离政治的法治。不同性质的政治制度决定了不同形态的法治体系。我国是人民民主专政的社会主义国家，党的领导是中国特色社会主义法治之魂，这是我们的法治同西方资本主义国家的法治最大的区别。离开了中国共产党的领导，中国特色社会主义法治体系、社会主义法治国家就建不起来。我们推进全面依法治国，绝不是要虚化、弱化甚至动摇、否定党的领导，而是为了进一步巩固党的执政地位、改善党的执政方式、提高党的执政能力，保证党和国家长治久安。对于那些故意"挖坑""设陷阱"的形形色色论调，一定要有战略定力，旗帜鲜明地宣示政治立场、表明政治态度。要始终坚持在党的领导下依法治国、厉行法治，加强党对全面依法治国的集中统一领导，坚持"三统一""四善于"，健全党领导全面依法治国的制度和工作机制，推进党的领导制度化法治化，通过法治保障党的路线方针政策有效实施。

我们说不存在"党大还是法大"的问题，是把党作为一个执政整体而言的，是指党的执政地位和领导地位而言的，具体到每个党政组织、每个领导干部，就必须服从和遵守宪法法律，就不能以党自居，就不能把党的领导作为个人以言代法、以权压法、徇私枉法的挡箭牌。这个界线一定要划分清楚。如果说"党大还是法大"是一个伪命题，那么对各级党政组织、各级领导干部来说，"权大还是法大"则是一个真命题。纵观人类政治文明史，权力是一把双刃剑，在法治轨道上行使可以造福人民，在法律之外行使则必然祸害国家和人民。各级党政组织、各级领导干部手中的权力是党和人民赋予的，是上下左右有界受控的，不是可以为所欲为、随心所欲的。要把厉行法治作为治本之策，把权力运行的规矩立起来、讲起来、守起来，真正做到谁把法律当儿戏，谁就必然要受到法律的惩罚。

"善禁者，先禁其身而后人；不善禁者，先禁人而后身。"领导干部具体行使党的执政权和国家立法权、行政权、监察权、司法权，是全面依法治国的关键。各级领导干部要做遵法学法守法用法的模范，不断提高运用法治思维和法治方式深化改革、推动发展、化解矛盾、维护稳定、应对风险的能力，以实际行动带动全社会弘扬社会主义法治精神，建设社会主义法治文化，不断增强人民群众对法律的内心拥护和真诚信仰，使全体人民都成为社会主义法治的忠实崇尚者、自觉遵守者、坚定捍卫者。

四、拓展阅读

（一）习近平法治思想是推进中国式法治现代化的理论指南

中国式法治现代化新道路，是中国式现代化新道路在法治领域的集中体现，是具有鲜明社会主义性质、反映文明社会法治现代化运动规律、确证人类法治文明新形态的法治现代化的中国道路。习近平法治思想博大精深，内容丰富，逻辑严密，体系完整，从理论与实践的结合上，科学回答了坚持和拓展中国式法治现代化新道路的一系列重大问题，建立了具有原创意义的 21 世纪马克思主义法治理论逻辑系统，因而是推进中国式法治现代化的理论指南。

建党百年来，中国共产党领导中国人民进行了艰苦卓绝、气壮山河的伟大社会革命，从中国的国情条件出发，成功地开辟和拓展了中国式法治现代化新道路。习近平法治思想深刻分析新时代的伟大社会革命对推进中国式法治现代化提出的战略任务，对推进中国式法治现代化的重大时代课题进行战略思考，从而清晰地展示了坚持和拓展中国式法治现代化新道路的战略大视野。

法治是国家治理体系和治理能力的重要依托。习近平总书记强调，要"坚持在法治轨道上推进国家治理体系和治理能力现代化"。推进中国式法治现代化，就是要紧紧围绕推进国家治理体系和治理能力现代化这一战略目标，实现从人治型的国家治理体系向法治型的国家治理体系的历史性转变，牢牢把握坚持和完善中国特色社会主义法治体系这个"总抓手"，构筑一个以法治现代化为基本依托的现代国家治理体系。

当代中国进入了全面建设社会主义现代化国家、实现第二个百年奋斗目标的新发展阶段。党的十九大报告明确提出进入新发展阶段全面建设社会主义现代化国家、实现第二个百年奋斗目标的战略构想以及法治中国建设蓝图。这一战略构想提出了新时代实现中国式法治现代化"新两步走"的路线图和时间表，开启了加快建设现代化的法治中国的新征程。全面建设社会主义现代化国家的新战略目标的提出，不仅意味着法治在国家和社会生活中的地位更加重要，而且意味着法治的职能更加全面，法治的体制和机制更加健全，中国式法治现代化已经成为全面建设社会主义现代化国家的有机构成要素。

中国最大的国情是中国共产党的领导。在当代中国，作为国家最高政治领导力量，中国共产党在整个国家和社会生活中处于领导地位。中国共产党的领导，是中国特色社会主义最本质的特征。坚持和完善党的领导制度体系，加强党对国家制度与法律制度建设的领导,是推进中国式法治现代化的根本政治保证。

中国式法治现代化植根于中华民族的深厚历史文化传统。文化是民族生存和发展的重要力量。中华民族有着悠久独特的法律文化传统。在绵延5000多年的中华文明发展进程中,中华民族铸造了体现独特民族法律品格的博大精深的法律文化。在当代中国,坚持和拓展中国式法治现代化新道路,是中华优秀传统法律文化有机传承的过程,是中华优秀传统法律文化创造性转化、创新性发展的过程。中华优秀传统法律文化是最为深厚的法治文化软实力,也是中国式法治现代化新道路赖以形成和发展的文化沃土。

在当代错综复杂的全球化进程中,当代中国的法治发展保持独立自主的法治品格,走出一条中国式的法治现代化新路,这是我们必须面对的重大时代挑战。世界上没有放之四海而皆准的具体发展模式,也没有一成不变的发展道路。历史条件的多样性,决定了各国选择发展道路的多样性。中国共产党成立一个世纪以来,团结带领人民独立自主,开拓奋进,成功地开辟和拓展了自主型的中国式法治现代化新道路,构筑了"中国奇迹""中国之治"的坚实法治基础,展现了自主型法治现代化的独特魅力,从而超越了"西方中心主义"的法治现代化模式,开创了世界法治现代化进程的崭新范例,为发展中国家走向现代化提供了全新选择,为人类探索更好社会制度贡献了中国方案。

——节选自公丕祥.习近平法治思想是推进中国式法治现代化的理论指南[N].中国社会科学报,2022-04-29.

(二)引领新时代法治中国建设的思想旗帜——深入学习习近平法治思想

全面依法治国是中国特色社会主义的本质要求和重要保障。党的十八大以来,以习近平同志为核心的党中央从坚持和发展中国特色社会主义、实现中华民族伟大复兴、实现党和国家长治久安的全局和战略高度定位法治、布局法治、厉行法治,大力推进全面依法治国、建设中国特色社会主义法治体系和社会主义法治国家的实践,我国法治建设取得历史性成就,在社会主义法治建设史上书写了精彩的崭新篇章。在领导和推进依法治国实践中,习近平总书记提出全面依法治国的一系列新理念新思想新战略,创造性地发展了中国特色社会主义法治理论,创立了习近平法治思想。习近平法治思想深刻回答了新时代为什么实行全面依法治国、怎样实行全面依法治国等重大问题,是马克思主义法治理论中国化最新成果,是习近平新时代中国特色社会主义思想的重要组成部分,是引领新时代法治中国建设的思想旗帜。

当今中国正处在中华民族伟大复兴的关键期,当今世界正经历百年未有之大变局加速演变叠加，百年未遇之大疫情对人类产生深远影响这样一个动荡变革期。国际环境不稳定性不确定性明显增加，国内改革发展稳定任务艰巨繁重，人民内部矛盾和其他社会矛盾客观存在，广大群众对法治的要求越来越高。科学统筹国内国际两个大局、全力办好发展安全两件大事、战胜前进道路上各种风险挑战，对全面依法治国提出新的更高要求。在这样的大背景大形势下，确立习近平法治思想在全面依法治国中的指导地位意义尤为重大而深远，为加快建设社会主义法治国家、实现第二个百年奋斗目标和中华民族伟大复兴的中国梦提供了法治理论指导和制度保障。习近平法治思想内涵丰富、论述深刻、逻辑严密、系统完备。集中起来说，就是习近平总书记在中央全面依法治国工作会议重要讲话中精辟概括的"十一个坚持"。这"十一个坚持"，既是重要战略思想，又是重大工作部署，涵盖和明确了全面依法治国理论和实践的一系列方向性、根本性、全局性重大问题。

筑牢法治中国建设根本保证，强化党对全面依法治国的领导。坚持中国共产党对全面依法治国的领导，是习近平法治思想的鲜明立场，是我国社会主义法治之魂，是中国特色社会主义法治同西方资本主义法治最根本的区别。全面依法治国，就是要健全党领导法治的制度和工作机制，推进党的领导制度化、法治化，通过法治保障党的路线方针政策有效实施。坚持党对全面依法治国的领导，体现到党的执政行为上，就是要依法执政，善于运用法治思维和法治手段巩固执政地位、改善执政方式、提高执政能力，确保党和国家长治久安。党和法、党的领导和依法治国是高度统一的，中国特色社会主义法治必须坚持党的领导，党的领导必须依靠中国特色社会主义法治。把党的领导贯彻到依法治国全过程和各方面，更好落实全面依法治国基本方略，是我国社会主义法治建设的一条基本经验，更是中国共产党行使领导权和执政权的必然要求。新中国成立70多年的实践充分证明，我国的政治制度和法治体系是适合我国国情和实际的制度，是具有显著优越性的制度。在这个根本问题上，我们有信心、有底气、有定力，决不照搬别国模式和做法，决不走西方那种"宪政""三权分立""司法独立"的路子，决不能犯颠覆性错误。

厚植全面依法治国执政根基，坚持以人民为中心的核心价值。全心全意为人民服务是中国共产党的根本宗旨，体现在全面依法治国中就是坚持以人民为中心。人民是全面依法治国的主体和力量源泉，以人民为中心是社会主义法治的核心价值。习近平总书记指出："全面依法治国最广泛、最深厚的基础是人民，必须坚持为了人民、依靠人民。"[①]推进全

---

① 中共中央宣传部. 习近平新时代中国特色社会主义思想学习纲要[M]. 北京：学习出版社，人民出版社，2019：27.

面依法治国，根本目的是依法保障人民权益，保证人民在党的领导下通过各种途径和形式管理国家事务、管理经济和文化事业、管理社会事务，保证人民依法享有广泛的权利和自由、承担应尽的义务，保障人民平等参与、平等发展权利；切实保障人身权、人格权、财产权、信息权、婚姻自主权、继承权、诉讼权等。要把体现人民意愿、维护人民权益、增进人民福祉落实到全面依法治国各领域全过程，积极回应人民群众对民主、法治、公平、正义、安全、环境等方面的新要求新期待，系统研究谋划和解决法治领域人民群众反映强烈的突出问题，不断增强人民群众获得感、幸福感、安全感，用法治保障人民安居乐业。人民群众是党和国家一切工作的评价者，也是全面依法治国答卷的阅卷人。人民群众满意的法治答卷，就是全面依法治国的最佳成绩单。

坚持全面依法治国政治方向，坚定不移走中国特色社会主义法治道路。走什么样的法治道路、建设什么样的法治体系，是由一个国家的基本国情决定的。世界上不存在定于一尊的法治模式，也不存在放之四海而皆准的法治道路。习近平总书记指出："中国特色社会主义法治道路，是社会主义法治建设成就和经验的集中体现，这条道路本质上是中国特色社会主义道路在法治领域的具体体现，是建设社会主义法治国家的唯一正确道路。"[①]在坚持和拓展中国特色社会主义法治道路这个根本问题上，我们要树立自信，保持定力。坚持这条道路，核心要义是坚持党的领导、坚持中国特色社会主义制度、贯彻中国特色社会主义法治理论；基本原则是坚持人民主体地位，坚持法律面前人人平等，坚持依法治国和以德治国相结合，坚持依法治国和依规治党有机统一，坚持从中国国情和实际出发。同时，中国特色社会主义法治道路也是一条扎根中国大地、历史底蕴深厚的法治道路。它深刻总结我国古代法制成败得失，挖掘和传承中华优秀传统法律文化精华，赋予中华法治文明新的时代内涵，使其焕发出新的生命力。坚持中国特色社会主义法治道路，要传承中华优秀传统法律文化，借鉴国外法治有益成果，为建设社会主义法治国家夯实法治基础。

——节选自何毅亭.引领新时代法治中国建设的思想旗帜——深入学习习近平法治思想[J].马克思主义文摘，2022（4）.

（三）在"两个确立"中继往开来迎接党的二十大

习近平总书记在省部级主要领导干部专题研讨班上的重要讲话，具有很强的政治性、

---

① 中共中央宣传部.习近平新时代中国特色社会主义思想学习纲要[M].北京：学习出版社，人民出版社，2019：37.

理论性、指导性，对于我们深刻领悟"两个确立"的决定性意义，进一步增强"四个意识"、坚定"四个自信"、做到"两个维护"，具有十分重要的意义。

即将召开的党的二十大，是在进入全面建设社会主义现代化国家新征程的关键时刻召开的一次十分重要的大会，将明确党在新征程上举什么旗、走什么路、以什么样的精神状态、朝着什么样的目标继续前进。迎接这一继往开来的党代会，在思想政治建设上，最重要的，就是要坚持"两个确立"。

1. "继往"：最重要的是坚持"两个确立"

从党的十八届六中全会提出"两个维护"，到党的十九届六中全会提出"两个确立"，是新时代这10年新鲜经验的深刻总结。我们讲"继往开来"，最重要的"继往"，就要坚持这一根本经验。

新时代10年的伟大变革，在党史、新中国史、改革开放史、社会主义发展史、中华民族发展史上具有里程碑意义。这是因为，这10年我们采取一系列战略性举措，推进一系列变革性实践，实现一系列突破性进展，取得一系列标志性成果，攻克了许多长期没有解决的难题，办成了许多事关长远的大事要事，经受住了来自政治、经济、意识形态、自然界等方面的风险挑战考验，党和国家事业取得历史性成就、发生历史性变革。

航船要有舵手，航行要有指南。要问这10年来之不易的历史性成就和历史性变革是怎么获得的，最根本的原因，就是党有了新时代的舵手和思想指南，确立了习近平同志党中央的核心、全党的核心地位，确立了习近平新时代中国特色社会主义思想的指导地位。这10年，是习近平总书记带领我们向腐败开战。不论查处贪官人数之多、级别之高、行动密度之大，还是涉及领域之宽、挖掘问题之深刻，都是前所未有的，反腐败斗争取得压倒性胜利并全面巩固。这10年，是习近平总书记带领我们向形式主义、官僚主义、享乐主义和奢靡之风开战。党的十八大后，中央政治局就审议通过了八项规定，率先垂范，正风肃纪。习近平总书记以"得罪千百人、不负十四亿"的使命担当，刀刃向内，刮骨疗毒，扭转"四风"。这10年，是习近平总书记带领我们向贫困开战。在脱贫攻坚战中，全国832个贫困县全部摘帽、12.8万个贫困村全部出列，近1亿农村贫困人口实现脱贫，历史性地解决了绝对贫困问题。这10年，我们还在推进供给侧结构性改革、应对金融风险和治理污染、疫情防控等方面，在应对美西方发起的贸易战以及在香港、新疆、台海等问题上的挑衅等方面，打了一仗又一仗。我们深切体会到，正是有了"两个确立"，才使得我们能够在一仗接一仗的伟大斗争中，赢得了一场又一场胜利，创造了一个又一个奇迹。

因此，今天讲"继往"，最重要的，就是要坚持"两个确立"这一根本经验。

2. "开来"：最重要的也是坚持"两个确立"

"继往"是为了"开来"，为了在未来5年为实现第二个百年奋斗目标和中华民族伟大复兴打下坚实的基础。面对如此宏大的历史任务，我们更要坚持"两个确立"，这是在"继往"中"开来"的根本保证。

首先，坚持"两个确立"，是由现代化新征程的历史任务决定的。未来5年是全面建设社会主义现代化国家开局起步的关键时期，对于实现第二个百年奋斗目标至关重要。因此，要紧紧抓住解决不平衡不充分的发展问题，着力在补短板、强弱项、固底板、扬优势上下功夫，研究提出解决问题的新思路、新举措。而要做到这一点，从根本上说，还是要在以习近平同志为核心的党中央坚强领导下，高举习近平新时代中国特色社会主义思想伟大旗帜，全国上下齐心合力、攻坚克难。

其次，坚持"两个确立"，是由我们面临的机遇和挑战决定的。当前，世界百年未有之大变局加速演进，世界之变、时代之变、历史之变的特征更加明显。我国发展既面临新的战略机遇、新的战略任务、新的战略阶段、新的战略要求、新的战略环境，又需要应对新的风险和挑战。谋划和推进党和国家各项工作，必须深入分析国际国内大势，以正确的战略策略应变局、育新机、开新局，依靠顽强斗争打开事业发展新天地，最根本的是要把我们自己的事情做好。而要做到这一点，最根本的政治保证是要毫不动摇地坚持"两个确立"。

最后，坚持"两个确立"，是由全面从严治党的要求决定的。我们党是世界上最大的马克思主义执政党，要巩固长期执政地位、始终赢得人民衷心拥护，必须永葆"赶考"的清醒和坚定。这是因为，党面临的"四大考验"和"四种危险"将长期存在，管党治党一刻也不能放松，必须常抓不懈、紧抓不放，绝不能有松劲歇脚、疲劳厌战的情绪，必须持之以恒推进全面从严治党，以党的自我革命引领社会革命。这更要求我们把坚持"两个确立"、做到"两个维护"作为全面从严治党的根本要求。

3. 坚持"两个确立"，必须坚持知、情、意相结合

"两个确立"不是空话，"两个维护"不是口号。需要我们进一步考虑的是，在社会主义现代化建设新征程上迎接党的二十大召开，应该怎么更加自觉地坚持"两个确立"，更加坚定地做到"两个维护"。

马克思主义的认识论告诉我们，人的认识来自实践。人们在实践中揭示了事物的本质和发展规律后，就会把感性认识上升到理性认识。这种理性认识作为科学理论或科学知识，要为人们所掌握，不仅要"知"，还要有"情"。有了情感，就可以把书本上的理论知识或文件中的重要思想转化为自身内在的理论素养或理想追求。但是，科学理论或理想追求还

要运用到实践中去,才有意义。而实践有成功,也会有挫折甚至失败,还要有坚强的"意"(意志)才能坚持下去。在继往开来中坚持"两个确立",不仅要有对"两个确立"的"认知"和"情感",还要有坚持"两个确立"之"意志"。

我们之所以要联系新时代的伟大实践及其带来的历史性成就和历史性变革来认识"两个确立"的意义,就是为了使大家能够对这种"认知"既有"情感"地自觉践行、又有"意志"地自觉坚持。只有这样知、情、意相结合,"两个确立""两个维护"之"知"才能变成我们大家的自觉行动,迎接党的二十大胜利召开。

——节选自李君如.在"两个确立"中继往开来迎接党的二十大[N].光明日报,2022-08-14.

(四)中国特色社会主义法治道路的历史底蕴

习近平法治思想坚持运用辩证唯物主义和历史唯物主义世界观方法论,观察法治历史、引领法治发展、指导法治建设。中国特色社会主义法治道路,是社会主义法治建设成就和经验的集中体现,是建设社会主义法治国家的唯一正确道路。我们要坚持大历史观,把中国特色社会主义法治道路放到中华民族伟大复兴的历史进程中来认识和把握,深刻领悟其中蕴含的历史智慧,把握其深厚历史底蕴。

各国国情不同,法治道路也不会相同。我们党站在人类文明发展的高度,端起历史规律的望远镜去细心观望人类法治文明发展进程,探索适合中国的法治道路。独特的文化传统,独特的历史命运,独特的国情,注定了中国必然走适合自己特点的发展道路。中国特色社会主义法治道路是从中国自身历史发展中走出来的,具有鲜明中国特色。

中国特色社会主义法治道路是在中国社会土壤中生长起来的,是从我国革命、建设、改革的实践中探索出来的。它是马克思主义法治理论中国化的成果,传承中华优秀传统法律文化,同时借鉴国外法治有益成果,蕴含着丰富的历史智慧。

马克思主义法治理论中国化的成果。中国特色社会主义法治道路,是我们党持续推进马克思主义中国化取得的重大成果。我们党开辟中国特色社会主义法治道路的历程,也是马克思主义法治理论中国化的不平凡历程。习近平法治思想实现了马克思主义法治理论中国化的新发展新飞跃。习近平法治思想坚持马克思主义立场观点方法,科学把握政治与法治、改革与法治、自由与秩序、安全与发展、依法治国与依规治党、依法治国与以德治国、国内法治与涉外法治等全面依法治国中的重大关系,为深化全面依法治国实践、坚持和拓展中国特色社会主义法治道路指明了正确方向。

对中华优秀传统法律文化的继承和弘扬。在5000多年文明发展进程中,中华民族产生了历史悠久的法律文化，形成了独特的法律精神，彰显了中华民族的伟大创造力。中华优秀传统法律文化是我们的宝贵财富，为坚持和拓展中国特色社会主义法治道路提供了历史文化滋养。以习近平同志为核心的党中央深入把握中华优秀传统法律文化的真谛和精华，深入研究中华法制文明的优秀思想和理念，深入挖掘我国古代法制蕴含的丰富智慧和资源，善于从历史文化中汲取营养，推动中华优秀传统法律文化创造性转化、创新性发展，使中华优秀传统法律文化焕发出新的生命力，使中国特色社会主义法治道路彰显出鲜明的民族性、时代性。例如，中华法制文明有着丰富的德法共治思想。习近平总书记指出："中国特色社会主义法治道路的一个鲜明特点，就是坚持依法治国和以德治国相结合，强调法治和德治两手抓、两手都要硬。"[1]这在新的时代条件下赋予传统法律文化精华新的内涵。

对我们党领导人民进行法治建设经验的总结和运用。新中国成立后特别是改革开放以来，我们党积极开展社会主义法治建设。从制定"八二宪法"到形成"八二宪法"五个修正案，从"社会主义法制"到"社会主义法治"，从"中国特色社会主义法律体系"到"中国特色社会主义法治体系"，我们党不断总结和运用领导人民实行法治的成功经验，坚持中国特色社会主义实践向前推进一步、法治建设就要跟进一步，开辟和拓展中国特色社会主义法治道路。党的十八大以来，以习近平同志为核心的党中央在领导全面依法治国谋新篇、开新局的实践中，对我们党领导社会主义法治建设的宝贵经验进行科学总结，从我国革命、建设、改革的实践中继续探索适合自己的法治道路，以新的视野、新的认识赋予其新的时代内涵。习近平法治思想成为我们党百年法治探索最重要、集大成的理论创新成果。

对人类法治文明优秀成果的吸收和借鉴。法治是人类文明的重要成果之一，法治的精髓和要旨对于各国国家治理和社会治理具有普遍意义。习近平法治思想具有宽广的世界视野，把握人类法治文明发展大势，汲取各国制度文明与法治文明精华，把传承弘扬中华优秀传统法律文化与吸收借鉴人类法治文明一切优秀成果内在地结合起来，开创了坚持和拓展中国特色社会主义法治道路的新局面。

——节选自公丕祥.中国特色社会主义法治道路的历史底蕴[N].人民日报，2022-02-08.

（五）论坚持建设中国特色社会主义法治体系

建设中国特色社会主义法治体系，是习近平法治思想提出的具有原创性、时代性的概

---

[1] 习近平.论坚持全面依法治国[M].北京：中央文献出版社，2020：166.

念和理论,是以习近平同志为核心的党中央为新时代全面依法治国设定的总目标和总抓手。全面推进依法治国,加快建设法治中国,必须紧紧围绕这个总目标、牢牢抓住这个总抓手,发挥其纲举目张的作用。建设中国特色社会主义法治体系是一个系统工程,其基本任务包括建设完备的法律规范体系、高效的法治实施体系、严密的法治监督体系、有力的法治保障体系以及形成完善的党内法规体系。

1. 建设完备的法律规范体系

良法是善治的前提。"立善法于天下,则天下治;立善法于一国,则一国治。"①科学完备、统一权威的法律规范体系,是建设中国特色社会主义法治体系的制度基础。党的十八大以来,党中央明确提出全面依法治国,并将其纳入"四个全面"战略布局予以有力推进。经过长期努力,中国特色社会主义法律体系已经形成,我们国家和社会生活各方面总体上实现了有法可依,这是我们取得的重大成就,也是我们继续前进的新起点。

加强重点领域立法。全面依法治国必须加强重点领域立法,及时反映党和国家事业发展要求、人民群众关切期待,对涉及全面深化改革、推动经济发展、完善社会治理、保障人民生活、维护国家安全的法律抓紧制定、及时修改。依法保障公民权利,加快完善体现权利公平、机会公平、规则公平的法律制度,保障公民人身权、财产权、人格权和基本政治权利不受侵犯,保障公民经济、文化、社会等各方面权利得到落实。要积极推进国家安全、科技创新、公共卫生、生物安全、生态文明、防范风险、涉外法治等重要领域立法,健全国家治理急需的法律制度、满足人民日益增长的美好生活需要必备的法律制度,填补空白点、补强薄弱点。

加强新兴领域立法。新技术新应用快速发展,催生一系列新业态新模式,但相关法律制度还存在时间差、空白区。人工智能在法律、安全、就业、道德伦理和政府治理等方面提出了许多新课题。要处理好这些问题,既要大力培育人工智能、物联网、下一代通信网络等新技术新应用,又要积极利用法律法规和标准规范引导新技术应用。要及时跟进研究数字经济、互联网金融、人工智能、大数据、云计算等相关法律制度,围绕人工智能、基因编辑、医疗诊断、自动驾驶、无人机、服务机器人等领域,加快推进相关信息技术领域立法工作,抓紧补齐法律短板,以良法善治保障新业态新模式健康发展。

加强涉外领域立法。中国走向世界,以负责任大国参与国际事务,必须善于运用法治。在对外斗争中,面对国际上日趋激烈的制度规则博弈,特别是美国等西方国家滥用"长臂

---

① 《人民日报》评论部. 习近平用典:第1辑 [M]. 北京:人民日报出版社,2015:269.

管辖"等霸权行径，迫切需要我们拿起法律武器，加快涉外法治工作战略布局，占领法治制高点。要积极推进外国法不当域外适用阻断立法等涉外领域立法。针对西方国家打着"法治"幌子的霸权行径，要加强反制理论和实践研究，建立健全阻断机制，以法律的形式明确中国不接受任何国家的"长臂管辖"。要加快推进我国法域外适用的法律体系建设，为我国涉外执法、司法活动提供法律依据。要把应对西方国家滥用"长臂管辖"同推进涉外领域立法以及我国法域外适用结合起来，按照急用先行原则，抓紧制定完善相关法律法规，有步骤、分阶段加快推进重要涉外领域立法，充实对外斗争法律工具箱。要建立健全域外法律查明机制。要加强国际法研究和运用。

科学推进法典化进程。党的十八大以来，我国顺应实践发展要求和人民群众期待，把编纂民法典摆上重要日程。党的十八届四中全会的决定对编纂民法典作出部署。在各方面共同努力下，经过5年多工作，民法典终于颁布实施，实现了几代人的夙愿。民法典为其他领域立法法典化提供了很好的范例。民法典系统整合了新中国成立70多年来长期实践形成的民事法律规范，汲取了中华民族5000多年优秀法律文化，借鉴了人类法治文明建设有益成果。要总结编纂民法典的经验，适时推动条件成熟的立法领域法典编纂工作。

2. 建设高效的法治实施体系

法律的生命力在于实施，法律的权威也在于实施。"法令行则国治，法令弛则国乱。"[①]法律的有效实施，是全面依法治国的重点和难点。"天下之事，不难于立法，而难于法之必行。"[②]如果有了法律而不实施、束之高阁，或者实施不力、做表面文章，那制定再多法律也无济于事。全面推进依法治国的重点应该是保证法律严格实施，做到"法立，有犯而必施；令出，唯行而不返"[③]。为了保证法律有效实施，必须建立高效的法治实施体系。要加快建设包括宪法实施和执法、司法、守法等方面的体制机制，坚持依法行政和公正司法，确保宪法法律全面有效实施。

全面贯彻实施宪法是全面依法治国、建设社会主义法治国家的首要任务和基础性工作。要加强和改进法律实施工作。各级国家行政机关、监察机关、审判机关、检察机关是法律实施的重要主体，必须担负法律实施的法定职责，坚决纠正有法不依、执法不严、违法不究现象，坚决整治以权谋私、以权压法、徇私枉法问题，严禁侵犯群众合法权益。

---

① 《人民日报》评论部. 习近平用典：第2辑 [M]. 北京：人民日报出版社，2018：221.
② 《人民日报》评论部. 习近平用典：第1辑 [M]. 北京：人民日报出版社，2015：273.
③ 《人民日报》评论部. 习近平用典：第1辑 [M]. 北京：人民日报出版社，2015：279.

3. 建设严密的法治监督体系

纵观人类政治文明史，权力是一把双刃剑，在法治轨道上行使可以造福人民，在法律之外行使则必然祸害国家和人民。没有监督的权力必然导致腐败，这是一条铁律。在法治监督方面，还存在监督目的不清晰、监督范围不明确、监督程序不健全、监督机制不完善、各种监督方式之间缺乏协同性、监督权威性执行力公信力不高等问题。建设中国特色社会主义法治体系，必须建设严密的法治监督体系，健全党统一领导、全面覆盖、权威高效的法治监督体系，健全权力运行的制约监督体系，切实加强对立法、执法、监察、司法工作的监督。

建设党统一领导、全面覆盖、权威高效的法治监督体系。法治监督体系是党在长期执政条件下实现自我净化、自我完善、自我革新、自我提高的重要制度保障。党的十九大着眼于推动党和国家事业长远发展，把"健全党和国家监督体系"作为新时代党的建设重大任务之一，明确提出"构建党统一指挥、全面覆盖、权威高效的监督体系"。党的十九届四中全会进一步提出健全党统一领导、全面覆盖、权威高效的监督体系。建设严密的法治监督体系，必须规范立法、执法、监察、司法机关权力行使，健全党统一领导、全面覆盖、权威高效的监督体系，增强监督严肃性、协同性、有效性，形成决策科学、执行坚决、监督有力的权力运行机制，确保党和人民赋予的权力始终用来为人民谋幸福。

健全权力运行的制约监督体系。建设严密的法治监督体系，推进对法治工作的全面监督，必须健全权力运行的制约监督体系，加强对权力运行的制约和监督，让人民监督权力，让权力在阳光下运行，把权力关进制度的笼子，做到有权必有责、用权受监督、违法必追究。

4. 建设有力的法治保障体系

法治保障体系在中国特色社会主义法治体系中具有基础性地位。如果没有一系列的保障条件，全面依法治国就难以实现。完善有力的法治保障对全面推进依法治国至关重要。建设有力的法治保障体系，必须加强政治、组织、队伍、人才、科技、信息等保障，为全面依法治国提供重要支撑，筑牢法治中国建设的坚实后盾。

加强政治和组织保障。全面推进依法治国这件大事能不能办好，最关键的是方向是不是正确、政治保证是不是坚强有力。党的领导是中国特色社会主义最本质的特征，是社会主义法治最根本的保证。建设法治中国，要切实加强和改进党对全面依法治国的领导，把加强党的领导贯彻落实到全面依法治国全过程和各方面，提高依法执政能力和水平，为全面依法治国提供有力的政治和组织保障。

加强队伍和人才保障。全面推进依法治国,建设一支德才兼备的高素质法治队伍至关重要。加强法治专门队伍、法律服务队伍和法学专家队伍建设,加强机构建设和经费保障,大力提高法治工作队伍思想政治素质、业务工作能力、职业道德水准,着力建设一支忠于党、忠于国家、忠于人民、忠于法律的社会主义法治工作队伍,为加快建设社会主义法治国家提供强有力人才保障。

加强科技和信息化保障。建设法治中国,要适应科技信息化发展大势,加强科技和信息化保障,充分运用大数据、云计算、人工智能等现代科技手段,全面建设"智慧法治",推进法治中国建设的数据化、网络化、智能化。优化整合法治领域各类信息、数据、网络平台,推进全国法治信息化工程建设。

要充分利用大数据分析,为立法中的重大事项提供统计分析和决策依据。加快推进"互联网+政务服务",政务服务重点领域和高频事项基本实现"一网、一门、一次"。要遵循司法规律,把深化司法体制改革和现代科技应用结合起来,推动大数据、人工智能等科技创新成果同司法工作深度融合,完善"互联网+诉讼"模式,加强诉讼服务设施建设,全面建设集约高效、多元解纷、便民利民、智慧精准、开放互动、交融共享的现代化诉讼服务体系。加快公共法律服务实体平台、热线平台、网络平台有机融合,建设覆盖全业务、全时空的公共法律服务网络。

5. 形成完善的党内法规体系

党内法规既是管党治党的重要依据,也是建设社会主义法治国家的有力保障。依规治党深入党心,依法治国才能深入民心。党内法规制度体系,是以党章为根本、以民主集中制为核心,以准则、条例等中央党内法规为主干,由各领域各层级党内法规制度组成的有机统一整体。习近平总书记指出:"要坚持依法治国和依规治党有机统一,确保党既依据宪法法律治国理政,又依据党内法规管党治党、从严治党。"[①]在庆祝中国共产党成立100周年大会上,习近平总书记向世界庄严宣告,比较完善的党内法规体系已经形成。

——节选自徐显明. 论坚持建设中国特色社会主义法治体系[J]. 中国法律评论, 2021(2).

[①] 习近平. 坚定不移走中国特色社会主义法治道路为全面建设社会主义现代化国家提供有力法治保障[J]. 求是, 2021(5): 6.

五、习题练习

1.（单选）习近平法治思想在哪次中央会议上被正式提出，并将其确立为全面依法治国的指导思想和根本遵循（　　）。

A. 2020年11月16日中央全面依法治国工作会议

B. 2018年2月24日中共中央政治局第四次集体学习

C. 2018年8月24日中央全面依法治国委员会第一次会议

D. 2020年5月29日中共十九届中央政治局第二十次集体学习

【答案】A

2.（单选）严密的法治监督体系，是指以（　　）为重点建立的有效的法治化权力监督网络。

A. 规范和约束公权力　　　　　　B. 加大监督力度

C. 有权必有责　　　　　　　　　D. 用权受监督

【答案】A

3.（单选）（　　）是我国的国体。

A. 人民民主专政　　　　　　　　B. 人民代表大会制度

C. 生产资料的社会主义公有制　　D. 多党合作制

【答案】A

4.（单选）法治的龙头环节是（　　）。

A. 立法　　　　B. 执法　　　　C. 司法　　　　D. 守法

【答案】A

5.（单选）法律的生命力在于实施，法律的权威也在于实施。说的是（　　）。

A. 科学立法　　B. 严格执法　　C. 公正司法　　D. 全民守法

【答案】B

6.（单选）（　　）是维护社会公平正义的最后一道防线。

A. 科学立法　　B. 严格执法　　C. 公正司法　　D. 全民守法

【答案】C

7.（单选）邦国虽有良法，要是人民不能全部遵循，仍然不能实现法治。说的是（　　）。

A. 科学立法　　B. 严格执法　　C. 公正司法　　D. 全民守法

【答案】D

8.（多选）中国特色社会主义法治体系包括（　　）。

A. 完备的法律规范体系　　　　B. 高效的法治实施体系

C. 严密的法治监督体系　　　　D. 有力的法治保障体系

E. 完善的党内法规体系

【答案】ABCDE

9.（多选）坚持中国特色社会主义法治道路必须遵循的原则是（　　）。

A. 坚持中国共产党的领导　　　B. 坚持人民主体地位

C. 坚持法律面前人人平等　　　D. 坚持依法治国和以德治国相结合

E. 坚持从中国实际出发

【答案】ABCDE

10.（多选）全面依法治国必须从（　　）方面统筹推进。

A. 科学立法　　B. 严格执法　　C. 公正司法　　D. 全民守法

【答案】ABCD

专题十二　尊法学法守法用法

一、学习目的

引导和帮助大学生正确理解法律权利与义务及其关系，树立马克思主义权利义务观，把握行使法律权利的界限，明确违反法定义务应当承担的法律责任，培养依法行使权利和履行义务的能力，努力成长为具有优秀的法治素养及自觉担当民族复兴大任的时代新人。

二、重难点解析

（一）尊重法律权威

尊重法律权威，就要信仰法律，对法律常怀敬畏之心；就要遵守法律，用实际行动捍卫法律尊严，保障法律实施；就要服从法律，拥护法律的规定，接受法律的约束，履行法定的义务，服从依法进行的管理，承担相应的法律责任；就要维护法律，争当法律权威的守望者、公平正义的守护者、具有良知的护法者。

（二）坚定法治自信

习近平法治思想从根本上树立了中国特色社会主义法治自信。广大大学生要深入学习习近平法治思想，树立对中国特色社会主义法治道路的坚定信念、对建设社会主义法治国家的坚定信心，进而更加坚定拥护党的领导和社会主义制度。

在学习领悟深邃思想理论观点中坚定法治自信。习近平法治思想坚持辩证唯物主义和历史唯物主义，坚持以人民为中心的根本立场，深刻回答了新时代为什么实行全面依法治国、怎样实行全面依法治国等一系列重大问题，深刻阐明了党与法、政治与法治、政策与法律、法治与德治、改革与法治、依法治国与依规治党、法治化与现代化、国内法治与涉外法治等一系列重大关系,破除了很长一段时期以来人们对西方法治理论的迷信崇拜,澄清了我国法治建设中的思想迷区、认识误区、理论盲区。要深刻理解学习习近平法治思想的核心要义和理论精髓,既要知道我国的法律是什么样子,更要知道为什么是这个样子,从而衷心认同中国特色社会主义法治是科学的、正确的。

在学习感悟深厚历史文化底蕴中坚定法治自信。习近平法治思想坚持把马克思主义法治理论同中国革命、建设、改革的具体法治实践相结合,强调无产阶级政党在社会主义法治建设中的领导作用,指明了中国特色社会主义法治的正确发展道路;坚持把马克思主义法治理论同中华优秀传统法律文化相结合,继承和发扬其中的治国策略、民本理念、慎刑思想、平等观念、恤刑原则,在世界上树起了中国特色社会主义法治体系的旗帜。青年大学生要用习近平法治思想的厚重底蕴浸润内心,了解我国法治的历史渊源、发展脉络和文化基础,从而清晰感知中国特色社会主义法治是民族的、有根的。

在学习体悟全面依法治国实践中坚定法治自信。党的十八大以来,依法治国、依法执政、依法行政共同推进,法治国家、法治政府、法治社会一体建设,搭建起全面依法治国的"四梁八柱";依法纠正一批重大冤假错案,铁腕反腐、扫黑除恶,全面整顿政法队伍,国家的法治面貌、法治生态焕然一新。要认真感受国家法治建设发生的历史性变革、取得的历史性成就,既感受到党领导厉行法治的坚强政治决心、巨大政治勇气,更感受到铁面背后对人民的高度负责和深厚情怀,从而坚定相信中国特色社会主义法治是为民的、管用的。

(三)学习法律知识

学习和掌握基本的法律知识,是提升法治素养的前提。一个对法律知识一无所知的人,不可能具备法治素养。法律知识通常包括法律法规方面的知识和法律原理方面的知识,这两部分法律知识对于培养法治思维、提升法治素养都很重要。只有既了解法律法规在某个问题上的具体规定,又了解法律的原理、原则,才能更好地领会法律精神,提升法治素养。除了从书本上获取法律知识外,还可以通过收听收看法治广播电视节目、阅读法律类报纸杂志,尤其是运用新媒体等途径学习法律知识。

参与法治实践是学习法律知识的有效途径。法治实践有助于加深个人对法律知识的认识,脱离了生动的实践,法治素养就成了空中楼阁。只有通过参与各种法律活动,在实践中运用法律知识和方法思考、分析、解决法律问题,才能养成自觉的法治思维习惯,提升法治素养。现在,参与法治实践的方式和途径越来越多。一是参与立法讨论。我国国家或地方的很多立法都要广泛征求意见或者进行听证,可以参与这些立法的讨论,发表自己的有关意见。二是旁听司法审判。凡是人民法院公开审判的案件，都允许公民旁听，大学生可以向人民法院申请旁听法院庭审，了解案件的审判过程。三是参与校园法治文化活动。大学生可以通过参与模拟法庭、法律诊所、法律辩论等方式，增长法律知识，锻炼法治思维，提升法治素养。

（四）养成守法习惯

养成守法习惯，不仅要有基本的法律知识，更要有遵守规则的意识，坚持从具体事情做起。

增强规则意识。养成规则意识、坚持守法守规是每一个法治国家公民的基本素养。大学生参与社会活动，实施个人行为，都要以法律为依据，不得违反法律规范。处理问题、作出决定时，要先问问在法律上"是什么"和"为什么"，是否合法可行。在处理守法与违法的关系时，要防微杜渐，防止因小失大。在面临选择的重大关头，要依法冷静权衡，防止因头脑发热或心存侥幸而铸成大错。在学习和生活中，大学生应做到懂规矩、守规则、依规范，坚持依法办事。

守住法律底线。法律红线不可逾越、法律底线不可触碰。法律不能成为"橡皮泥""稻草人"，触犯法律底线就要受到追究。如国家公职人员以权谋私、徇私枉法，是触犯法律底线的具体表现；公民应当依法纳税，而偷税漏税也是触犯法律底线的具体表现。因此，大学生应当坚持从我做起，从身边做起，形成底线思维，严守法律底线，带头遵守法律。

（五）提高用法能力

维护自身权益。大学生要增强权利意识，用法处理纠纷，依法维权护权。当自身的合法权益受到侵害或者威胁时，既要有遇事找法、解决问题用法、化解矛盾靠法的意识，又要掌握维护权利的途径和手段，如自力救济、协商、和解、调解、仲裁、诉讼等。在具体生活中，面对校园暴力、网贷欺诈、用工纠纷等现象，除了提高防范意识外，还要善于留存法律证据，通过法律途径解决问题，理性维权。

维护社会利益。大学生除了要运用法律维护自身权利外，还要通过法律维护社会公共利益，对违法犯罪行为要敢于揭露、勇于抵制，消除袖手旁观、畏缩不前的恐惧心理，抵制遇事回避的惧法现象。如帮扶弱者、见义勇为，不仅是一种道德要求，也是一种法律规范，为我国的民法典、残疾人保障法、老年人权益保障法、未成年人保护法等法律所保护，对践行法律、弘扬正气起到了重要的推动作用。大学生要遵法守规、遇事找法、善于用法，做新时代的守法人、护法人。

三、经典案例分析

案例一　校园贷

深圳某高职院校学生小陈从最初只借 6000 元钱,到如今"滚雪球"累计欠下多少债款,自己也说不清楚,面对放款人的暴力催收,小陈不得不找地方躲了起来;另一名学生从借 5000 元开始,半年时间,欠债累计上百万元……

【案例分析】

近几年,一些刚刚踏入校园、既没有借贷风险意识也不具备偿还能力的大学生盲目从网络平台上借钱,最终酿成恶果。校园贷之所以受到很多大学生的青睐,是因为"申请便利、手续简单、放款迅速"。规范的贷款最起码应该对申请贷款大学生的还款能力、还款来源进行审查,以保证贷款安全。当今,大量网贷平台在客户准入审查上流于形式,学生只需填个表格,无需资质、担保或抵押,就能拿到贷款。申请便利与提现迅捷的特点,诱使许多学生身陷网贷泥潭。

频陷校园贷风波的背后,也有一些学生是因为缺乏鉴别能力。高校学生经济来源主要靠父母提供,如果受到拜金主义思想侵蚀或者具有虚荣、攀比心理,父母提供的费用往往不能满足需求,他们随之就会向校园贷获得资金,有的甚至引发赌博、酗酒等恶习,有些还因不堪校园贷逼债而逃课、辍学。表面上看,很多校园贷开展的是短期、小额的贷款活动,看似薄利多销,实际上不法分子获得的利率是银行的 20～30 倍,肆意坑骗学生的钱。若不能及时归还贷款,放贷人会采用各种手段向学生讨债。一些放贷人进行放贷时会要求提供一定价值的物品进行抵押,要求学生提供学生证、身份证复印件,对学生个人信息十分了解。一旦学生不能按时还贷,放贷人可能会采取恐吓、威胁学生及其家人等手段,对学生人身安全和校园秩序造成严重危害。

校园贷严重扰乱校园环境和市场环境,严重危害学生人身财产安全和社会稳定。教育部等部门联合下发《关于进一步加强校园贷规范管理工作的通知》,明确要求未经银行业监管部门批准设立的机构不得进入校园为大学生提供信贷服务。公安机关始终保持对校园贷的高压严打。经过一系列的整治,校园贷得到遏制,但部分网络借贷平台换穿"马甲",

将小额现金贷款业务伪装成回租贷。名为租赁，实为借贷，通过读取通讯录等方式控制借款人。校园贷"变脸"为回租贷，一是由于有关部门的重拳出击，有效遏制校园贷的蔓延势头，网络借贷不敢明目张胆地乱来了；二是网络借贷平台不会轻易放弃已经尝到的甜头，它们以另类套路，回避监管视线，未放弃在校大学生这块蛋糕。

实际上，回租贷褪去"马甲"后，仍是不折不扣的校园贷。回租贷面对的对象仍是在校大学生。回租贷贷款公司要求读取大学生的通讯录，掌控大学生的隐私信息。逾期后贷款公司会按照通话记录骚扰大学生的家人、朋友，甚至要求大学生不断续期、更换其他平台借款填窟窿，陷入恶性循环，这些都不是合法金融平台的做法。

还有一种新型贷款骗局——培训贷。一些大学生求职时遇到一些开出优厚薪酬的公司，但是与公司签订实训就业协议时，大学生还需要交付一笔高额的培训费用。很多学生无力缴纳，此时公司人员就会表示可以先在公司或者第三方贷款，等挣了工资每个月再还进去。很多大学生都稀里糊涂地办了，但是公司承诺的高薪一分钱都没拿到，反而因为办理了这个所谓的培训贷，欠下了上万元的贷款。

目前部分地区仍存在校园贷乱象，特别是一些不法分子换穿"马甲"，翻新手段，求职贷、培训贷、创业贷等不良借贷问题突出，给校园安全和学生合法权益带来严重损害，亟须保持警惕、认真甄别。

培育大学生正确的消费观，是遏制校园贷为非作歹的重要举措。对于很多大学生来讲，真正独立消费是从跨进大学校门开始的，必须学会合理安排来自于家庭的生活费。大学生们不妨把生活费当作一堂财商课，学会理财、理性消费，多掌握财务管理等方面的技能，多了解校园贷等方面的金融骗局，不做财务盲族，如此才能避免落入陷阱。

案例二　校园欺凌零容忍

"你保护世界，我保护你。"

电影《少年的你》中的这句经典台词曾经感动了无数观众。这部电影将校园欺凌以最真实、最直接的方式摆在了观众眼前，但实际上，在学校生活中，未成年人面临的潜在风险可能远不止于此。

对同龄人拳打脚踢、扇耳光、用尖锐的东西刺扎身体、扒光衣服拍裸照……这些在成年人看来都令人发指甚至心生恐惧的欺凌行为，却是一些上中小学的孩子在学校里需要面对的真实处境。经历过欺凌的孩子大多会出现心理问题，同时还会伴随缺乏自信、自尊心降低、精神不集中等多种问题。

【案例分析】

如何保护好"少年的你"？为了更好地落实新修订的《中华人民共和国未成年人保护法》，健全未成年人学校保护制度，教育部公布《未成年人学校保护规定（征求意见稿）》（以下简称征求意见稿），面向社会公开征求意见。征求意见稿共有8个章节、58项具体要求，涉及保护学生的人身安全、人格权益、受教育权、休息权利、财产权利等。征求意见稿从学校的角度和范围来制定、落实未成年人保护法中的一些具体措施，为未成年人保护法施行提供更扎实的基础，引导学校做好未成年人保护工作。

针对校园欺凌行为，法律也严格划定了红线。学生欺凌是指发生在学生之间，一方蓄意或者恶意通过肢体、语言及网络等手段实施欺压、侮辱，造成另一方人身伤害、财产损失或者精神损害的行为。

有专家曾对一些校园欺凌案件做过调研，发现此类案件的发生除了学生法治意识不强外，学校管理水平的参差不齐也是导致事件发生甚至不断恶化的重要因素。如果学校在校园欺凌的教育、预防、制止、处置等方面建立了一套行之有效的工作制度，将在很大程度上预防和制止校园欺凌的发生。

针对校园欺凌，预防永远比事后惩治更重要，要大力对学生、教职员工进行预防教育。如果欺凌行为已经发生，要第一时间进行处理，学校有强制报告的义务。

案例三　杜绝"师生恋"

教师对学生不得抚摸、故意触碰学生身体特定部位等猥亵行为，不得向学生作出具有调戏、挑逗或者具有性暗示的言行等行为外，禁止与学生发生恋爱关系、性关系的规定。

禁止"师生恋"的根本原因在于老师和学生之间权力的不平等，如果允许"师生恋"，老师可能会滥用权力，对学生进行性胁迫，而作为弱势者的学生有时不得不屈从，这种"畸形"的恋情极易引发更大的问题。此外，一旦出现"师生恋"，势必牵扯双方精力，影响学生的学习效果和教师的工作状态。

【案例分析】

2014年，教育部印发的《关于建立健全高校师德建设长效机制的意见》中明确提出，教师不得对学生实施性骚扰或与学生发生不正当关系。

教职工禁止与学生产生恋爱关系，划定了禁止"师生恋"的红线，既可有效保护未成年学生免受以恋爱为名的性侵犯、性骚扰，也可规范师生交往，消除师生交往的暧昧地带。

很多"师生恋"的案例，其中不乏一些发生在中学甚至是小学的例子，应警惕"师生恋"低龄化的现象。

还有一个案例，一名小学生对自己的老师产生了"单相思"，在接受心理咨询时，他发现，这名学生之所以会过分依赖老师，是因为他生活在单亲家庭且缺乏家庭温暖。老师了解这一情况后，对这名学生格外照顾，孩子却错误地将其视为一种特殊关系，并对老师产生了超出界限的依赖。

未成年学生对老师产生的爱慕之情，很多都是因为其心智尚未成熟，错误地理解了老师的一些行为。而在情感的裹挟下，学生和老师的生活、学习、事业等多方面都会受到影响，很多"师生恋"最终都是以悲剧收场。

禁止"师生恋"的规定很有必要，根据《中华人民共和国刑法》规定，故意与不满14周岁的幼女发生性关系将构成强奸罪，至少在未成年人阶段，"师生恋"绝对是师德不可触碰的红线。

四、拓展阅读

（一）《中华人民共和国民法典》——大写的公民权利宣言书

称为"社会生活大百科全书"的《中华人民共和国民法典》，每一条款，与每位公民息息相关：生老病死、衣食住行、消费借贷、婚姻家庭、生产生活……从"摇篮到坟墓"，这部鸿篇巨制、公民权利保护集大成的法典，堪称一部新时代大写的公民权利宣言书。

自1954年第一次起草，《中华人民共和国民法典》历经几代法律人、60余年接力推动。坐在北京人民大会堂里，看着这份沉甸甸的法典草案，全国人大代表、全国人大宪法和法律委员会委员、中国社会科学院学部委员孙宪忠感慨万分，他深知，作为公民权利的宣言书、市场经济的保障法，《中华人民共和国民法典》的出台必将深刻影响每个人的生活，必将有力促进国家治理体系和治理能力现代化，成为我国新时代的法治里程碑。

1. 最大亮点是规定了民事权利

1949年新中国成立到1978年改革开放之前，全国人大常委会曾两度进行民法典起草，都因当时特殊的历史形势而终止。

1978年，在安徽省凤阳县小岗村，18户农民签下包产到户的"生死契约"，中国改革开放由此拉开序幕。党的十一届三中全会确定了发扬社会主义民主，健全社会主义法制的任务目标。我国进入法制建设提速期，民众的法律意识与权利意识不断增强。时代的进步、经济社会的发展，为民法的恢复注入生机与活力。

1979年8月，全国人大常委会组成起草小组，第三次民法典起草工作拉开帷幕。到1982年5月，完成了《民法（草案）》第四稿。而民法典起草未能成行。

此次民法典的起草催生了一系列民事领域立法成果，其中最值得一提的是1987年1月1日起施行的《中华人民共和国民法通则》。

《中华人民共和国民法通则》的制定满足了改革开放、建设社会主义国家的需要。民法通则最大的优点是规定了民事权利。

20世纪80年代，围绕是先制定民事单行法还是民法典，法律界曾经有过一场争论。时任全国人大常委会委员长的彭真一锤定音。他说，我国的经济体制正处于改革中，制定完整的民法典恐怕还有困难，条件不成熟。恐怕需要采取"零售"的方法，根据实际需要，成熟一个制定一个。

这一"先零售后批发"的立法思路，确立了我国民法典制定分阶段、分步骤的实施战略。除了民法通则，合同法、物权法、侵权责任法、知识产权立法、商事立法等，成为这一次民法立法活动的后继，为编纂民法典奠定了坚实基础。

2. 迈出关键一步

编纂一部具有中国特色的、新时代的民法典将解决我国民法立法长期以来存在的立法散乱、而且隐含重大矛盾和缺陷的问题。

2013年召开的十二届全国人大一次会议上，全国人大代表孙宪忠提交了"修订民法通则为民法总则、整合民法立法体系为民法典"的议案。

2014年10月，党的十八届四中全会通过《中共中央关于全面推进依法治国若干重大问题的决定》，其中特别提出"加强市场法律制度建设，编纂民法典"。

"民法典和'编纂民法典'在中国共产党的历史上第一次提出，自此，民法典编纂工作开始了。"孙宪忠说，民法典草案对单行民事法律的整合，将用法典的体系化效应弥补缺陷、消除矛盾，有望解决数十年来，我国民事法律体系中一直存在的一系列立法、执法和司法问题。

最高立法机关确定了编纂民法典"两步走"的工作思路，第一步，编纂民法典总则编，即民法总则；第二步，编纂民法典各分编。

2016年，制定民法总则被列入全国人大常委会立法工作计划。2017年3月15日，十二届全国人大第五次会议审议通过民法总则,民法典编纂迈出标志性第一步。

2018年8月27日,民法典各分编草案初次提请十三届全国人大常委会第五次会议审议,其中包括六编,即物权编、合同编、人格权编、婚姻家庭编、继承编、侵权责任编,共1034条。这标志着我国民法典编纂迈出开创性的第二步。

2019年12月23日,由民法总则和民法典各分编草案合并组成的《中华人民共和国民法典(草案)》提请十三届全国人大常委会第十五次会议审议,1260条的民法典草案首次"合体"亮相。

编纂民法典,既要"编"又要"纂"。过去5年间,民法典编纂共10次公开征求意见,425600多人参与提供意见,总数达102万条。

民有所呼,法有所应。对于公众反映强烈的许多问题,民法典草案都作出了回应。

人格权独立成编是民法典草案的亮点。人格权对于人民群众来说,是权利最重要的宣示书,事关民事主体最基本、最重要的权利,关系到每个人的尊严。将人格权独立入编,并建立了侵害人格权的禁令制度,是贯彻落实宪法关于"公民的人格尊严不受侵犯"的要求,体现了以人民为中心的发展思想,也弥补了我国民事立法中曾有的"重物轻人"的立法缺陷。作为中国民法典领先世界的一个创举,人格权编闪耀着大写的"人"字,是中国法治对公民人格权的庄严确认与严格保护,可以被认为是世界人格权保护法治贡献的中国方案。

民法典人格权编草案中专设一章:隐私权和个人信息保护,界定隐私权范围、采纳公众意见,不断扩容、升级个人信息保护的范畴,是"回应最广大人民群众对于隐私等个人私权利保护的渴望和需求,确立隐私权,是法律文明的重要体现"。

——节选自王亦君,马宇平.《中华人民共和国民法典》——大写的公民权利宣言书[N].中国青年报,2020-05-03.

(二)网络不是法外之地 一言一行均需谨慎

2022年5月5日,在微博上侮辱抗美援朝长津湖战役中牺牲的中国人民志愿军"冰雕连"英烈,侵害英雄烈士名誉、荣誉的"大V"罗某被判处有期徒刑7个月并承担赔礼道歉等民事责任。消息一出便引起广泛关注,网上评论一片叫好。

前有"辣笔小球",后有罗某,法院的判决,网民的呼声,全都表明:网络不是法外之地,英烈名誉、荣誉绝不容诋毁。

从法律的角度来看,互联网不是法外之地,法律底线不可逾越。根据《中华人民共和国宪法》第三十五条，中华人民共和国公民有言论、出版、集会、结社、游行、示威的自由。宪法赋予我们言论自由，我们享有按照个人意愿表达意见和想法的权利，尤其是随着互联网的普及，越来越多的人把网络当成了畅所欲言的场所。但是，言论自由不是绝对的自由，我们在享有言论自由的同时，不能违反法律的禁止性规定，不得损害国家、社会、集体利益和其他公民的合法权利。刑法、民法典和英雄烈士保护法均规定网络言行有边际，网络空间从不是法外之地，网络开放和自由也必须以遵守法律法规为前提。网络"大V"作为公众人物，发言不能只图自己痛快，置法律法规于不顾。罗某在互联网上侮辱、诋毁英烈，否定社会主义核心价值观和抗美援朝精神，破坏了社会公共秩序，损害了社会公共利益，侵害了人民群众的共同记忆和宝贵情感，情节严重，必须予以严惩。

从人民的角度来看，互联网需要正向引导，人民需要正能量。习近平总书记指出："网络空间是亿万民众共同的精神家园。网络空间天朗气清、生态良好，符合人民利益。网络空间乌烟瘴气、生态恶化，不符合人民利益。"[1]网络如同大海般浩瀚，但更应像星辰那样明亮，有什么样的价值导向，就会有什么样的行动和路径，就会有什么样的社会和人民。中国人民志愿军的英雄事迹是中华民族共同的历史记忆和宝贵的精神财富，伟大抗美援朝精神跨越时空、历久弥新，是社会主义核心价值观的重要体现，需要全体中华儿女永续传承、世代发扬，绝不容许亵渎、诋毁。罗某作为一名网络"大V"，在网络上具有一定的话语权和影响力，其本人更应该承担起自身的社会责任，谨言慎行，自觉自律，为其言论负责。网络中的每个人，都应当承担起各自的社会责任，让网络成为传播正能量的平台。

在人人皆媒体的网络时代，无论是互联网信息服务提供者还是包括网络"大V"在内的广大网民，都应增强法治意识、自律意识和底线意识，对自己的言行负责，共同营造好风清气正的网络环境。网络并非法外之地，违法违规必被严惩！

——节选自周光权. 网络不是法外之地 一言一行均需谨慎[N]. 人民法院报，2022-05-06.

（三）新《中华人民共和国医师法》2022年3月1日起实施，明确医师在公共场所自愿实施急救免责

2021年8月20日，十三届全国人大常委会第三十次会议表决通过了《中华人民共和国医师法》（以下简称《医师法》），从2022年3月1日起正式施行，原《中华人民共和国执业医师法》将同时废止。《医师法》明确规定每年8月19日为中国医师节。为保障医师

---

[1] 习近平. 论坚持全面依法治国[M]. 北京：中央文献出版社，2020：64-65.

合法权益,规范医师执业行为,加强医师队伍建设,保护人民健康,实施健康中国战略提供有效法律保障。

为加强对医护人员的执业安全保护,《医师法》在总则中明确医师的人格尊严、人身安全不受侵犯。明确禁止任何组织或者个人阻碍医师依法执业,干扰医师正常工作、生活;禁止通过侮辱、诽谤、威胁、殴打等方式,侵犯医师人格尊严、人身安全和人身自由。

《医师法》新增规定在紧急救治中医师的权利受到保护:国家鼓励医师积极参与公共交通工具等公共场所急救服务;医师因自愿实施急救造成受助人损害的,不承担民事责任。危急情况下不能取得患者或者其近亲属意见,医师经医疗机构批准,可以立即实施医疗救助措施。

在医师多点执业方面,《医师法》新增规定:医师在二个以上医疗卫生机构定期执业的,应当以一个医疗卫生机构为主,并按照国家有关规定办理相关手续。如果在县级以下医疗卫生机构提供医疗卫生服务,主执业机构应当支持并提供便利。

在诊疗方面,《医师法》明确医师可以基于循证医学证据,扩展性用药,对特殊疾病诊疗有更多的诊疗自主权。在尚无有效或者更好治疗手段等特殊情况下,医师取得患者明确知情同意后,可以采用药品说明书中未明确但具有循证医学证据的药品用法实施治疗。

《医师法》首次提出"终身禁业"制度,规定严重违反医师职业道德、医学伦理规范,造成恶劣社会影响的医师,5 年直至终身禁止从事医疗卫生服务或者医学临床研究。为保护患者合法权益,防范"过度医疗",《医师法》提出,不得对患者实施不必要的检查、治疗。如果违反诊疗规范,对患者实施不必要的检查、治疗造成不良后果,情节严重的,会责令医师暂停 6 个月以上 1 年以下执业活动直至吊销医师执业证书。

——节选自新《医师法》2022 年 3 月 1 日起实施明确医师在公共场所自愿实施急救免责[Z].中央人民广播电台,2022-03-01.

(四)依法解决医疗纠纷 构建和谐医患关系

1. 手术事故致人伤残,医院过错应担全责

2018 年 8 月,陈某因体检发现胆囊结石入住某骨科医院住院治疗,某骨科医院在全麻的情况下为陈某行腹腔镜胆囊切除术。术后,该医院对陈某进行止血、保肝、抗感染等处理,但陈某仍出现了腹胀、腹部疼痛等症状。

2018 年 9 月,陈某转入某医科大学附属医院继续治疗,在腹部 B 超定位下为陈某行腹腔穿刺置管引流术。术后,每日引流量间断引流棕黄色液体,腹腔引流管固定在位,引

流出少量积液，拟评估陈某病情后择期采取相应手术治疗。随后，某医科大学附属医院在全麻下为陈某再次进行手术，陈某经过治疗后身体情况得以好转，随后出院。

2019年11月，重庆市法医学会司法鉴定所出具鉴定意见书，鉴定意见为某骨科医院存在过错，其过错与患者手术导致胆囊切除、右肝管损伤，并发胆漏、腹膜炎、胆源性胰腺炎的损害后果存在因果关系，原因力为全部原因。

2020年5月12日，陈某将某骨科医院诉至重庆市第四中级人民法院。

法院审理后认为，根据司法鉴定结果，本次医疗损害已经造成陈某受到一处八级、一处九级伤残的严重后果，属于医疗事故。同时，因侵权致人精神损害造成严重后果的，可以支持精神抚慰金，法院遂判决某骨科医院赔偿陈某医疗费、住院伙食补助费、护理费、残疾赔偿金（含被扶养人生活费）、交通费、营养费、精神损害抚慰金合计381157.94元。

2. 辗转就诊患者身亡，司法鉴定厘清责任

2019年2月4日，余某某因发热、出汗、咳嗽、胸痛、脓痰等症状到某诊所一就诊，2019年2月6日至2月9日在该诊所连续输液治疗。2019年2月11日至13日，余某某又到某诊所二就医，在输液过程中因咳嗽严重，经建议，余某某到某中心医院挂号急诊，转入某中心医院神经内科。经采血分析，医院向余某某的家属下达病危通知，余某某随即转入ICU。后因抢救失败，医院宣布余某某临床死亡。

2019年7月，西南政法大学司法鉴定中心作出司法鉴定意见认为：余某某符合全心炎所致急性心功能衰竭死亡。2019年8月，该中心出具司法鉴定意见载明：某诊所一、某诊所二、某中心医院在余某某的诊疗过程中存在过错；医方的诊疗过错因素及患者病情等因素系余某某全心炎后急性心功能衰竭死亡后果的共同参与因素；医方因素中，某中心医院无因果关系，某诊所一、某诊所二为共同参与因素。

2019年10月7日，余某某亲属诉至法院。一审法院审理后，判决某诊所一赔偿余某某亲属各项损失290821.03元，某诊所二赔偿余某某亲属各项损失214856.82元，某中心医院赔偿余某某亲属各项损失39699.9元。余某某的亲属、某诊所一、某中心医院不服，上诉至重庆市第四中级人民法院。二审法院认为，余某某自身病情等因素也是导致其死亡的原因，且余某某系完全民事行为能力人，自身未重视病情进展，存在一定程度的过错，故由医方与患方各自承担50%的责任为宜。余某某死亡后尸体解剖符合全心炎后急性心功能衰竭死亡的病理特征，即使某中心医院存在一定的医疗过错，也不能避免余某某因全心炎后急性心功能衰竭而死亡。鉴定意见书中"共同参与因素"是指各一半的参与度，某诊所一、某诊所二承担赔偿责任比例各为25%，余下50%的责任则由余某某自行承担。

据此,法院终审判决某诊所一赔偿余某某亲属各项损失286821.02元,某诊所二赔偿余某某亲属各项损失275821.02元,驳回余某某亲属其他诉讼请求。

3. 医院未尽注意义务,存在过错担责三成

2020年3月,向某某因心累、气促前往某县医院住院治疗,入院诊断为"风湿性心脏病、心脏扩大、二尖瓣狭窄伴有关闭不全、三尖瓣关闭不全、心力衰竭、房颤等疾病"。后因向某某呼吸困难、神志恍惚,被转入ICU治疗,行气管插管术、右侧锁骨下静脉穿刺置管术。在此之前,向某某遵医嘱口服了药物。次日,向某某被宣告死亡。

向某某亲属委托重庆市渝东司法鉴定中心对向某某血液进行常规毒药物定性检验和尸体检验。该鉴定中心作出鉴定意见为被鉴定人向某某血液中检出咪达唑仑成分,未检出吗啡、单乙酰吗啡、可待因等成分。2020年5月,该鉴定中心鉴定意见为被鉴定人向某某的死亡原因符合慢性风湿性心脏病致心功能衰竭死亡。

2020年6月8日,向某某亲属向法院提起诉讼。经向某某亲属申请,法院委托重庆市科正司法鉴定所对某县医院的医疗行为是否存在过错及其过错参与度进行司法鉴定,鉴定意见为某县医院对向某某的医疗行为存在未尽到高度注意义务过错或不足,与向某某的死亡后果存在一定因果关系,考虑为次要责任。

法院审理后认为,患者在诊疗活动中受到损害,医疗机构及其医务人员有过错的,由医疗机构承担赔偿责任。根据鉴定意见,某县医院对患者向某某的医疗行为存在未尽到高度注意义务的过错或不足,与患者的死亡后果存在一定的因果关系。结合患者向某某病情的突发性,以及作为基层医院的某县医院抢救方法、抢救措施具有局限性,法院酌定某县医院承担向某某亲属各项损失的30%赔偿责任,遂判决某县医院赔偿向某某亲属各项损失271135.40元。

4. 拒绝提供病历资料,医院承担全部责任

2008年7月,杨某某因左肘关节外伤肿痛、畸形、关节僵直1天,在某骨科医院入院治疗,入院后行切开复位内固定术、关节鼠切除术,于2008年8月出院。

2016年1月,杨某某在某医科大学附属医院的CT片显示,左肱骨外髁陈旧性损伤,伴肘外翻。2016年2月,某骨科医院经营者李某某与杨某某的法定代理人签订协议,约定杨某某18岁后来某骨科医院行肘关节畸形截骨矫形手术,一切费用全免;若手术失败,医院负全责。

2020年年初,杨某某依据协议前往某骨科医院行矫形手术,术前某骨科医院告知多项手术风险,并要求签署手术同意书,杨某某的亲属提出异议,后未行手术。

2021年6月,西南政法大学司法鉴定中心作出鉴定意见载明:杨某某未构成伤残等级。某骨科医院称,杨某某未在该院治疗,无相关病历材料。

2021年3月1日,杨某某将某骨科医院诉至人民法院。一审法院判决某骨科医院赔偿杨某某医疗费、后续治疗费、鉴定费、护理费、住院伙食补助费、营养费、精神损害抚慰金、交通费等共计33297.60元。某骨科医院不服,上诉至重庆市第四中级人民法院。

二审法院认为,杨某某作为患方,提供的资料能够认定杨某某曾在某骨科医院治疗的事实,但不能反映出杨某某完整的治疗过程,某骨科医院有责任提供与纠纷有关的杨某某的病历资料。本案杨某某在某骨科医院处治疗,导致杨某某左肱骨外髁陈旧性损伤,伴肘外翻,虽未评定为伤残等级,但确实造成损害,某骨科医院隐匿或拒绝提供与纠纷有关的病历资料,推定某骨科医院在诊疗活动中有过错,应对杨某某的损害承担全部赔偿责任。法院遂判决驳回上诉,维持原判。

——节选自海峰,善春.依法解决医疗纠纷　构建和谐医患关系[N].法治日报,2021-11-30.

五、习题练习

1.(多选)法治思维的内涵包括几层含义(　　)。

A. 法治思维以法治价值和法治精神为指导,蕴含着公正、平等、民主、人权等法治理念,是一种正当性思维

B. 法治思维以法律原则和法律规则为依据指导人们的社会行为,是一种规范性思维

C. 法治思维以法律手段与法律方法为依托分析问题、处理问题、解决纠纷,是一种逻辑思维

D. 法治思维是一种符合规律、尊重事实的科学思维

【答案】ABCD

2.(多选)法治思维的基本内容包括(　　)。

A. 法律至上　　B. 权力制约　　C. 公平正义　　D. 权利保障

【答案】ABCD

3.(多选)下列属于宪法规定的政治权利的是(　　)。

A. 选举权　　B. 表达权　　C. 生命健康权　　D. 肖像权

【答案】AB

4.(多选)权利法定规定的方式(　　)。

A. 口头方式　　　B. 书面方式　　　C. 行为方式　　　D. 其他方式

【答案】ABC

5.（多选）下列属于宪法规定文化权利的是（　　）。

A. 选举权　　　B. 生命健康权　　　C. 科学研究自由　　　D. 文学艺术创作的自由

【答案】CD

6.（多选）下列属于宪法规定社会经济权利的是（　　）。

A. 劳动权　　　B. 休息权　　　C. 社会保障权　　　D. 宗教信仰自由

【答案】ABC

7.（多选）下列属于宪法规定人身权利的是（　　）。

A. 生命健康权　　　B. 人身自由权　　　C. 人格尊严权　　　D. 住宅安全权

【答案】ABCD

8.（多选）下列哪些属于宪法规定的依法履行的法律义务（　　）。

A. 维护国家统一和民族团结　　　B. 遵守宪法和法律的义务

C. 维护祖国安全、荣誉和利益　　　D. 依法服兵役

【答案】ABCD

9.（多选）医学大学生如何提升法治素养（　　）。

A. 尊重法律权威　　　B. 学习法律知识

C. 养成守法习惯　　　D. 提高用法能力

【答案】ABCD

10.（多选）青年大学生如何学习法律知识（　　）。

A. 参与立法讨论　　　B. 旁听司法审判

C. 参与校园法治文化活动　　　D. 提高用法能力

【答案】ABC